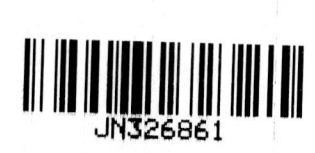

海外直接投資の
実務シリーズ

メキシコの
投資・M&A・会社法・会計税務・労務

著　久野康成公認会計士事務所
株式会社　東京コンサルティングファーム

監修　公認会計士　久野康成
GGI国際弁護士法人

TCG出版

はじめに

株式会社東京コンサルティングファーム
代表取締役 / 公認会計士　**久野 康成**

メキシコは２度の通貨危機を乗り越え、豊富な資源とアメリカに隣接した地理的好条件を背景に、堅調に経済成長を続けています。今やメキシコは、NEXT１１やMINTなど、次の有望国・新興国群に名を連ね、G7、BRICSに次ぐ経済規模を誇る存在となっています。

２０１４年７月の安倍首相訪墨を初め、北南米への自動車供給のハブとして年間１００社にも及ぶ日本企業のメキシコ進出、ペニャ・ニエト政権の外資呼込み政策（エネルギー・通信改革、外資規制の一部撤廃等）などを背景に、メキシコと日本との関係もより緊密になっています。

日系自動車関連企業の進出は２０１７年までは続くものとみられ、その後もエネルギー関連企業などの新たな資本がメキシコに進出する見込みです。日本企業の懸念材料であった治安面についても、２０１２年までのカルデロン政権時に比べ、ペニャ・ニエト政権となった近年では落ち着きを見せ、また、日本企業進出に比例して日本人駐在員および日本人コミュニティの数も急速に増えており、日本人がメキシコで快適に生活できる環境ができつつあります。

今後もメキシコは、ラテンアメリカ戦略の拠点であることはまちがいありません。その一方で、メキシコの主要言語はスペイン語であるため、多くの日本企業が情報収集に苦労しています。特に会社法、税制、労働法などの制度面で日本やアジア圏のそれとは大きく異なる部分があり、ラテンアメリカに初めて進出する企業にとっては難しく感じられることも多いです。また、日本とは約半日の時差があり、日本本社と現地拠点との連絡が取りづらいということも進出企業にとっては難点です。

本書はメキシコ進出の入門書として、投資環境の基本的な情報から、拠点設立、M&A、会社法務、税務、会計、労務に至るまで、ビジネス展開に必要な情報を収録し、進出前の情報収集から進出後の拠点運営上のポイントをまとめています。

本書が多くの皆様の、メキシコ進出およびその後のメキシコビジネスの一助となれば幸いです。

メキシコの
投資・M&A・会社法・会計税務・労務

Ⅴ　会社法

Ⅵ　会計

Ⅶ　税務

Ⅷ　労務

凡　例

- 原則として各章末に掲げたウェブサイトは、各サイトのトップページまたはコンテンツ、PDF 化された資料の URL を記載しています。
- キーワード検索によりサイトの所在が明確な場合は、URL の記載を省略しています。
- 日本語サイトは発行元ならびに資料名を日本語で表記しました。
- 海外サイトのうち、英語版がある場合は英語表記により発行元と資料名を挙げたのち、( ) に日本語表記を挙げています。
- 各章とも 2015 年 2 月時点で閲覧可能なウェブサイトを挙げています。
- 各資料の末尾に記載されている年月日は、その資料が発行、公表された時期を示しています。

I

基礎知識

基礎知識

■ 正式国名 ➡ メキシコ合衆国

スペイン語名：Estados Unidos Mexicanos、略称México（メヒコ）

英語名：United Mexican States、略称Mexico（メキシコ）

国名のMéxicoは、アステカの守護神であるウィツィロポチトリの別名で、神に選ばれし者を意味する「メシトリ」に、場所を表す接尾語「コ」がついたものを由来とします。「メキシコ」はMéxicoを英語読みしたものです。

■ 国旗

緑白赤の三色旗で、緑は独立・希望、白はカトリック・宗教的純白さ、赤が民族の統一を象徴しているとされています。中央に描かれているのは国章で、アステカ神話に由来する「湖のなかほどにある岩に生えたサボテンの上で蛇をくわえている鷲」です。

その昔、メキシコの初代の王は、占い師から鷲が蛇をくわえている場所に建国をすれば国が豊かに発展するだろうと予言を受けました。王はその言葉を頼りに各地を放浪し、湖にある岩に生えたサボテンの上で鷲が蛇をくわえているところにたどりついたそうです。王はそこに建国することを決め、その後長きにわたる一大水上都市を築くのです。このようにして、メキシコは陸地ではなく、湖の上に建国されたと言い伝えられています。

■ 面積・国土 ➡ 約196万km^2（日本の約5倍）

北米大陸の南部に位置し、北はアメリカ合衆国、南はグアテマラ・ベリーズと国境を接しています。西は太平洋、東はメキシコ湾、南はカリブ海に面しており、約9,330kmに及ぶ海岸線を有します。

国土全体に高原が多く、平均の標高は北部で1,000m程度、中部では2,000m程度あり、5,000mを超える山もあります。河川はリオ・グランデ川が最長で、3,034kmにも及び、そのうちの約2,100kmがアメリカ合衆国との国境となっています。

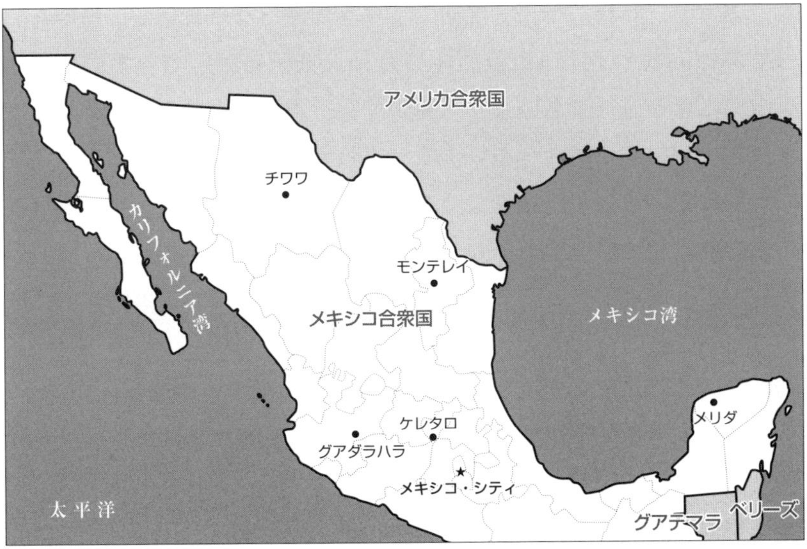

■ 首都 ➡ D.F.

スペイン語名：Distrito Federal

英語名：District Federal

首都D.F.は、人口900万人を超す政治経済の中心地で、メキシコ第一の都市です。

多くの日本人は、メキシコ・シティをメキシコの首都と認識していますが、厳密にはD.F.が首都となり、メキシコ・シティは首都のD.F.を含んだ都市の名前となります。

メキシコ・シティ（La Ciudad de México）は人口が2,000万人を超え、ブラジルのサンパウロなどとともにラテンアメリカの中心をなすメガシティの1つです。D.F.の行政区分は、その名のとおり、どの州にも属さない連邦区となっています。

メキシコ・シティは、四方を山に囲まれた盆地にあります。もともとは、テスココ湖という湖があった場所で、16世紀以降にスペイン人によって行われた干拓で現在のような都市になりました。盆地といっても標高約2,240mに位置するため、気圧に順応できずに軽度の高山病になる旅行者もいます。睡眠障害、頭痛、食欲不振などさまざまな症状が出る可能性があります。実際に住んでみると、睡眠障害に悩まされている駐在員も少なくありません。

また、盆地状の地形を一因として大気汚染が深刻な問題となっていましたが、近年はディーゼル車規制などの成果が出て改善の方向に向かっているといわれています。

とはいえ、日本人からしてみると、まだまだよい環境とはいえず、鼻や気管支の調子が悪くなる駐在員も少なくありません。

■ 気候

メキシコの国土は、広大で南北に長く、太平洋とメキシコ湾に挟まれた位置にあり、高い山々もそびえています。そのため、気候は実にバラエティに富んでいます。北西部の半島であるバハ・カリフォルニア一帯の砂漠気候、南部のユカタン半島周辺の熱帯性気候、山岳地帯の温帯気候や高山気候、北東部のアメリカ・テキサス州に隣接する一帯のステップ気候などです。

首都のD.F.は標高が高いため、緯度が低いにもかかわらず、最高気温が年間を通して25度前後と過ごしやすい気候です。ただし、下記のグラフでもわかるように、年間の最低気温は15度を超えることがありません。日中と夜の寒暖差が激しいことが特徴の1つで、夏でも夜は涼しく羽織るものが必要になるときもありますし、10月あたりからは冷え込み、11月から2月は最低気温が5℃くらいまで下がることがあります。メキシコは暑いイメージを持たれることが多いですが、時期によっては防寒対策が必要です。

また、6月から9月は雨季となり、毎日夕方にスコールがあります。雨季のスコールは非常に激しく、電車はストップし、自動車は渋滞してしまいます。そのため雨季に活動する場合は、夕方以降の時間は読めないことが多いので、午前中から午後3時までを目途に考える必要があります。雨季であってもD.F.以外の都市であればそこまで渋滞はひどくはありませんが、自動車で地方都市からD.F.に帰る際には、通常の3倍以上の時間がかかることもあるので注意が必要です。

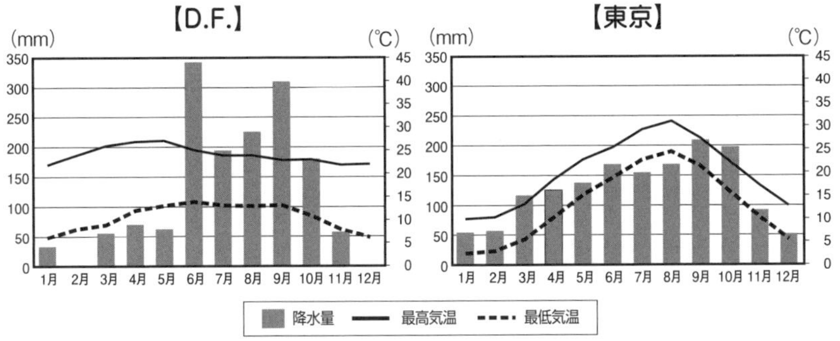

出所：World Weather Online（D.F.）と気象庁（東京）

■ 時差 ➡ 中部標準時（D.F.など）
日本から－15時間（サマータイム 日本から－14時間）

メキシコのタイムゾーンは右の地図のように3つの時間帯に分かれています。アメリカ・カリフォルニア州に隣接しているティファナなどのバハ・カリフォルニアの一部が太平洋標準時（PST：Pacific Standard Time）で協定世界時（UTC）－8、カリフォルニア湾に面した海岸周辺がアメリカ山岳部標準時（MST：Mountain Standard Time）UTC－7、それ以外の多くの地域が中部標準時（CST：Central Standard Time）でUTC－6です。

したがって日本とCSTの時差は15時間で、日本の正午は、D.F.、カンクン、アカプルコでは前日の午後9時となります。

また、4月の第1日曜から10月の最終日曜まで全土でサマータイムが導入されています。日本とサマータイム期間中のCSTの時差は14時間となります。

時差の関係で日本への緊急の連絡が1日遅れることになります。意思決定機関を日本においている会社に関しては、情報の伝達経路を事前に考える必要があります。

【メキシコのタイムゾーン】

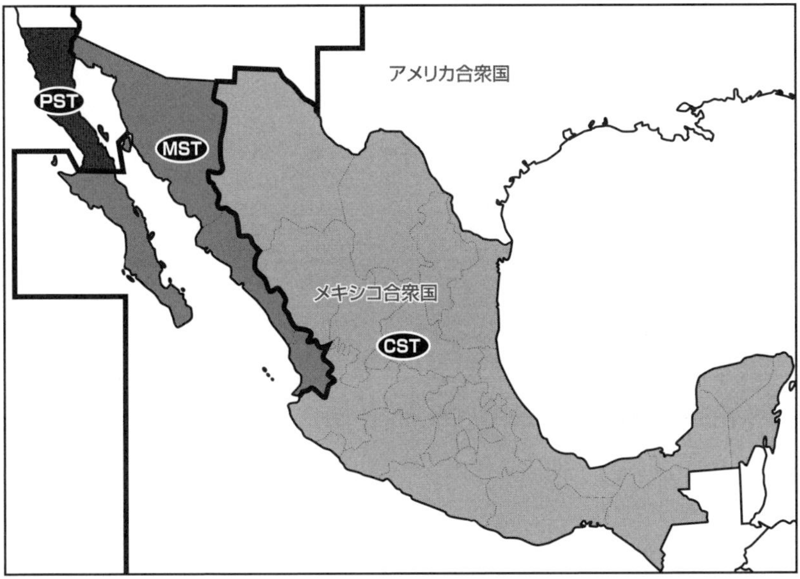

■ 人口 ➡ 1億2,233万人（2013年国連）

メキシコは1億人を超える人口を擁する中米最大の国です。合計特殊出生率が低下していることや若年層の移民としての流出が多いこともあり、10歳未満人口は相対的に減っており、人口増加率はこの数年1.1～1.2％で推移しています。それでも、10～19歳の人口が多く、メキシコ国家人口評議会（CONAPO：Consejo Nacional de Población）は、今後も微増を続け、2050年には1億3,747万人になると予測しています。

民族構成は、先住民であるインディヘナ（インディオ）と白人の混血であるメスティーソが約6割を占め、インディヘナが約3割、スペイン系などの白人が約1割となっています。

【メキシコの人口ピラミッド（2014年）】

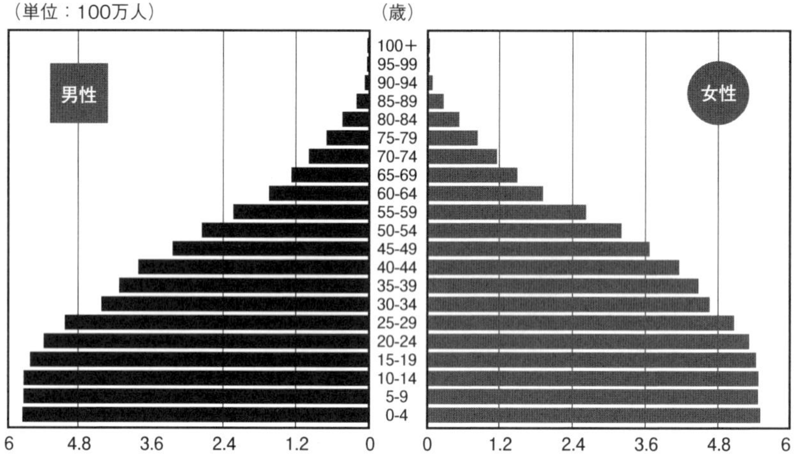

出所：United States Census

人口の多くがメキシコ・シティに集まり、交通渋滞や朝晩の通勤ラッシュが問題となっています。メキシコ人の中には、通勤ラッシュで電車が遅れたことを言い訳とし、時間どおりに出社しない者もいますので、時間を守ることの意識徹底をどのように行うかも事前に考えておく必要があります。

■ 言語 ➡ スペイン語

メキシコは世界最大のスペイン語人口を抱える国です。スペイン語が公用語となっていますが、マヤ語やナワトル語などの先住民族の少数言語が60以上もあるといわれています。

マネージャークラスの多くは英語を話すことができます。発音はスペイン語なまりのため少し聞き取りづらい印象です。スタッフクラスには英語を話せない者も多くおり、ワークラスのほとんどが英語を話せません。

ビジネスは英語で行うことが可能（多くの日本企業がスペイン語と

英語でビジネスを行う）ですが、日常生活にスペイン語は必須です。町で買い物をするにも、タクシーに乗るにも、レストランで食事をするにも、スペイン語でないと通じないことが多いので注意が必要です。

■ 通貨 ➡ ペソ

通貨単位はペソです。記号は$が用いられますが、USドルと区別するためにMex$やMXNと表記することもあります。補助単位はセンターボで、記号は¢を用います。100センターボが1ペソにあたります（1ペソ＝約8円：2014年時点）。

硬貨は10種類（20ペソ、50ペソ、100ペソの各硬貨はあまり流通していません）、紙幣は6種類あり、その内容は、下記のとおりです。

【メキシコの通貨】

硬貨	硬貨	紙幣
5 センターボ	1 ペソ	20 ペソ
10 センターボ	2 ペソ	50 ペソ
20 センターボ	10 ペソ	100 ペソ
50 センターボ	20 ペソ	200 ペソ
	50 ペソ	500 ペソ
	100 ペソ	1,000 ペソ

［メキシコの各種相場］

タクシー初乗り：約8ペソ、ラジオタクシー（無線タクシー）では13ペソ〜

メトロ：5ペソ（料金一律）

昼食：50〜150ペソ（D.F.）

夕食：200〜500ペソ（D.F.）

家賃：1万5,000～3万ペソ（D.F.の日本人駐在員向け、広さ70㎡以上）

ガソリン代：13ペソ/ℓ

その他：通信機器、家電などの電化製品や車、バイクなどは日本の価格と変わらない

チップ：支払金額の10～15%（タクシーには支払わなくてよい）

■ 宗教

メキシコは、ブラジルについでカトリック人口の多い国です。カトリックが約85%、プロテスタントが約8%、その他の宗教が約3%となっています。メキシコでは、古くから存在した土着の文化や信仰に、スペイン侵略とともに流入したカトリックが融合するような形で人々に浸透してきた歴史があるため、教会美術や祭礼などは独特であるといわれています。

【メキシコの宗教】

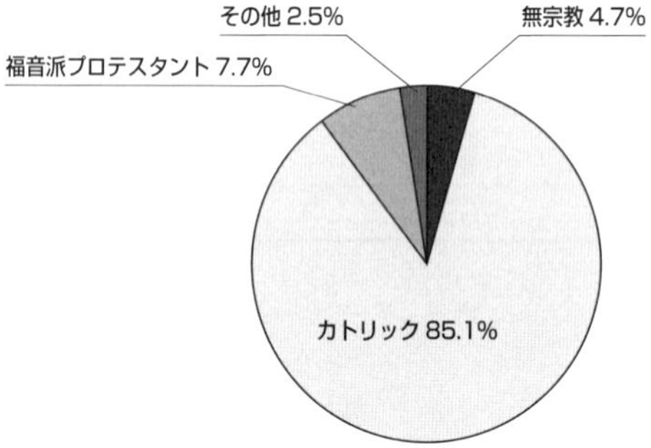

出所：国立統計地理情報院（INEGI）

■ 政治体制

［政治体制］

立憲民主制による連邦共和国

［元首］

エンリケ・ペニャ・ニエト大統領（2012年12月1日就任、任期6年）

［議会］

二院制（上院128議席、下院500議席）

［政府］

首相や副大統領という役職はなく、大統領が大臣を指名します。

【メキシコの立法・行政・司法】

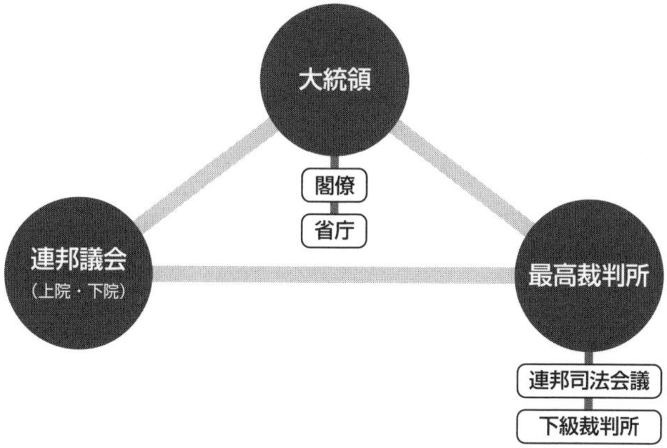

出所：総務省「メキシコの行政」

メキシコの政治体制は立憲民主制による連邦共和国で、憲法49条により、立法・行政・司法の三権分立が定められています。連邦議会、大統領、最高裁判所が、それぞれ立法、行政、司法の三権の最高権力を担っています。

メキシコでは、1910年に始まった「メキシコ革命」以降はクーデターがなく、他のラテンアメリカ諸国にくらべて早い時期から政情が安定して、文民統制がとれてきたことが大きな特徴といえるでしょう。

メキシコ人は、会社においても上下関係をあまり好みません。メキシコ人のある現地マネージャーはその理由に、「メキシコ人は、スペインに占領されてから支配の歴史を歩んできた。メキシコ人にとって上下関係とは搾取されることなのです」と言っていました。実際に上下関係の強い会社では、従業員のジョブホッピングが盛んに行われています。

■ 歴史（略史）

［アステカ帝国の滅亡～スペイン植民地時代］

1519年にスペイン人のエルナン・コルテス率いるスペイン軍がメキシコに上陸、アステカ帝国への侵略を開始しました。1521年にティノチティトラン（現在のメキシコ・シティ）が征服され、アステカ帝国は滅亡します。

この後、約300年にわたりスペインの植民地となります。過酷な植民地支配とヨーロッパから持ち込まれた天然痘などの疫病によって、2,500万人いたインディオは一時100万人にまで激減したといわれています。一方、スペイン人と先住民であるインディヘナ（インディオ）の混血（メスティーソ）が進み、インディヘナの伝統や風俗とスペイン文化が融合した独特の混血文化が形成されました。

[独立革命～レフォルマ（改革）時代]

19世紀のメキシコは、「独立革命」（1810～1821年）、「アメリカ・メキシコ戦争」（1846～1848年）、「レフォルマ（改革）時代」（1854～1876年）の動乱期を経て近代化へと向かいます。

この時代の変革は、支配階級であった植民地生まれのスペイン人（クリオージョ）によるスペインからの独立、被支配階級であったメスティーソやインディヘナの蜂起と階級闘争、メキシコ領であったテキサスの分離独立といった、さまざまな対立や闘争を含む複雑なものでした。19世紀半ばには自由主義改革へと運動は収れんし、植民地体制は解体しました。1861年には、インディヘナ出身のベニート・フアレス大統領が誕生し、レフォルマ（改革）を推進して、殖産、教育振興などが積極的に行われました。しかし、対外債務支払停止により、債権者国であるフランスの軍に4年間占領されるなど、不安定な時代が続きます。

[ディアス独裁政権～メキシコ革命]

1876年、クーデターによって就任したポルフィリオ・ディアス大統領による独裁政権が始まり、25年近く続きました。メキシコ史上における初の長期安定政権であり、外資を積極的に受け入れて経済発展を遂げたものの、強権的な政治に各地で不満が高まりました。

1910年、民主化を求める勢力が蜂起し、「メキシコ革命」が起きました。ディアス大統領は国外へ亡命し、革命、反革命勢力が主導権を奪い合う動乱期となります。やがて、革命勢力が労働者や農民を率いて勢力を拡大し、1917年に新憲法（現行憲法）が発布され革命は終結となりました。

[制度的革命党（PRI）による一党独裁]

革命後も、路線対立による政情不安が続いていましたが、鉄道や油田の国有化、農地改革などが行われるに従って政情は安定の方向へ向かいました。1929年には諸勢力が合流して国民革命党（PNR：Partido Nacional Revolucionario）が結成され、さらに1946年に制度的革命党（PRI：Partido Revolucionario Institucional）へと再編、事実上の一党独裁が始まり、その後2000年まで54年間にわたり続くことになります。

[「メキシコの奇跡」の光と影]

第2次世界大戦により長期政権として足場をかためたPRIは、革命路線を修正しつつ、豊富な石油資源を基に積極的に工業化を促進しました。1950年代～1970年代にかけて、他のラテンアメリカ諸国ではクーデターによる軍政が多かった中、文民統制による安定政権を実現し、多くの外資を呼び込むことができました。1940～70年代には「メキシコの奇跡」と呼ばれる目覚しい経済成長を遂げ、1968年にメキシコ・シティオリンピックが開催されました。

一方、経済成長に伴い貧富の差が拡大したこと、政治腐敗や反政府勢力への弾圧などの負の側面も顕在化し、社会問題となりました。また、1970年代に、貿易赤字や財政の健全化が進まないことにより、累積債務が拡大しました。1980年代には、原油価格の下落とインフレにより経済はさらに危機的な局面を迎えます。

[北米自由貿易協定（NAFTA）締結]

1994年、アメリカ、カナダ、メキシコ3カ国による北米自由貿易協定（NAFTA：North American Free Trade Agreement）が発効されました。人件費が安いメキシコに多くの自動車や家電製品の工場が建設され、アメリカ市場への輸出が拡大し、多くの労働者が出稼ぎのため国外に出ずにメキシコ国内工場で働くことができるようになりました。その反面、トウモロコシなどの農産品で競争力に劣る零細な農家にとっては大きな打撃となり、農民が武装蜂起する事態にまで発展しました。

［国民行動党政権の誕生とPRI政権の復活］

2000年、大統領選挙で、経済の失策や政治の腐敗を問われてPRIの候補が敗北し、右派国民行動党（PAN：Partido Acción Nacional）のビセンテ・フォックス候補が当選し大統領となりました。PRIは71年におよぶ政権の座を降り、野党となりました。

2006年の大統領選挙でも、PANのフェリペ・カルデロン候補が民主革命党（PRD：Partido de la Revolución Democrática）をはじめとする中道左派連合の候補に僅差で勝利しました。しかし、カルデロン大統領は抜本的な制度改革や麻薬対策などを公約にして当選しましたが、世界金融危機の影響による景気の悪化や、治安が良くならないことなどから、2009年の連邦下院議員選挙では与党PANが大きく議席を失い、PRIが再び第1党となりました。

2012年の大統領選挙では、PRIのエンリケ・ペニャ・ニエト候補が勝利し、2012年12月1日に大統領に就任、12年ぶりのPRI政権となりました。

■ 教育システム

メキシコの教育制度は、日本と同様に、小学校が6年、中学校が3年、高等学校が3年の「6・3・3制」で、義務教育は中学校までです。小学校が6～12歳、中学校は13～15歳、高等学校が16～18歳までというのも同じです。公立の小学校と中学校は就学率の向上のために、午前、昼間、夜間の3部制を採っているのが特徴の1つです。基本的にスペイン語での教育が行われますが、地域によりナワトル語やマヤ語などの少数民族との二重言語教育も行われています。

大学は選択領域によって異なりますが、ほとんどが4年か5年（医学部は6年）で、国立大学、州立大学、私立大学などがあります。また、大学院は、修士課程2年、博士課程3年となります。

その他、いくつかの技術専門学校では、3年制のマネジメントやエンジニアリング課程を提供しているほか、2年間の課程を有する技術大学もあります。

メキシコの公立の学校の教師は、世襲制となっています。そのため、公立の学校の教育レベルは低く、多くのメキシコ人がこの現状に不満を持っています。

また、大学においても教育レベルは、それぞれ全く違います。メキシコで一番有名な大学はメキシコ国立自治大学（UNAM：Universidad Nacional Autónoma de México）ですが、外国企業の理念やスタイルに合うのはメキシコ自治工科大学（ITAM：Instituto Tecnológico Autónomo de México）やモンテレイ工科大学（ITESM：Instituto Tecnológico y de Estudios Superiores de Monterrey）の卒業生などともいわれています。これはメキシコ国立自治大学の授業料が年間50センターボや5ペソなどの格安であることから同校の生徒数が10万人を超え、学業のレベルが一定水準であるためです。

【メキシコの教育制度】

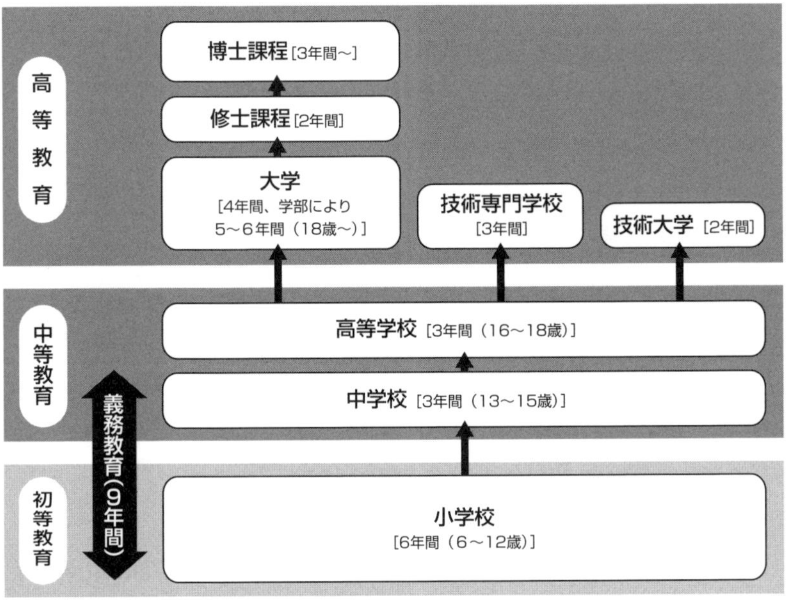
高等教育
博士課程［3年間～］
修士課程［2年間］
大学
［4年間、学部により
5～6年間（18歳～）］
技術専門学校
［3年間］
技術大学［2年間］
中等教育
高等学校［3年間（16～18歳）］
中学校［3年間（13～15歳）］
義務教育（9年間）
初等教育
小学校
［6年間（6～12歳）］

［参考資料・ウェブサイト］

・Instituto Nacional de Estadística y Geografía（メキシコ国立統計地理情報院）

　http://www.inegi.org.mx/default.aspx

・Banco de México（メキシコ中央銀行）

　http://www.banxico.org.mx/billetes-y-monedas/indexEn.html

・外務省

　「国・地域情勢～メキシコ合衆国 基礎データ」

　http://www.mofa.go.jp/mofaj/area/mexico/data.html

　「在外公館医務官情報」

　http://www.mofa.go.jp/mofaj/toko/medi/cs_ame/meacute.html

・総務省　大臣官房企画課「メキシコの行政」2010年3月

　http://www.soumu.go.jp/main_content/000085175.pdf

・CIA 'The World Factbook Mexico'

　https://www.cia.gov/library/publications/the-world-factbook/geos/mx.html

・海外職業訓練協会（OVTA）「各国・地域情報～メキシコ職業能力基準、職業能力評価制度」

　http://www.ovta.or.jp/info/southamerica/mexico/10evaluation.html

II

投資環境

経済

経済動向

メキシコは、人口およそ1億2,233万人（世界11位、2013年）、GDPは1兆2,600億USドル（世界14位、2013年）であり、G7やBRICS諸国に次ぐ経済規模となっています。対外取引についても北米自由貿易協定（NAFTA）や、その他多くの国との貿易協定を締結しており、外資を受け入れながらも堅調な成長を続けています。

また、あまり知られてはいませんが、メキシコは石油や天然ガスといった各種エネルギー資源を潤沢に保有する国でもあります。

メキシコは、トルコやインドネシアなどのいわゆるNEXT11の中でも、特に安定した成長を遂げているために、近年では、メキシコ、インドネシア、ナイジェリア、トルコの新興各国をMINTと呼びBRICSに次ぐ次世代の新興国として世界中から注目されています。日本においても、2009年にパナソニック社が拡販に取組む新興国市場として、MINTの名前を挙げたことを記憶している人もいるのではないでしょうか。

MINT各国は平均年齢が比較的若く、今後増加していく中間層をターゲットとした市場としても、経済発展が期待されています。

■ GDPと経済成長率の推移

アメリカ経済の好況の影響により2004年から安定的経済成長を続けてきたメキシコですが、2008年には新型インフルエンザが発生し、同年の後半に起きたアメリカ発の世界金融危機の影響も重なり、経済成長率が2008年は1.5%増だったのに対し、2009年は6.1%減と著しく落ち込み、1994年の通貨危機「テキーラショック」以来の大きなマイナス成長となりました。

しかし、2010年には、前年のマイナス成長幅には少し届かないながらも、5.4%増と高い伸びを示し、翌2011年には、欧州における債務危機の影響がありながら、中南米向けの輸出が確実に伸びたこと、また、内需の回復などに伴い4%近い成長率を維持しました。

2012年以降も、2012年4%、2013年1.06%、2014年2.1%、2015年3～4%（予想）となっており、高い伸びとはいえないまでも、着実に推移しています。

メキシコ経済は輸出依存度が高く、特にアメリカへの輸出割合が高いためにアメリカの景気動向に大きく左右されます。

アメリカ経済に依存する1つの例として、現在アメリカには、メキシコからの不法入国を含む移民が約1,200万人（2014年時点。1995～2000年が流入のピークであり、年々減少）います。この移民からメキシコに残っている家族へ年間200億USドルにも及ぶ送金が行われており、国内の、特に北部地域の個人消費を下支えしています。

中期的には、アメリカの景気動向や原油価格変動からの直接的影響が強いという構造的な課題があるものの、近年のメキシコは積極的かつ多角的な通商展開が奏功しており、順調に成長を遂げているといえます。

また、2014年時点では1人当たりのGDPは既に1万USドルを超えており、1億人を超える巨大マーケットを有する国としての存在感も大きくなっています。

【名目GDPと実質GDP成長率の推移】

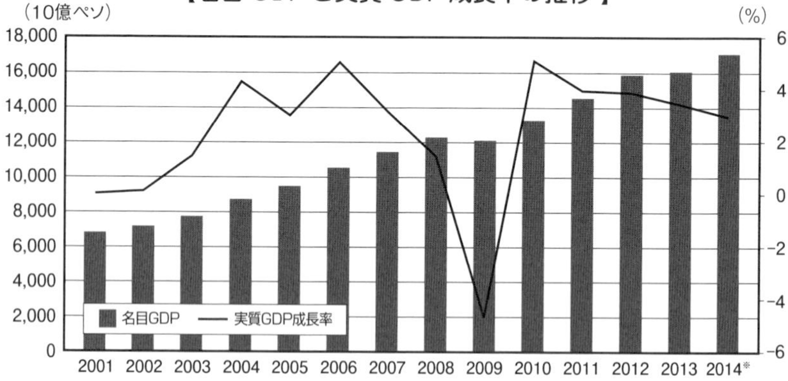

※2014年は予測値

出所：IMF 'World Economic Outlook Database, April 2014'

【1人当たりの名目GDPの推移】

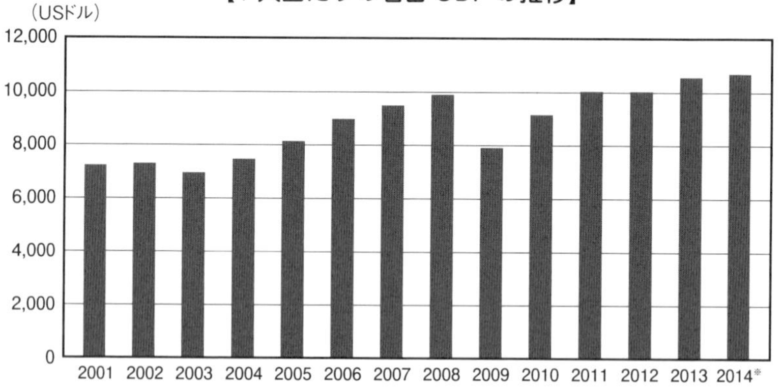

※2014年は予測値

出所: IMF 'World Economic Outlook Database, April 2014'

■ 国家財政

メキシコは1980年代の累積債務危機と、1990年代の通貨危機テキーラショックという大きな経済危機を経験しており、政府は財政政策に積極的に取り組んできました。2006年には財政責任法が施行され、中長期的な財政収支の均衡が義務付けられるようになりました。

2008年までは赤字幅が最小限に抑えられてきましたが、2008年の世界金融危機に対する景気対策のために、2010年、2011年、2012年は例外規定を設けて赤字予算を組みました。しかし、財政赤字の対GDP比は、2013年は3.8%となり、2014年度は4.1%に抑えられて、財政規律を保つ足取りは確かです。また、対外債務割合は3割ほどにおさまっており、1990年代のテキーラショックの際に対外債務が8割にも達していた状況とは異なり、財政は安定しているといえるでしょう。

今後は、歳入の3割を占める原油関連の減収が予想されているため、原油に頼らない安定した財政基盤の構築が課題となります。

【財政の推移】

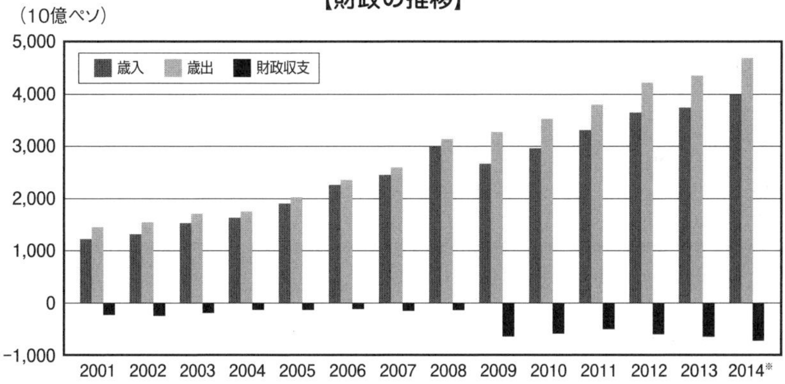

※2014年は予測値

出所：IMF 'World Economic Outlook Database, April 2014'

■ インフレ率

メキシコ中央銀行は2001年から2～4%のインフレターゲットを導入しています。2009年7月から政策金利を4.5%に据え置いており、インフレ率は上限をやや上回りながらもおおむね安定的に維持されています。

2010年以降には、付加価値税の増税、公共料金の値上げ、干ばつによる農産品価格の高騰といったインフレ懸念材料がありながらも、中長期に及ぶ世界的景気減速傾向をより強く意識して、利上げを行わずに据え置いてきました。

【消費者物価指数とインフレ率（年平均）の推移】

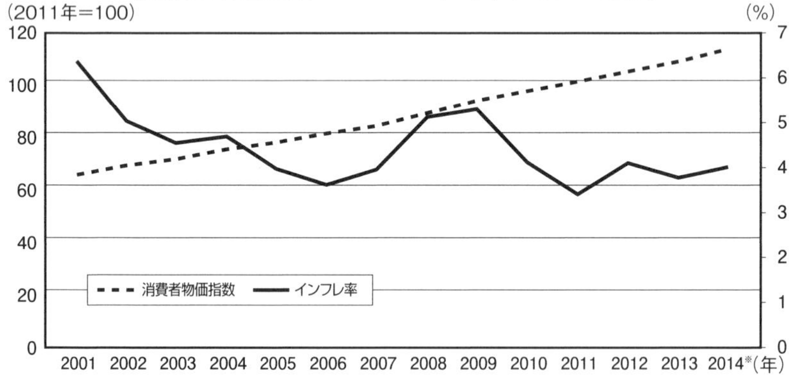

※2014年は予測値

出所：IMF 'World Economic Outlook Database, April 2014'

貿易

■ 貿易協定

メキシコは世界で最も多くの国や地域と貿易協定を締結している国で、メキシコ政府は自由な貿易を推進する立場を明示しています。

1994年にNAFTAを発効して、アメリカ、カナダ、メキシコは巨大な経済圏へと大きな一歩を踏み出しました。この際、メキシコの零細な農家などは大きな痛手を受けましたが、巨大な隣国アメリカから自動車や家電メーカーの工場がメキシコに設立されて多くの雇用を生み、安価な労働力で加工した多くの製品がアメリカに輸出されるようになりました。このNAFTA締結を皮切りに、ラテンアメリカ地域やEU諸国、日本など、多くの国々と自由貿易協定を結びました。

ラテンアメリカにおいては、1995年にコロンビア、ベネズエラとG3自由貿易協定を発効（2006年ベネズエラ脱退）したのに続き、コスタリカ（1995年）、ニカラグア（1998年）、チリ（1999年）、グアテマラ、エルサルバドル、ホンジュラス（2001年）、ウルグアイ（2004年）、コロンビア（2011年）、ペルー（2012年）とそれぞれ自由貿易協定（FTA）を発効（中南米5カ国とは2012年に新協定を締結）しています。また、ラテンアメリカ統合連合（ALADI）においては、アルゼンチン、ウルグアイ、パラグアイ、エクアドル、ペルー、キューバなどの中南米諸国と、期限付きではありますが経済補完協定（ACE）を含む部分的到達協定（AAP）を発効しており、南米南部共同市場（メルコスール）各国（アルゼンチン、ブラジル、ウルグアイ、パラグアイ）とは、自動車や自動車部品についての特恵関税に関する協定を締結しています。さらに、アルゼンチン（2006年）、ブラジル（2007年）とは、完成車に関する貿易完全自由化（その後、ブラジルおよびアルゼンチンによる見直しあり）に達しています。

ヨーロッパとの間では、EU（欧州連合）のフランス、ドイツ、イギリス、イタリアなど15カ国（2000年）、EFTA（欧州自由貿易連合）のノルウェー、スイスなど4カ国（2001年）、EU新規加盟国のチェコ、ポーランド、ハンガリー、エストニアなど10カ国（2004年）、EUの第2次新規加盟国であるブルガリア、ルーマニア2カ国（2007年）とFTAを発効しています。

その他、イスラエルとFTAを発効し（2000年）、そして、日本とは経済連携協定（EPA）を2005年4月に発効しています。

また、2012年11月にメキシコ政府は、環太平洋パートナーシップ（TPP）協定への交渉参加を表明しました。

【各国とのFTA・EPA発効状況】

協定	相手国	発効年月日
NAFTA（2カ国）	アメリカ、カナダ	1994年1月1日
G3 （2カ国 ➡ 1カ国）	コロンビア、ベネズエラ（2006年脱退）	1995年1月1日
FTA（14カ国）	コスタリカ	1995年1月1日
	ニカラグア	1998年7月1日
	チリ	1999年8月1日
	イスラエル	2000年7月1日
	エルサルバドル、グアテマラ	2001年3月15日
	ホンジュラス	2001年6月1日
	ウルグアイ	2004年7月15日
	エルサルバドル、グアテマラ、コスタリカ、ニカラグア、ホンジュラス	2011年11月22日
	ペルー	2012年2月1日
EU（28カ国）	アイルランド、イギリス、イタリア、エストニア、オーストリア、オランダ、キプロス、ギリシャ、スウェーデン、スペイン、スロバキア、スロベニア、チェコ、デンマーク、ドイツ、ハンガリー、フィンランド、フランス、ブルガリア、ベルギー、ポーランド、ポルトガル、マルタ、ラトビア、リトアニア、ルーマニア、ルクセンブルク、クロアチア	2000年7月1日 （2000年から段階的に発効）
EFTA（4カ国）	ノルウェー、スイス	2001年7月1日
	アイスランド	2001年10月1日
	リヒテンシュタイン	2001年11月1日
EPA	日本	2005年4月1日

■ 貿易・投資関係

日本とメキシコの貿易の実際の数値を見ると、2013年の日本からメキシコへの貿易額の合計は、94億5,873万USドルであり、その主要5品目は、自動車の部品および付属品、自動車、ラジオ・テレビ等の部品、鉄または非合金鋼のフラットロール製品、液晶デバイス・

レーザーおよびその他の光学機器となっており、メキシコにおいて生産、加工を行うための輸出であることがうかがえます。

一方、2013年のメキシコからの日本への貿易額の合計は、41億1,939万ドルであり、その主要5品目は、医療用または獣医用の機器、電話機およびその他のデータを送受信する機器、豚肉、塩、自動車となっており、第一次産業の比率が高いメキシコからはパイナップル、アボカドといった食料品の輸入も多くあります。

2013年上半期の日本からメキシコへの直接投資は10億2,400万USドルであり、その内訳は、製造業が7億9,500万USドル、商業が2億1,900万USドル、専門サービスが300万USドルとなっています。製造業の直接投資の多くは自動車関係の製造業であり、商業に関しても半数以上が自動車関係となっています。総合すると近年の、対メキシコへの直接投資の80%以上が自動車関係といえます。

■ メルコスールとの自動車協定

南米南部共同市場（メルコスール）とは、次の4つを目的とした協定であり、現在の加盟国はアルゼンチン、ボリビア、ブラジル、パラグアイ、ウルグアイ、ベネズエラの6カ国、準加盟国はチリ、コロンビア、エクアドル、ガイアナ、ペルー、スリナムの6カ国となっています。

[メルコスールの４つの目的]

・域内の関税および非関税障壁の撤廃等による財政、サービス、生産要素の自由な流通
・対外共通関税の創設、共通貿易政策の採択および地域的・国際的な経済・貿易面での協調
・マクロ経済政策の協調および対外貿易、農業、工業、財政・金融、外国為替・資本、サービス、税関、交通・通信などのセクタ

ー別経済政策の協調

・統合過程強化のための関連分野における法制度の調和

［メルコスールの主な内容］

メルコスールの主な内容は次の5つです。

域内関税の原則撤廃

メルコスール加盟国の域内の関税は原則として撤廃されており、自動車および自動車部品、砂糖（各国ごとに保護品目あり）を除いて関税率が0%とされています。

対外共通関税

対外共通関税については、全品目の約85%にあたる品目（約9,000品目）について0～20%の関税率が適用されています（ただし例外品目あり）。

原産地証明

原産地証明については、域内の貿易においてメルコスール原産とみなされる（関税率0%適用）ための現地調達率は原則として60%とされています。

紛争処理手続

紛争手続処理については、常設仲裁裁判所で行います。

民主主義条項

メルコスール域内およびメルコスール関係諸国において民主主義の秩序が失われた場合、協定上の権利および義務の凍結も可能です。

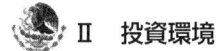

［メルコスールとの自動車協定］

メキシコとブラジルおよびアルゼンチンの間には、メルコスール・メキシコ自動車協定（ブラジルとの規定は同協定内の付属書2、アルゼンチンとの規定は同協定内の付属書1）が存在します。これにより、メルコスールの主な内容の1つである対外共通関税（完成車35%、自動車部品16～18%）が撤廃されることになりました。

また、この協定による特恵関税を享受するためには、メキシコにおいても原産地証明を受けなければならず、現地調達率が定められました。

対ブラジル（メルコスール・メキシコ自動車協定）

ブラジル政府は、自動車貿易収支の悪化等を原因とし、当該自動車協定の改定協議をメキシコ政府に持ちかけ、2012年3月以降、両国間の自動車輸出には無関税輸出枠が3年に渡って設けられるようになりました。

・2012年度：14億5,000万USドル
・2013年度：15億6,000万USドル
・2014年度：16億4,000万USドル

また、原産地証明における現地調達率も併せて引き上げられることになり、当初の30%から2013年3月19日までに35%、2016年3月19日までに40%となっています（自動車の最新モデルの場合、販売開始から2年間は20%）。

対アルゼンチン（メルコスール・メキシコ自動車協定）

アルゼンチンにおいても、メキシコとブラジルが当該自動車協定を改定したことをうけて、政府がアルゼンチンとの二国間の取り決めに

ついても改定するようにメキシコ政府に求めていました。当初は拒否していたメキシコ政府も、二国間協議が失敗に終わった等の理由により、ブラジルと同様に協定の見直しに合意しました。

アルゼンチンにおける無関税輸出枠は以下のとおりです。

・2012年度：5億7,500万USドル
・2013年度：6億2,500万USドル
・2014年度：1億8,750万USドル

また、原産地証明における現地調達率も併せて引き上げられることになり、2012年12月18日から30%、2013年3月19日から35%、2016年3月19日から40%とそれぞれ定められています（最新モデルの場合、販売開始から2年間は20%）。

■ 国別、地域別の輸出入

2013年度のメキシコの国別輸出額を見ると、NAFTAを締結しているアメリカとカナダが1位、2位を占めていることがわかります。特にアメリカは、全体の約78%もの割合を占めています。

アメリカへの依存の高さは、1994年にNAFTAが発効された後に急速に高まり、一時は輸出額の9割近くを占めていました。メキシコ政府はアメリカ一国への過度な依存体質の脱却を目指すとともに、新たな貿易拡大の可能性を世界規模で模索し、積極的に多角貿易を進めてきました。その結果、ブラジル、コロンビアなどのラテンアメリカ諸国の比率が増し、アメリカのみならずラテンアメリカを含む南北アメリカ全域を対象とした輸出生産拠点としてのメキシコの存在感が示されるようになりました。

また、対アジアでは、中国向けの輸出が鉱物資源などを中心に拡大しており、日本や韓国向けの輸出も順調に伸びています。TPP協定へ

【主要輸出相手国別の輸出額】

輸出先	2012 年	2013 年		
	金額（100 万 US ドル）	金額（100 万 US ドル）	構成比（%）	伸び率（%）
アメリカ	287,844	299,528	78.8	4.1
カナダ	10,938	10,452	2.7	－ 4.4
スペイン	7,024	7,200	1.9	2.5
中国	5,721	6,467	1.7	13.0
ブラジル	5,658	5,387	1.4	－ 4.8
コロンビア	5,592	4,735	1.2	－ 15.3
インド	3,306	3,812	1.0	15.3
ドイツ	4,495	3,797	1.0	－ 15.5
ベネズエラ	2,118	2,155	0.6	1.7
日本	2,611	2,242	0.6	－ 14.1
その他	35,399	34,414	9.1	－ 2.8
合計	370,706	380,189	100.0	2.6

出所：JETRO

【主要輸出相手地域別の輸出額】

輸出先	2012 年	2013 年		
	金額（100 万 US ドル）	金額（100 万 US ドル）	構成比（%）	伸び率（%）
北米	298,782	309,980	81.5	3.7
中米	5,992	5,871	1.5	－ 2.0
南米	20,563	19,683	5.2	－ 4.3
カリブ地域	2,148	2,281	0.6	6.2
アジア	17,310	18,511	4.9	6.9
欧州	23,790	21,900	5.7	－ 8.0
その他	2,121	1,963	0.6	－ 7.4
合計	370,706	380,189	100.0	2.6

出所：JETRO

の参加を表明しているメキシコは、今後もアジアとの貿易拡大に意欲的な姿勢を鮮明に打ち出していくものと思われます。

国別の輸入額を見ると、輸出ほどはアメリカに依存はしていませんが、アメリカからの輸入が全体の約50%を占めています。2位が中国で約16%、日本は3位で約5%となっています。次いで、4位は韓国、5位がドイツと続きます。

地域別に見ると、アメリカ、カナダの北米が51.7%とトップですが、中国、日本、韓国、そしてインドからの輸入も増加しており、アジアからの輸入は31.3%を占めるまでになり、欧州の約2.5倍となっています。

【主要輸入相手国別の輸入額】

輸入先	2012年	2013年		
	金額（100万USドル）	金額（100万USドル）	構成比（%）	伸び率（%）
アメリカ	185,110	187,762	49.1	1.2
中国	56,936	61,321	16.1	7.7
日本	17,655	17,076	4.5	－3.3
韓国	13,350	13,507	3.5	1.2
ドイツ	13,508	13,461	3.5	－0.3
カナダ	9,890	9,847	2.6	－0.4
台湾	6,183	6,689	1.8	8.2
マレーシア	4,736	5,379	1.4	13.6
ブラジル	4,495	4,421	1.2	－1.6
タイ	3,806	4,322	1.1	13.6
その他	55,083	57,425	15.2	4.3
合計	370,752	381,210	100.0	2.8

出所：JETRO

【主要輸入相手地域別の輸入額】

輸入先	2012年	2013年		
	金額（100万USドル）	金額（100万USドル）	構成比（%）	伸び率（%）
北米	195,000	197,109	51.7	1.1
中米	4,573	4,902	1.3	7.2
南米	9,075	9,381	2.5	3.4
カリブ地域	1,065	1,026	0.3	－3.7
アジア	113,714	119,437	31.3	5.0
欧州	44,686	47,109	12.3	5.4
その他	2,639	2,246	0.6	－14.9
合計	370,752	381,210	100.0	2.8

出所：JETRO

■ 品目別の輸出入

品目別に輸出額を見ると、圧倒的に工業製品が多く、全体の約8割を占めていることがわかります。中でも多いのが自動車やその部品で、2012年、2013年ともに大きく伸ばしており、工業製品の中では電気・電子機器を抜き、トップシェアの輸出品目となりました。

一方、電気・電子機器は、主力であるカラーテレビやフラットパネル、携帯電話などいずれも低調で、2012年を大きく下回りました。電気・電子機器は多くの分野で、中国や韓国との競争により、輸出額の減少や価格の下落があり、苦戦を強いられています。新たに中国企業がメキシコに生産拠点を設ける動きなどもあり、今後の展開が注目されるところです。

【主要品目別輸出金額および比率】

輸出品目	2012年	2013年		
	金額（100万USドル）	金額（100万USドル）	構成比（%）	伸び率（%）
農産・林産品	9,226	9,862	2.6	6.9
畜産・水産品	1,689	1,465	0.4	－13.3
鉱産品	57,798	54,288	14.3	－6.1
原油	46,788	42,804	11.3	－8.5
工業製品・同部品	301,993	314,574	82.7	4.2
自動車・同部品	88,377	97,781	25.7	10.6
乗用車	26,169	32,389	8.5	23.8
電気・電子機器	68,818	70,415	18.5	2.3
カラーテレビ	15,035	13,755	3.6	－8.5
フラットパネル型	14,612	13,720	3.6	－6.1
携帯電話	4,410	4,994	1.3	13.2
産業用機械機器	43,732	43,079	11.3	－1.5
コンピューター・同ユニット	18,439	17,401	4.6	－5.6
輸出総額（FOB）	370,706	380,189	100.0	2.6

出所：JETRO

品目別に輸入額を見ると、工業製品が圧倒的に多く、全体の８割強を占めており、自動車・自動車部品、電気・電子機器やその部品などが、その多くを占めています。

自動車や電気・電子機器の部品を輸入して、組み立てて完成品を輸出するという加工貿易が多く、輸出品のための輸入品となっているという特徴があります。

自動車生産も好調に伸びており、設備投資が盛んに行われ産業用機械の輸入も好調に推移しています。

【主要品目別輸入金額および比率】

輸入品目	2012年	2013年		
	金額（100万USドル）	金額（100万USドル）	構成比（%）	伸び率（%）
農産・林産品	12,696	11,704	3.1	－7.8
畜産・水産品	536	648	0.2	20.9
鉱産品	42,752	42,239	11.1	－1.2
ガソリン	17,973	16,338	4.3	－9.1
工業製品・同部品	314,769	326,619	85.7	3.8
繊維・アパレル・皮革	11,643	12,246	3.2	5.2
自動車・同部品	44,144	45,884	12.0	3.9
産業用機械機器	53,268	55,325	14.5	3.9
電気・電子機器	76,625	82,125	21.5	7.2
輸入総額（FOB）	370,752	381,210	100.0	2.8

出所：JETRO

産業別動向

メキシコの産業構造は、石油に代表される豊富な鉱業資源産業、世界へ輸出するための自動車産業（生産拠点）、多くの国々から進出が相次ぐ電気・電子製品などの産業が中心となっています。

1994年にアメリカ・カナダ・メキシコの間でNAFTAが発効された後も、40カ国以上の国との間でFTAが締結されており、メキシコにおける経済の牽引役は紛れもなく輸出となっています。

また、労働コストの低さや地理的条件の優位性が、製造業の生産拠点となるための必須条件ですが、メキシコはこれらの条件を満たし、さらに労働力の質の向上と産業集積が進んでいることなどが加わって、自動車関連メーカーはもちろんのこと、家電から航空機メーカーに至るまで多くの製造業における業態がメキシコに進出しています。

国内市場に関しては、人口が約1億人を超え、今後もしばらくは人口が増加する見込みであること、消費性向が高いことなどから、さらなる内需拡大も見込まれています。

今後は、生産拠点としてのみでなく、消費地としてのメキシコの魅力も増大していくと考えてよいでしょう。

■ 自動車産業

1994年のNAFTA発効以降、メキシコの自動車産業は大きく成長を遂げ、メキシコ最大の産業となりました。巨大な北米自由市場の一員となったことで、世界中の自動車メーカーがメキシコに進出し、生産拠点を構えることになりました。世界最大のマーケットであるアメリカに隣接し、かつ中南米にアクセスしやすいという地理的に有利な条件や、40カ国以上の国々との自由貿易協定を締結していること、安く質の高い労働力で生産ができること、政治・経済ともに比較的安定していることなどを背景に、外資の参入が進み自動車産業は飛躍的に発展しました。

メキシコの自動車産業は、2012年にはGDPの1.5%、製造業の8.7%を占めていました。2013年の生産台数は、前年比1.7%増の293万3,465台で過去最高を更新し、今後もこの勢いは続く見込みです。

販売台数も大きく伸びており、2013年には前年比7.7%増の106万3,363台となり、年間100万台を超えました。これはリーマンショック以来の高水準です。個人のローンを利用した車の購入台数が伸びており、自動車販売数を押し上げています。

メキシコにおいて乗用車の生産を行っている企業は9社（GM、フォード、クライスラー、フォルクスワーゲン、アウディ、日産自動車、本田技研工業、トヨタ自動車、マツダ）であり、日系自動車産業の対メキシコ直接投資についても、関連メーカーおよび関連商社のメキシコ進出を含め非常に盛んになっています。

日産自動車は年間68万台を生産しており、23%のシェアを占めるメキシコ最大の自動車メーカーとなっています。日産に比べると進出が遅かった本田技研工業、トヨタ自動車も生産台数を伸ばしており、2014年には、マツダもメキシコにおいて生産を開始しています。

仕向け地別に見ると、北米向けは10.7%増の184万1,801台と引き続き堅調に推移しており、アメリカ国内における年間販売数の10%はメキシコで製造された自動車です。中南米向けは、ブラジルとの自動車協定のブラジル側の見直しを主な原因とし、16%減の30万7,581台となりました。国別の販売動向を見ると、ブラジル向けが22.9%減、チリ向けが29.2%減、アルゼンチン向けも2.2%の減少となっています。ブラジルよりも減少幅の大きいチリ向けの減少については、安価な韓国車および中国車の販売台数の拡大が影響しているものとされています。

その他、欧州向けの販売も欧州債務危機の影響で32.4%減少し、14万4,120台となっています（2013年時点）。

こうした各国向けの販売数が減少する中でも自動車産業の対メキシコ直接投資は依然として増加を続けています。

具体的には、マツダがグアナフアト州にSKYACTIVエンジン機械加工工場を新設して2014年10月に操業を開始しました。そしてグローバルで好調なSKYACTIV技術搭載車の販売増に対応していくために、上記工場を含むマツダのメキシコ工場であるMazda de Mexico Vehicle Operationの年間生産能力を2016年3月期には25万台までに増強する予定です。

また、本田技研工業もグアナフアト州において建設中の完成車組立工場の横に、4億7,000万USドルを投じて年間35万ユニットのトランスミッションを生産する工場を建設すると発表しています。

その他外資企業においては、GMがアメリカとカナダ向け軽貨物車

【世界の自動車生産ランキング　2014 年】

順位	国名	台数（台）
1	中国	23,722,890
2	アメリカ	11,660,699
3	日本	9,774,558
4	ドイツ	5,907,548
5	韓国	4,524,932
6	インド	3,840,160
7	メキシコ	3,365,306
8	ブラジル	3,146,118
9	スペイン	2,402,978
10	カナダ	2,393,890

出所：国際自動車工業連合会（OICA）

【メキシコにおける自動車の生産・販売・輸出の推移】

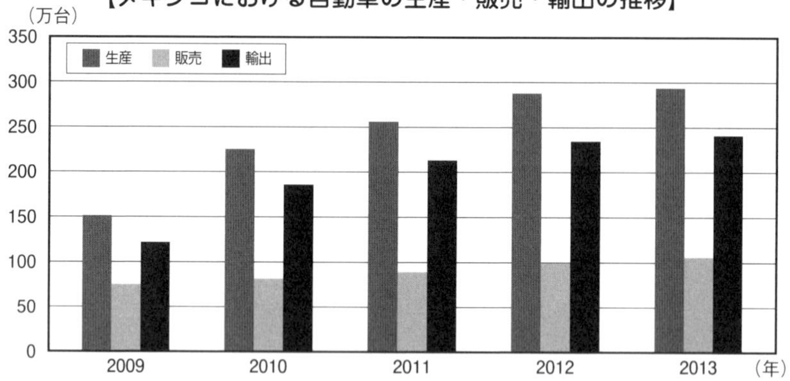

出所：Asociación Mexicana de la Industria Automotriz, A.C.

両の生産を日産のクエルナバカ工場に委託すると発表しています。

メキシコの自動車産業の大きな特徴の1つが、その輸出割合の高さです。NAFTA発効当初も、メキシコにおける自動車生産総数の約半数が輸出されていましたが、輸出傾向は一層高まり、2013年には82.1%が輸出されています。輸出先はNAFTA加盟国であるアメリカとカナダが圧倒的に多いですが、メキシコは積極的に多くの国と貿易協定を発効しており、輸出先は幅広くなっています。そのためアメリカ、カナダ向けの割合は、2006年に88%ありましたが、2013年には81.5%にまで相対的に下がっています。

もう1つの特徴は、メキシコの自動車生産における部品調達の自由度の高さと豊富さであり、多くの多国籍自動車メーカーが進出しているメキシコには、さまざまなメーカーやブランドに対応できる中小の部品メーカーが数多く存在します。さらに、自由貿易協定締結が進んでいるため、国外からの部品調達における関税障壁が低い、あるいはないという条件のもと、グローバルなサプライチェーンを生かした生産ができるという点も影響しています。

■ 電気・電子機器

メキシコにおける電気・電子産業は、自動車産業に並ぶ主要産業です。電子・電気産業はGDPで8%を占め、輸出でも2011年に自動車の輸出額に抜かれて2位（18.7%）になるまでは輸出額のトップでした。中でもメキシコの三大輸出品目（原油、自動車、テレビ）のうちテレビが主力製品となっています。

メキシコでの電子・電気産業は、エンジニアリング、研究開発への投資が推進されて、高付加価値製品の開発が進んでおり、今後も成長が期待できる分野であることは間違いありません。一方で、携帯電話、コンピュータなど、いずれも中国、韓国、マレーシアなどのアジア勢との国際競争が激しくなっていることも事実です。

■ 航空機産業

従来から、アメリカの航空機産業にとってメキシコは重要な生産拠点となっていました。さらに、メキシコが航空機産業を次世代の成長産業として位置付けているため、今後に期待のかかる産業です。

現在の規模は世界15位となっていますが、メキシコ政府は2020年には輸出額120億USドル、関連企業500社、雇用者数11万人規模に育成し、世界のトップ10入りを目標に掲げています。

ケレタロ州や北部国境地帯の各州には航空機産業が多く進出しており、企業の数は270社超と、2008年の194社からは約1.4倍、2006年の77社に比べると約3.5倍に増加しています。現在の同産業の雇用者総数は3万4,000人です。

メキシコの大手監査法人の試算によれば、従業員85名の航空機部品工場の製造コストはアメリカの84.3%、人件費だけで考えるとアメリカの32.3%。いかにメキシコが高い競争力を持っているかがわかります。

近年はこの低い製造コストを利用し、板金やリベット加工、ハーネスやパイプ製造といった労働集約的作業をメキシコ国内で行う企業が大多数を占める一方、ハネウェル社が空調のシステムチェックのようなシステムインテグレーションをメキシコ国内で行っています。将来的には、完成機をメキシコ国内から引き渡す企業が現れる可能性が高いといわれています。

この背景には、メキシコの産業の特徴として、自動車産業により獲得された製造業の裾野の広さがあること、質が高く安い労働力が得られること、地理的な優位性などの条件に加え、産官学の連携やインセンティブによる政府の後押しがあることも大きな要因です。

日本においても、国産航空機製造は始まっていますが、今後は、国産機の部品製造拠点としてもメキシコに期待が持たれています。

■ エネルギー産業

2012年12月から政権を担っているペニャ・ニエト大統領の政策の1つにエネルギー政策があります。同大統領は、エネルギー政策に関連して民間企業との提携による石油資源の開発・生産の向上を図るべく、最優先事項としてエネルギー改革に着手しています。

2013年12月20日、エネルギー改革法案が可決され、石油関連では75年ぶりにペメックス社による独占が終わりました。

具体的には、メキシコ国合衆国憲法25条（経済活動における国家の役割）、27条（資源の国家帰属）、28条（独占禁止の例外）の改正法をそれぞれ交付し、翌21日から同法が施行となり、「生産物分与契約」や「ライセンス契約」といったより積極的な民間参入の形態の導入に市場は好感を持っています。

メキシコは原油生産国世界10位ですが、近年では既存油田の枯渇に伴い生産量の減少に直面しています。一方で、エネルギー需要は急増し、石油の代替エネルギーの台頭も考えられています。その中で、既存油田の開発・生産性の向上が急務になっていることから、同大統領は民間企業との提携によって目的を達成すべく、同エネルギー改革に踏み切ったといわれています。

主要三党の中の特に民主革命党（PRD）においては、根強い反対もあったようですが、当初の予定どおり2013年12月に同法案が可決されました。

［エネルギー改革法案］

石油エネルギー

エネルギー改革法案においては、民間企業との契約形態に関し、現行の「サービス契約」および2012年から政府案として提案されていた「利益分配契約」に加え、「生産物分与契約」および「ライセンス契約」が盛り込まれました。

メキシコの多くの有権者が「利益分配契約」のみと考えていましたが、当初よりも踏み込んだ内容となったことから、かなりの注目を集めています。詳細は下位法で定められることになりますので、今後の動向を注視する必要があります。

電力エネルギー

電力エネルギーについても、これまで電力公共サービス法の下で行われてきた民間事業者による発電事業に、さらなる安定性が法によって付与されることになりました（憲法改正を含んだ改革法案）。また、送配電事業においても、民間企業との運営保守契約等の締結が可能となりました。ただし、原子力発電および放射性鉱物の採掘については、今後も国家の戦略的分野として、国が独占的に行う事業とされています。

その他

ローカルコンテンツの規制（エネルギーの割当と契約の実施に必要な国産品の利用基準等の規制の整備）や組織改革等（ペメックス社およびCFE（メキシコ電力公社）を生産的国営企業に移行するための法整備を進めるなど）の細かな内容についても、同エネルギー改革法案の中に含まれています。

同法案の可決に伴って、格付会社S&Pはメキシコ政府、ペメックス社、CFEの外貨建て長期債権の格付けをBBBから1段階アップさせBBB+としました。このエネルギー改革はメキシコにとって大きな意味を持ち、メキシコのさらなる発展は間違いないと期待されています。日本企業の中には、自動車産業の次は、エネルギー産業と考えている企業も多く、セミナー等についても積極的に行われている項目です。

投資環境

アンケート結果に見るメキシコの投資環境

世界銀行と国際金融公社（IFC）が、2014年10月に「ビジネス環境の現状2013」を共同で発表しています。このアンケートから世界のメキシコの評価を見ていきます。

メキシコは、このランキングの総合順位が183の国と地域中48位で、前年の53位から順位を5つ上げています。「ネクスト11」のトルコ（71位）、ベトナム（99位）、インドネシア（128位）、と比べると上位ですが、韓国（8位）とは大きく開きがあります。

【世界のビジネス環境ランキング】

指標項目	2013年	2014年	アップダウン
事業の開始	41	48	7ランク⬇
建設許可手続	41	40	1ランク⇧
電力の調達	133	133	変化なし
資産の登録	145	150	5ランク⬇
資金調達	40	42	2ランク⬇
投資家の保護	67	68	1ランク⬇
税金の支払	114	118	4ランク⬇
クロスボーダー取引	63	59	4ランク⇧
契約の履行	73	71	2ランク⇧
事業の撤退	26	26	変化なし

出所：The World Bank and International Finance Corporation（IFC）、Doing Business 2014

金融（株式）市場

メキシコ証券取引所（BMV：Bolsa Mexicana de Valores）は、1933年にメキシコ・シティに設置されており、株式、債券等の取引を行うメキシコで唯一の証券取引所です。

世界金融危機の直後の2008年末に時価総額は激減しましたが、その後は順調に回復し、2014年10月時点で時価総額5,433億USドルとなっています。上場企業数も同様に増加していますが、国内企業よりも外国企業が多く新規上場しており、特に外資系金融機関に存在感があります。

BMVでは、株式、ワラント、債券などの取引が行われており、株式は多くの種類に分かれています。A株（普通株でメキシコ人が購入可能）、B株（普通株で外国人も購入可能）、C株（投票権を制限した外国人投資家向け普通株）、L株（投票権を制限した普通株）などがあり、投資規制の少ない債券と比べて、株式は外国人投資家にとっては複雑で規制が厳しいとの声もあります。また、時価総額の大きな銘柄に取引が集中するのも特徴的です。

【メキシコ証券取引所　株価の推移（IPC指数※チャート）】

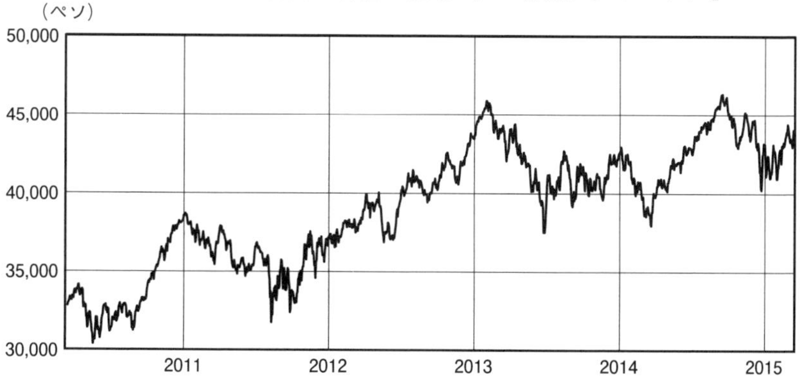

※ IPC指数：メキシコ証券取引所で取引されている大手の35社の株式の時価総額加重平均指数

出所：Trading Economics

為替レート

メキシコには、1994年の通貨危機によるペソの大暴落、通称「テキーラショック」と呼ばれる苦い経験があります。そのため、その後は財政政策とともに、着々と外貨準備の積み増しを進めてきました。為替相場が激しく変動した際には、メキシコ中央銀行が介入してペソの安定を図るように努めています。

2011年11月には、1日に2%を超えてペソが下がった場合、最大で4億USドルのドル売り介入を図るという通貨防衛策を導入し、2012年5月には実際にペソ安を食い止めるためにドル売り介入が実施されました。

メキシコの経済は、ここ数年安定的であることや、アメリカをはじめとして多くの国が金融緩和の方向で動いている中で政策金利が4.5%と相対的に高い水準に据え置かれていることなどから、今後も底堅く推移すると考えられています。

【メキシコの外貨準備高の推移】

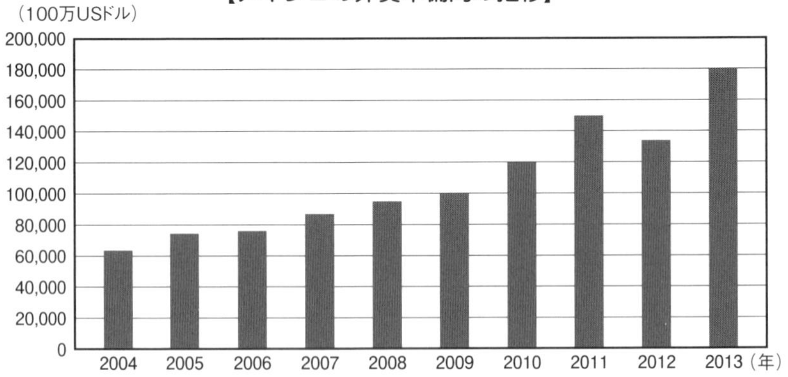

出所：JETRO

【為替レートの推移】

出所: OANDA ‘Forex Trading and Exchange Rates Services’

外国直接投資額

メキシコの外国直接投資（FDI：Foreign Direct Investment）額は、2009年に国際金融危機の影響で161億USドルに落ち込みましたが、2010年にはオランダのハイネケン社がメキシコの飲料大手メーカーであるフォメント・エコノミコ・メヒカーノ社のビール部門を買収した大型投資（51億7,000万USドル）があったため200億USドル台に回復しました。その後は同様の大型案件はありませんが、順調に推移しているものと思われます。

FDIを国別に見ると、2010年のトップはオランダでしたが、それ以外の年はアメリカがトップです。次いでスペイン、オランダ、スイス、ドイツといった欧州勢、アジアでは日本の投資額が最も多くなっています。

産業部門別に見ると、2013年は製造業が259億USドル、鉱業が27億USドル、その他サービスが23億USドルと続いています。

製造業においては、自動車メーカーが北米・中南米マーケットの小型車を中心とした生産拠点としてメキシコ工場に投資を加速し、あわせて部品メーカーへの投資も多くなっています。また、メキシコ政府が次世代産業として期待する航空機産業への投資も順調です。

商業では、ウォルマート・ストアーズ社が本国アメリカに次ぐ店舗数をメキシコで展開しており、積極的な投資が行われています。

今後も、輸出産業の生産拠点への投資だけでなく、1億を超える人口を擁するメキシコの旺盛な購買力に注目した、内需拡大を狙った投資もさらに多くなっていくと思われます。

【外国直接投資額の推移】

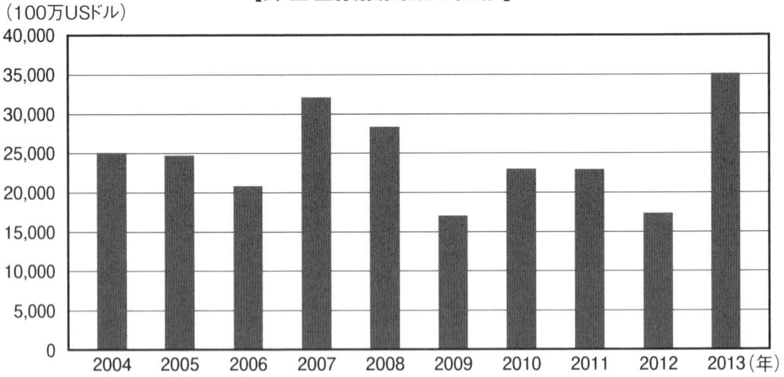

出所：メキシコ経済省

【国別直接投資受入額】

（単位：100万USドル）

投資国	2007年	2008年	2009年	2010年	2011年	2012年	2013年
アメリカ	13,873	14,960	9,295	8,076	12,940	10,269	12,327
スペイン	5,442	4,963	2,581	2,040	3,654	−819	97
オランダ	6,660	1,930	2,310	9,185	2,777	1,392	2,674
スイス	617	243	100	261	1,167	275	17
日本	410	528	484	537	914	1,812	1,538
カナダ	825	3,433	1,839	1,820	1,340	1,755	1,071
ブラジル	25	93	129	404	224	67	79
ドイツ	648	657	60	353	285	787	1,254
コロンビア	5	44	24	19	205	13	57
その他	3,679	1,487	234	333	−495	1,673	16,075
合計	32,184	28,338	17,056	23,028	23,011	17,223	35,188

出所：メキシコ経済省

【部門別直接投資受入額】

(単位：100万USドル)

投資部門	2007年	2008年	2009年	2010年	2011年	2012年	2013年
農林水産業	144	55	36	92	34	72	76
鉱業	1,647	4,790	817	1,320	833	2,690	2,767
製造業	13,861	8,259	5,965	12,588	9,784	7,328	25,963
電気水道	578	484	59	−3	−218	248	208
建設業	2,438	856	861	100	2,103	1,739	982
商業	1,664	2,131	1,612	3,333	3,033	3,332	1,709
運輸・郵便・倉庫	−276	337	12	269	−108	426	727
通信・マスメディア	303	1,503	231	−67	1,282	505	982
金融・保険	6,824	6,832	2,768	2,160	2,664	−2,710	−841
不動産・賃貸	1,789	1,899	1,216	1,464	1,124	978	254
その他サービス	3,213	1,192	3,478	1,773	2,479	2,618	2,362
合計	32,185	28,338	17,055	23,029	23,010	17,225	35,190

出所：メキシコ経済省

インフラ

世界経済フォーラムが行う、「世界競争力レポート（The Global Competitiveness Report）2012～2013」によると、メキシコのインフラの総合評価は144カ国中65位です。各インフラの評価は、道路50位、鉄道60位、港湾64位、空港64位、電力79位となっています。

メキシコは、カルデロン大統領時代の2007年に、国家インフラ計画（PNI：Programa Nacional de Infraestructura）2007～2012という5カ年計画が発表され、経済競争力の向上のために輸送インフラや発電所、通信網などに対して、メキシコ史上最大となる2,200億USドルもの投資が計画されました。この5年間に世界金融危機や欧州財政危機による世界的景気後退があったにもかかわらず、インフラ整備による投資が好影響を及ぼしメキシコ経済は世界金融危機による落ち込みからＶ字回復して順調に経済発展を続けてきました。最終年である2012年までの進捗状況は75%程度とされており、いくつかの大規模プロジェクトは、2012年12月に就任したペニャ・ニエト大統領が率いる新政権に引き継がれました。

同大統領は、経済政策の基本方針の中に国家開発計画（2013～2018）を揚げています。この計画では、競争力の向上に加えて地域間格差の是正も重要視しており、道路、鉄道、港湾などの総合輸送インフラ整備ための大型プロジェクトの推進と旅客鉄道網や通信網の整備は優先課題です。

■ 国家開発計画（2013～2018）

2012年に、12年ぶりに政権を奪取したPRI党のペニャ・ニエト政権は、その政策の中のインフラ投資プログラムとして、国家開発計画（2013～2018）を掲げています。

国家開発計画（2013～2018）において、同政権はその6年間の政権担当期間に4兆ペソ（約32兆円）をインフラ計画に投じると発表しています。

ペニャ・ニエト大統領は演説で「インフラは人、地域、市場の競争力を促進し、雇用を創出する。また、各種生産力を民間に開放し、向上させることによって、バランスのとれた地域開発を行い、国民間の格差を縮小することが不可欠である」と述べており、インフラ事業に力を注ぐことを明確に示しています。

実際のところ、2013年のインフラ計画については実行が遅れ、財務省や大統領教書のデータによれば、進捗はわずか19%でした。インフラ計画実行の遅れが景気にマイナスの影響を与えたと国民から非難を受けています。

【国家インフラ計画（PNI）と国家開発計画との比較】

（単位：10億ペソ）

分野	前政権 2007～2012年	現政権 2013～2018年	前政権比
非エネルギー部門	951	1,282	135%
道路	287	386	134%
鉄道	49	98	200%
港湾	71	62	87%
空港	59	35	59%
通信	283	700	247%
上下水道	254		
灌漑・洪水対策	48		
エネルギー部門	1,581	2,718	172%※
電力	380		
炭化水素資源開発	822		
石油精製・ガス・石油化学	379		
観光	N/A		
合計	2,532	4,000	158%

※ 現政権の数値にはエネルギー部門の各項目だけではなく、上下水道事業および灌漑・洪水対策事業も含まれる

上表は前政権の国家インフラ計画（PNI）と現政権の国家開発計画との比較となります。

■ 港湾

従来、メキシコの港湾は、メキシコ湾に面したベラクルス港やアルタミラ港がアメリカの大西洋岸の主要都市や大西洋航路と結ばれており、太平洋側ではマンサニージョ港やリゾート地として有名なクルーズ船寄航地であるアカプルコ港などが主要な施設とされていました。全体としてはカリブ海、大西洋側にキャパシティの大きな主要港があり、太平洋航路へはパナマ運河を経由する航路をとることが多くありました。

2007年にカルデロン大統領が打ち出した国家インフラ計画2007～2012では、5つの新港建設とすでに稼動している23の港湾の整備が計画されました。主な新設港はメキシコとEPAを締結している日本や、貿易の拡大が見込まれるアジアとの貨物輸送を想定した太平洋側にあります。新設港と既存港の整備により、現在はアジアから北米の貨物取扱のメインポートとなっているアメリカのカリフォルニア州ロサンゼルス港などに並ぶ有力なルートとなることが期待されています。

具体的にはマンサニージョ、ラサロカルデナス、マサトラン、グアイマス港の既存港の浚渫および拡張工事、そしてプンタ・コロネット、マンサニージョIIの建設が計画されました。しかし、バハ・カリフォルニアに位置し、アメリカとのコンテナ輸送の一帯プロジェクトとして計画されていたプンタ・コロネット港建設は国家インフラ計画2007～2012では実現せずに、次期政権へ先送りとなりました。

現在のペニャ・ニエト政権の国家開発計画2013～2018では、港湾開発には620億ペソのインフラ支出を掲げていますが、国家インフラ計画2007～2012に比べると90億ペソの減少となっています。

【国家インフラ計画（PNI）2007～2012で計画されていた港湾と空港】

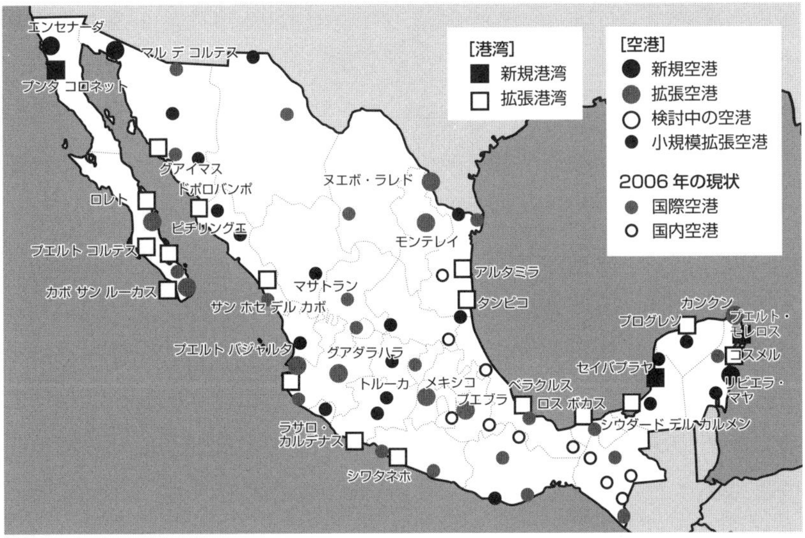

出所：メキシコ日本経済連携協定オフィス
メキシコ経済省駐日代表部メキシコ大使館

■ 鉄道

19世紀後半から20世紀前半にはメキシコには総延長距離2万kmにもなる遠距離旅客鉄道がありました。しかし、その後自動車や航空機におされて不採算となり、徐々に廃線が増え、近年ではチワワ太平洋鉄道などの一部路線を残すのみとなっています。国家インフラ計画2007～2012では、メキシコに旅客鉄道を復活させることを目的とし、メキシコ・シティ～ケレタロ市、メキシコ・シティ～トルーカ市、ユカタン州メリダ市～カンクン、チャルコ～メキシコ州ラ・パスが優先して整備されました。

貨物に関しては、メキシコ最大の鉱山企業であるグルポ・メヒコの傘下にある、フェロメックスやフェロスールと、アメリカ資本によるカンザス・シティ・サザン・ド・メキシコ（KCSM）が運営する路線などがあります。NAFTA締結以降、メキシコ～アメリカ間の貨物輸送の重要性が見直されたため、貨物路線には投資が活発に行われるようになりました。国家インフラ計画2007～2012では、複合輸送ルート開発プロジェクトの一環として、1,418kmに及ぶ鉄道の新規敷設が計画されました。このプロジェクトで、港湾・道路と連動した鉄道がインフラの重要な一翼を担い、北米の輸送に大きな変化をもたらし、メキシコの産業・貿易競争力に寄与するであろうと考えられています。

都市交通としての鉄道は、メキシコ・シティやグアダラハラには充実した地下鉄網や路面電車があります。メキシコ・シティでは、1967年オリンピック開催の前年には地下鉄1号線が開通しています。その後も、人口の増加と周囲を山に囲まれた地形的特徴などによる大気汚染が深刻であったため、乗用車にかわる交通手段として積極的に整備され、2014年時点では200kmを超える大地下鉄網を擁する都市となっています。

ペニャ・ニエト政権における国家開発計画（2013～2018）でも都市公共交通の整備は重要課題の1つとされ、国家インフラ計画2007～2012に比べると開発への投資額は490億ペソ増加（増加率200%）しています。

今後はモンテレイ市地下鉄3号線やグアダラハラ市路面電車網拡張、メキシコ・シティ首都圏近郊列車のなども計画される見込みです。

【国家インフラ計画（PNI）2007～2012で計画されていた鉄道網】

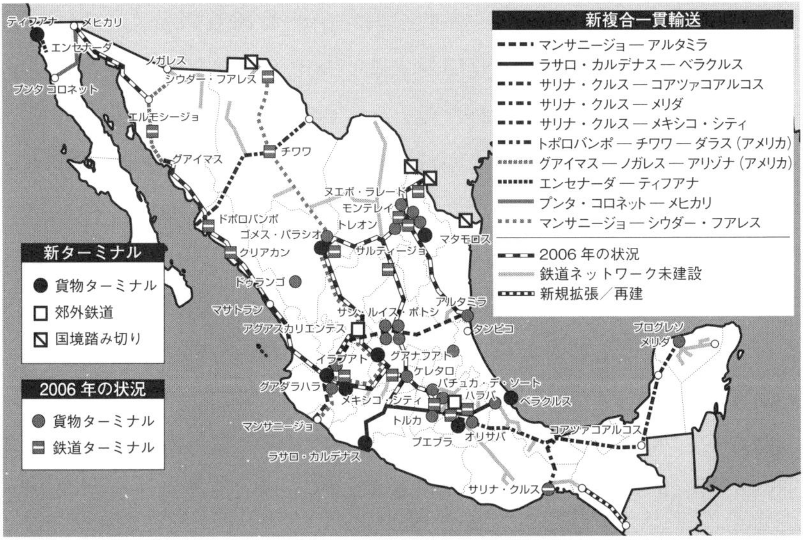

出所：メキシコ日本経済連携協定オフィス
メキシコ経済省駐日代表部メキシコ大使館

■ 道路

メキシコには2万6,704km（2009年）にも及ぶ道路があります。トラック輸送が盛んなメキシコにおいて道路は輸送インフラの中でも非常に重要です。国土を縦断するパンアメリカン・ハイウェイはアメリカ、カナダという大消費地への輸出ルートであり、メキシコ陸運の要となっています。

国家インフラ計画2007～2012では、総距離1万7,438kmにも及ぶ新規の道路建設や改修整備を行うことが計画されました。特に優先されるのは、国土の南北縦貫道路、東西横断道路などの主要幹線道路です。また、2,489kmに及ぶ高速道路の建設と整備プロジェクトが、民間活力を生かして行われることになっていました。同計画はペニャ・ニエト大統領に引き継がれ、総距離3,000km以上の高速道路の建設を予定しています。

メキシコに立地する輸出型企業においては、アメリカ国境に近い地域の生産拠点に投資が集中する傾向が強くありました。しかし、IMMEXといった輸出型投資に対するインセンティブ対象範囲が国境近辺の地域限定から緩和されたことと、輸送インフラの整備が進んだことにより、中部メキシコでの投資が拡大しているといわれています。

ペニャ・ニエト政権における国家開発計画2013～2018においても道路の整備は重要項目の1つとされ、国家インフラ計画2007～2012から比べるとインフラ支出額は3,310億ペソの増加となっています。

ただし、メキシコではいったん工事が始まると長期間にわたり終日道路を通行止めにして工事を行いますので、都市部などではこのインフラ整備の増加に伴う交通渋滞などが懸念されています。

【国家インフラ計画（PNI）2007～2012で計画されていた港湾網】

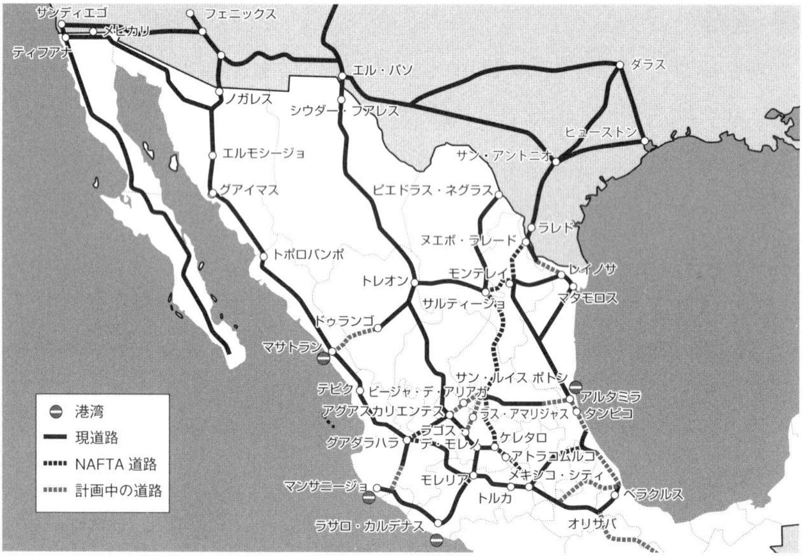

出所：ProLogis Research Insights

■ 空港

メキシコには、メキシコ・シティ国際空港、グアダラハラ国際空港、モンテレイ国際空港などの大きな都市やその郊外、カンクン国際空港、ティファナ国際空港などの国際的に有名な観光・リゾート地に立地した空港、さらには小規模な飛行場まで含めると1,800以上の空港があります。

国家インフラ計画2007～2012では、さらなる観光客の誘致を図るためと、航空貨物の収容力を50%増加させることを目的として、リビエラ・マヤ空港、エンセナーダ空港、プエルト・ペニャスコ空港の新規建設と、31の既存空港の拡張整備に20億USドルもの民間投資を見込んだ計画が出されました。

3億USドルもの投資が見込まれたリビエラ・マヤ空港計画では、300万人もの旅客収容能力が見込まれる大型プロジェクトでしたが、ペニャ・ニエト政権による国家開発計画2013～2018へと先送りになることとなりました。

この国家開発計画2013～2018では、空港開発には350億ペソのインフラ支出を掲げていますが、国家インフラ計画2007～2012から比べると240億ペソの減少（減少率最大）となっています。

■ 電力

メキシコはエネルギー資源に恵まれた国であり、石油や天然ガスだけでなく電力の輸出も行っています。しかし、1970年代からの経済成長に伴い、エネルギーの国内消費も急速に増加し、2009年時点での一次エネルギー消費のエネルギー源別割合は、化石燃料が88.9%（石油56.7%、天然ガス27.8%、石炭4.4%）、原子力が1.6%、その他に水力、風力、太陽光、バイオマスなどの再生可能エネルギーとなっています。

次のグラフは発電量（エネルギー源別）の推移を表したものです。1970年代から急速に増加しており、2009年には25万7,812GWhに達しました。今後も、毎年数%の増加が予測されています。近年は石油産出量が減少し、天然ガスへの転換が大きく図られていることがわかります。

また、国家インフラ計画2007～2012では、電力の25%以上を水力、地熱、風力といった再生可能資源から得るとし、2012年には発電能力を拡大して、国民の97.5%に電気を供給することを目標に掲げ、送配電施設の整備も含めて340億USドルの投資を計画していました。同計画もペニャ・ニエト政権が引き続き取り組んでいます。

現在のペニャ・ニエト政権の国家開発計画2013～2018では、エネルギー開発（上下水道、灌漑・洪水対策事業含む）には、引き続き2,718億ペソのインフラ支出を掲げており、国家インフラ計画2007～2012から比べると9,135億ペソの支出増となっています。

【発電量の推移】

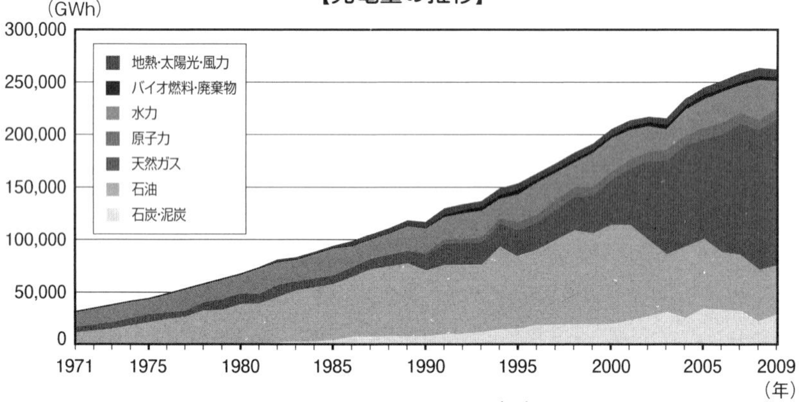

出所：International Energy Agency

■ 通信

メキシコにおいても他の多くの新興国と同様に、携帯電話の普及率が急速に伸び、2010年時点で80%を超えています。また、固定電話の普及についても、他の新興国と同様に頭打ちとなっています。

テルセル（Telcel）、ビスター・メキシコなどの数社がサービスを提供していますが、シェアはテルセルが70.3%と圧倒的に多いです。一方、インターネットの普及率は約3割、ブロードバンドの普及率は1割程度です。これは通信環境整備の遅れによるものと考えられます。

国家インフラ計画2007～2012では、安価にデータ通信を利用できるようにするために通信部門の競争力を向上させることが計画されていました。通信分野での競争を促すために国有の光ファイバー網を民間に貸与したり、テレビ局向け周波コンセッションの入札をすることなどを発表しました。

現ペニャ・ニエト政権の国家開発計画2013～2018においても、通信インフラの整備は重要項目とされており、通信事業には7,000億ペソのインフラ支出が掲げられています。これは、国家インフラ計画2007～2012と比べると4,170億ペソの増加（増加率最大）となっています。

【移動電話普及数・普及率の推移】

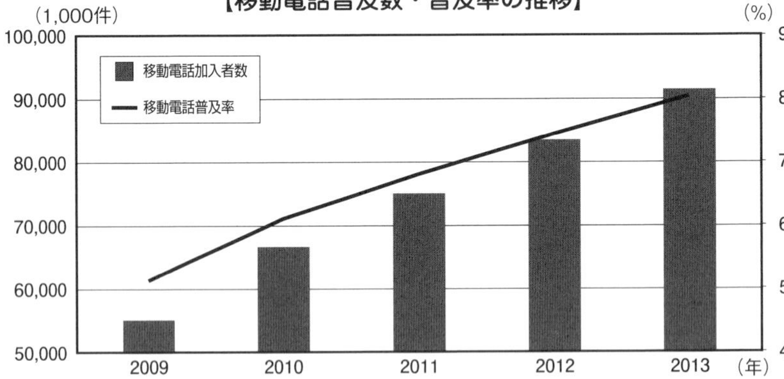

出所：世界情報通信事情

【インターネット普及数・普及率の推移】

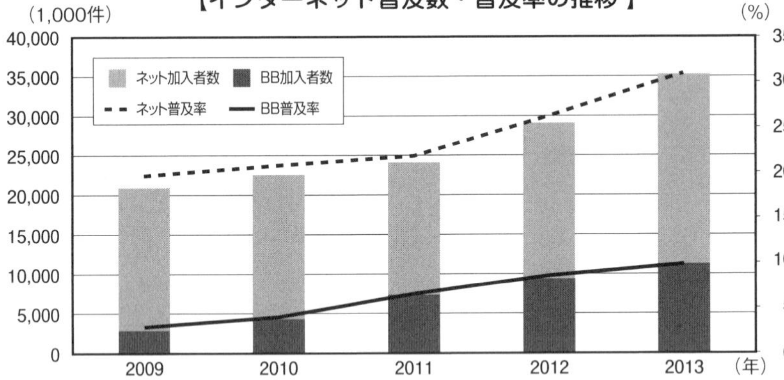

出所：世界情報通信事情

日本企業の進出状況

【日本企業進出マップ】

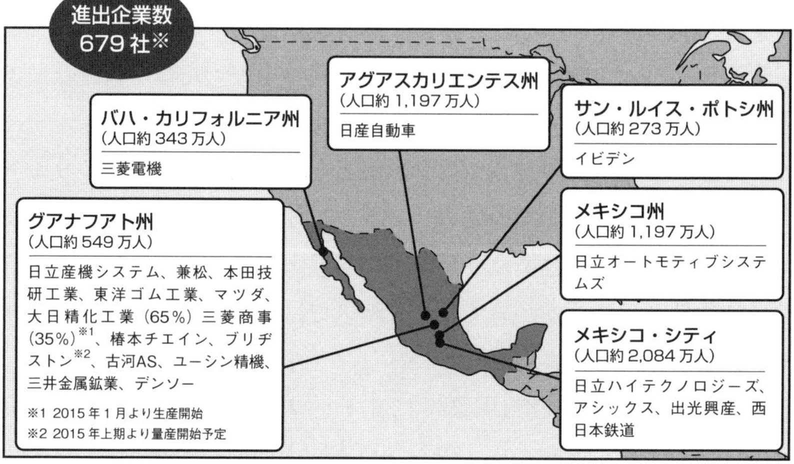

※ 2013年10月時点

日本企業のメキシコ進出は2011年以来急増しています。その大きな理由は自動車産業の拡大ともいえます。2011年に日本の四大自動車メーカーであるマツダ、本田技研工業、日産自動車、トヨタ自動車の相次ぐメキシコ進出を発表してから、関連日本企業が次々とメキシコへの投資を開始しました。在メキシコ日本国大使館によると2009年時点で350社だった日本企業数は2013年10月時点で679社と、4年間で約2倍に増加しています。これに伴い日本人も多くメキシコに渡り、2013年10月時点での在留邦人数は8,387人となっています。ちなみにメキシコ日本商工会議所は1964年に設立された当初の会員数は30社でしたが、2014年時点では320社を超えています。

日本の自動車関連企業が進出する主要地区はバヒオ地区と呼ばれる中央高原地区です。中でも日産の工場があるアグアスカリエンテス州をはじめ、メキシコ州、ケレタロ州、グアナフアト州、サン・ルイス・ポトシ州、ハリスコ州、サカテカス州などへの進出が多くなっています。

2013年時点のバヒオ地区への新規進出の割合は、メキシコへの新規進出全体の90%を超えており、日本企業が多く進出する州では、工業団地や日本人駐在員向けの住宅等も残り少なくなり、新たな進出先となる州を探す日本企業も増えています。

アメリカへの輸出率が高い自動車部品企業に関しては、アメリカへのアクセスを考え、北部地域のヌエボ・レオン州やコアウイラ州、タマウリパス州、およびチワワ州などにも進出しています。しかし北部地域は依然として治安が悪く、ビジネスではなく日常生活に支障をきたすことが考えられます。

2011年から2014年1月までにメキシコに投資した主要な日本企業は以下のとおりです。在メキシコ日本国大使館によると、この4年間で合計199件以上の日本企業による投資が行われています。

【メキシコへ投資した日本企業】

自動車製造
マツダ株式会社
本田技研工業株式会社
日産自動車株式会社
トヨタ自動車株式会社
自動車部品
ジャトコ株式会社
芦森工業株式会社
西川ゴム工業株式会社
株式会社デンソー
株式会社北川鉄工所
株式会社ヨロズ
東プレ株式会社

オムロンオートモーティブエレクトロニクス株式会社
三井金属鉱業株式会社
THK 株式会社
ニチアス株式会社
松本重工業株式会社
株式会社ホンダロック
河西工業株式会社
ユニプレス株式会社
日本精工株式会社
KYB 工業株式会社
旭硝子株式会社
株式会社ジェイテクト
鉄鋼・金属
三井物産株式会社
丸一鋼管（株）80%、伊藤忠丸紅鉄鋼（株）10%、豊田通商（株）10%
伊藤忠丸紅鉄鋼株式会社
株式会社メタルワン
日鉄住金物産株式会社
新日鐵住金（株）55%、住友商事（株）/ 日鉄住金鋼管（株）・子会社 25%、(株)メタルワン 20%
豊田通商株式会社
化学・石油製品
山田電器工業株式会社
電気・電子
三菱電機株式会社
エネルギー
三菱商事株式会社
三井物産株式会社
鉱業
双日株式会社
販売・サービス拠点
株式会社トミタ
三菱電機株式会社
株式会社ユーシン精機

株式会社松井製作所
ユアサ商事株式会社
商社
株式会社テクノアソシエ
株式会社オーハシテクニカ
稲畑産業株式会社
三洋貿易株式会社
運輸・倉庫
日本梱包運輸倉庫株式会社
郵船ロジスティクス株式会社
マツダロジスティクス株式会社
西日本鉄道株式会社
アメリカヤマト運輸株式会社
日本通運株式会社
伊藤忠ロジスティクス株式会社
建設
清水建設株式会社
医薬品
第一三共株式会社
エーザイ株式会社
大正製薬ホールディングス株式会社
医療機器
ニプロ株式会社
通信・IT
東芝テック株式会社

■ 日本企業による投資

日本企業によるメキシコへの投資案件数は2014年1月時点で199件以上になりました。産業別で見ると自動車および自動車部品が124件、鉄鋼・金属16件、運輸・倉庫12件などです。

日本からの直接投資額は2009年から2012年までは順調に増加しています。また、日系および欧米系の自動車メーカーの総投資額は2008年から2013年までの6年間で約151億USドルに拡大しました。特にアメリカのフォードは43億USドル、クライスラー18億USドル、ドイツのアウディ30億USドルと多額な投資を行っています。

【日本からの直接投資】

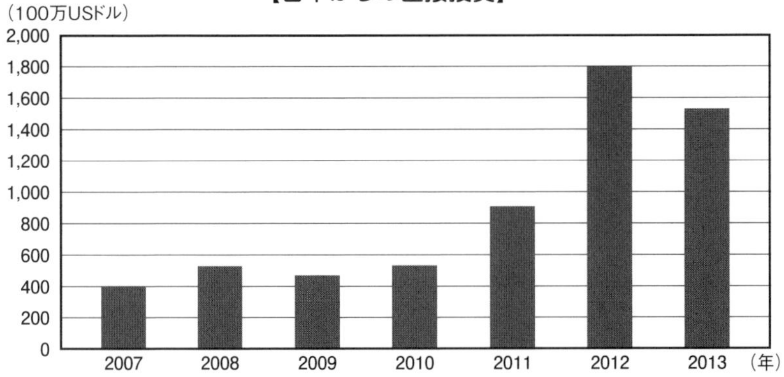

出所：メキシコ経済省

メキシコの自動車の約7割はアメリカ向けに輸出されており、2012年時点でアメリカの自動車市場の1割以上をメキシコ産自動車が占めています。また、近年では中南米向けの自動車輸出が急増し、2010年から2013年まで前年比で170%成長しています。これにより生産拠点としてのメキシコ注目度が上がってます。

【アメリカの自動車の原産国別販売シェア】

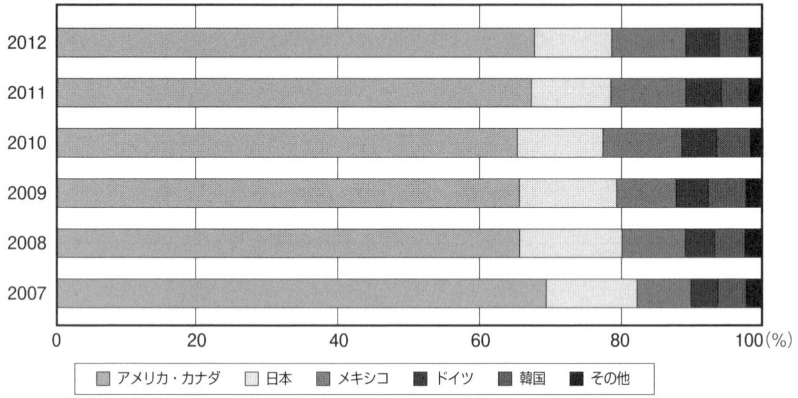

出所：在メキシコ日本国大使館

投資インセンティブ

メキシコへの投資に関する規則は、1994年に制定された新しい外国投資法により、一部の例外を除いて多数の外国企業を受け入れてきました。この外資受入れに伴い、メキシコの外国企業に対して以下のような各種投資インセンティブが設定されています。

自動車メーカーの完成車に対しては自動車法令が定められています。この自動車法令以外の投資インセンティブに関しては基本的には、輸入に係るものとなっています。

【各種投資インセンティブ】

自動車法令	外国メーカーの完成車等に対して、税額控除、貸付、補助金等のさまざまなインセンティブが付与される。この恩典を受けるには、生産者は現地調達率、生産量、最低投資額等の各種基準を満たさなければならない
IMMEX	IMMEX 登録企業は、輸出品製造等に使用する材料、部品、機械等を輸入する場合、当該輸入に係る関税等の優遇（免除）を受けることができる。ただし 2014 年の税制改正により、付加価値税（IVA）の保税メリットの原則廃止、認定企業条件の厳格化など、そのメリットは従来よりも減少している
PROSEC（産業分野別生産促進プログラム）	指定 24 産業分野において、材料、部品、機械等の輸入に特恵関税率（0 ～ 5%）を適用することができる。また、一時輸入プログラムではないので、輸出を目的としない場合にも適用することができる
メキシコ経財省 / プロメヒコ基金	経済発展をもたらすプロジェクトに対し、インセンティブとして税額控除や補助金の付与等を行う
中小企業支援基金	部品等のサプライヤーの発展と促進のために、インセンティブとして補助金の付与等を行う
州別投資インセンティブ	1 連邦区、31 州ごとに個別のインセンティブが定められている。具体的には、P.88 の「州別投資インセンティブ」を参照

以下、完成車に対して定められている自動車法令を確認してみます。

自動車法令

自動車法令（自動車完成車産業の競争力並びに自動車国内市場の成長促進のための政令）は、2003年に制定された自動車産業に係る優遇措置のことです。

一定の基準を満たす自動車製造企業が本法に基づいて登録を行った場合、以下の優遇措置を受けることができます。

■ 優遇措置

・Deposito Fiscal（保税倉庫）運営認可※1
・税関法との関係において「軽量自動車新車製造企業」として認められる
・自動車および自動車部品産業部門PROSEC※2が自動的に認可される
・公共入札において自社の車両をすべて国産車として扱える
・完成車（生産台数の10%）について0%の関税率で輸入できる

※1 完成車は、保税倉庫に保税状態で部材等を搬入することができ、完成車を組立て輸出する場合には、これら部材の輸入通関手続を簡略することができる
※2 PROSECについての詳細はP.84で説明

■ 登録要件

この自動車法令に基づく優遇措置を受けるためには、以下の6つの要件をすべて満たす必要があります。

①車両総重量8,864kg以下であり、以下のいずれかに該当する新車の製造業者である

・10人以上の人員（運転手を含む）の輸送用の自動車
・乗用自動車その他の自動車で、人員輸送用に設計したもの（一部例外あり）
・貨物自動車

②直前の年度において、メキシコで前記のカテゴリーの車両を5万台以上生産した実績があること。ただし、この実績を満たさない製造業者においても以下の要件をすべて満たせば優遇措置を受けることができる

・過去3年間のうちいずれかの年において、車両を5万台以上生産した事実がある
・前年において3カ月以上操業を停止していない
・前年の生産台数減少率が、同年の販売台数減少率を上回らない
・前年の車両生産台数が3万台を上回っている

③製造設備に1億USドル以上の投資を行っている
④メキシコ産業財産庁（IMPI）に登録してある商標（完成車に係るもの）の登録権者である
⑤当該完成車の交換部品の供給能力を有する
⑥排ガス規制その他に関するNOM（メキシコ公式規格）を履行している

この自動車法令以外については、主に「輸入に係るインセンティブ」が主要なものとなります。

輸入に係るインセンティブ

■ 優遇制度の推移

1994年は新外国投資法が制定された年であるとともに、外資の受入れを積極的に開始した年です。これに伴い貿易関連の規定も次々と定められました。まずは同年においてNAFTAを発効して、アメリカ、カナダ、メキシコは巨大な経済圏へと大きな一歩を踏み出しました。また、従前から存在するマキラドーラ（保税加工制度）およびPITEX（一時輸入制度）の各種インセンティブを補完する形でレグラ・オクターバおよびPROSECが制定され、マキラドーラおよびPITEXについても、NAFTAにおける不均衡を調整する形でIMMEXに統一されます。

具体的には以下のフローでこれら輸入に係るインセンティブが整備されました。

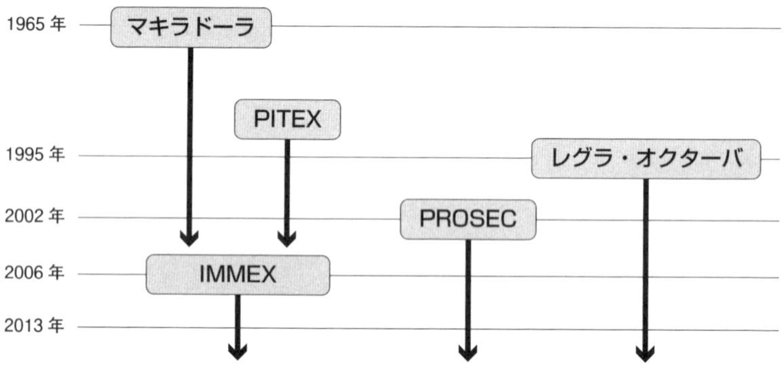

以下に1994年以降に設定されたIMMEXおよびPROSEC、レグラ・オクターバの規定を見ていきます。

■ IMMEX

IMMEX（Industria Manufacturera Maquiladora y de Servicios de Exprotación）は、従来のマキラドーラおよびPITEXの主な恩典であった一時輸入の制度がそのまま引き継がれたものです。具体的なIMMEXの恩典は以下のとおりです。

[IMMEX の恩典]

IMMEX企業が受けられる最も大きな恩典としては、IMMEX対象品目について、輸入税（引取りに係るIVA、輸入関税、相殺関税）の保税（IMMEX対象品ごとの対象期間内のものに限る）が挙げられます。

IMMEX対象品には、輸出品に組み込まれる原材料や部品、輸出品の製造に利用される燃料や潤滑油、輸出のために必要な梱包材やラベル等も含まれるため、メキシコにおいて輸出品の製造を行う企業においては、当該輸出品に係るほぼすべての輸入品の輸入税が保税され、大きな恩典を受けることが可能となっています（ただし、2014年の税制改正により、これらの保税メリットが縮小される動きにある。なお保税とは関税の付加が留保されることをいう。詳細はP.81に記載）。

その他、IMMEXには輸入者登録等の自動登録、各種税制に係る税務メリット、サブマキラ、IVA還付期間の短縮など諸々のメリットがあります。以下が対象期間ごとの対象品についての一覧です。

対象期間 18 カ月

- 製造工程で消費される燃料、潤滑油、その他の原料等
- 輸出品に組み込まれる材料、部品および仕掛品等
- 容器および梱包材
- 商品ラベルおよびパンフレット

対象期間 24 カ月

・コンテナおよびトレーラーケース

対象期間が IMMEX プログラムの有効期間

・製造工程において使用される機械および機器、工具、器具、金型等
・汚染防止、調査または職業訓練、安全、通信・演算、実験、計測、検査、品質管理、輸出品に直接関係する資材に係る機器、その他輸出品に直接関係する機器設備等

[IMMEX 対象企業]

IMMEX対象企業の各種登録要件は以下のとおりです。

登録要件

・所得税（ISR）を納税するメキシコ居住の法人である
・年間50万USドル相当以上か、または年間総売上の10%以上を輸出する
・国税庁（SAT）の高度電子署名（FIEL）証明書を有する
・現行の連邦納税登録者である
・税務上およびIMMEX操業を行う住所において納税者登録番号（RFC）を取得しており、同一である
・貿易オペレーションに関する年次報告を行う
・国立統計地理情報院（INEGI）に対する月次報告を行う
・経済省貿易局の要求水準を満たした輸入品の在庫管理を行う

また、IMMEXの登録に際し、必要な書類は以下のとおりです。例として、サービスIMMEXの場合の必要書類の一覧を記載しています。IMMEXの種類によっては必要な書類が異なりますので、手続の際に

は経済省貿易局等に確認をしてください。

登録必要書類

- 設立公正証書
- RFC（会社のもの）
- ID（代表者のもの）
- RFC（代表者のもの）
- 工程実施場所の住所、TEL、FAX等
- RFC（工程実施場所のもの）
- 工程実施場所の賃貸（売買）契約書
- 投資計画資料（全体）
- 投資計画資料（不動産、機械）
- 工程実施場所の地図
- 工程実施場所の見取り図、建屋写真
- 従業員採用計画
- 輸入予定表（総額）
- 輸出予定表（総額）
- クライアントからの発注書、契約書
- HSコード、品目（完成品、部材等、機械等）
- 工程の生産能力・工程（各種ライン）の稼働率
- 工程説明文書
- FIEL、CIEC（インターネット税務手続用電子IC）（.key .rec .cerの各種資料）
- OEM（Original Equipment Manufacturing）先のRFC等
- その他必要とされる資料

IMMEXはその煩雑さゆえに、企業によってはIMMEX専属の担当者を置いているところもあります。IMMEX登録の提出書類の多さを

見てもその煩雑さがわかりますが、継続は登録よりもさらに煩雑であり、適用を困難にしている要因の1つとなっています。

IMMEXの継続に際し、必要となる書類を以下に記載します。

継続必要書類

- 登録に要した投資計画の達成状況
- 一時輸入品の利用状況
- 登録に要した土地、工場、倉庫等の状況および輸入品の保管状況
- 法定期間が過ぎたIMMEX対象品の取扱状況
- 各種登録書類（前出の登録必要書類）の変更点
- 貿易レポート
- 在庫管理状況
- その他必要とされる資料

IMMEXの登録は資料を取り集めて提出（一部作成も含む）するだけですが、継続するためには、現在の状況を基に達成状況等の資料を正確に作成して経済省貿易局に提出しなければなりません。

新規進出企業については、クライアントがIMMEX対象企業であればIMMEXの登録を行いますが、そうでなければ登録しないことが多いです。

［IMMEXの種類］

IMMEXの種類には下記のようなものがあります。

- 統括企業IMMEX
- 工業IMMEX
- サービスIMMEX
- シェルターIMMEX

・ 間接操業IMMEX

サービスIMMEXを例にとると、輸出用商品に対するサービスまたは輸出サービスを提供する企業（具体的には、塗装、研磨、切断、検品、仕分、蔵置、搬入、IT業における輸出支援サービスなどを行う企業）はサービスIMMEXの対象企業としてIMMEXの各種恩典を受けることができます。IMMEX対象となる企業は輸出品の製造販売を行っている企業に限定されないことが当該IMMEXの種類からわかります。これらのIMMEXは一企業一登録制です。

[2014年税制による影響]

2014年の税制改正の結果、IMMEXの一時輸入に関してIVAの保税メリットがなくなりましたが、現状は企業認定制度という救済制度が認められており、認定された企業に関しては、これまでとおりの保税メリットを享受できます。

認定企業について、メキシコ政府はSAT貿易細則第6次改定版を公布し、認定のレベルを3つのカテゴリーに分類しています。

以下、SAT貿易細則第6次改定版に記載されている認定企業A～AAAのメリットおよび認定要件を記載します。

認定企業A

メリット

・ 一時輸入品に対してIVAが保税

・ 申請日から20営業日以内のIVAの還付

・ 認定期間1年

認定要件（IMMEX企業）

- www.ventanillaunica.gob.mxでの電子申請をする
- 適切な在庫管理を行っている
- Opinion Postiva（税務義務履行証明）を添付する
- 税務義務違反者リストに記載されていない
- Sellos Digitales（デジタルシール：印章）が有効である
- IMSS（メキシコ社会保険庁）加入（10名以上）を証明できる
- 外国貿易業務に関する情報（関係各位の名称および住所）を記載する
- 当局の査察を拒否しない
- IMMEXの登録が有効である
- IMMEXの活動場所をすべてSATに登録している
- IMMEXの活動に関するインフラを整え、当局の査察がいつでも可能である
- 過去12カ月に輸入した一時輸入品60%相当額の輸出を達成している
- IMMEXの活動に必要な不動産の使用可能期間（1年以上）を証明する
- IMMEXの活動フロー（写真付きの詳細なフロー）を備えている
- 将来のIMMEX活動の継続について、投資計画等を利用し説明できる

認定企業 AA

メリット

- 一時輸入品に対してIVAが保税
- 申請日から15営業日以内のIVAの還付
- 認定期間2年
- 自己修正の猶予期間が30日

・SATから追徴額の通知の前に調査通知を受領

認定要件（IMMEX企業）

・認定企業Aの認定要件と同様の要件を満たす
・国内取引関連サプライヤー（メキシコビジネスの40%以上をカバー）のOpinion Postivaを添付する
・過去5年のオペレーションを証明、またはIMSS加入（1,000人以上）の証明、または5,000万ペソ以上の設備・機械投資の証明、いずれかの証明ができる
・税務債務が過去12カ月以内に存在しない
・IVA還付申請が過去12カ月以内に否認されていない

認定企業AAA

メリット

・一時輸入品に対してIVAが保税
・申請日から10営業日以内のIVAの還付
・認定期間3年
・自己修正の猶予期間が60日
・当局から追徴額の通知の前に調査通知を受領
・月次一括輸入申告が可能
・自社内通関の選択が可能

認定要件（IMMEX企業）

・認定企業AAの認定要件と同様の要件を満たす
・国内取引関連サプライヤー（メキシコビジネスの70%以上をカバー）のOpinion Postivaを添付する
・過去7年のオペレーションを証明、またはIMSS加入（2,500人以上）の証明、または1億ペソ以上の設備・機械投資の証明、い

ずれかの証明ができる
- 税務債務が過去24カ月以内に存在しない
- IVA還付申請が過去12カ月以内に否認されていない

IMMEX企業に関しては、現状は認定企業A～AAAの分類により従前のIVA保税等のメリットは引き続き認められていますが、流動的であり、今後改正が予想される項目でありますので留意する必要があります。

■ PROSEC

マキラドーラおよびPITEXは外国企業がメキシコ国内の安価な労働力をメキシコ国内の製造拠点で活用し、完成品を海外市場に輸出することを想定したものです。

しかし、2001年1月1日以降、NAFTA圏内の貿易に不均衡をもたらすとの理由からNAFTA向け輸出に対してはマキラドーラおよびPITEXは適用できなくなりました。これらの規定を利用しメキシコ国内で製造を行っていた企業は、NAFTA向けの輸出に対して、その恩典を享受することができなくなったため、新たにPROSECが制度化されました（PROSECが制度化された後、マキラドーラおよびPITEXはIMMEXとして再整備）。

［PROSECの特典］

PROSEC登録が認可されれば、メキシコ国内の製造業者は指定24産業分野にリストアップされている輸出入統計品目番号（HSコード）に該当する完成品、原材料および部品等においてPROSEC特恵関税（多くの場合0～5%）の適用を受けて輸入することができます。

ただし、認可後に輸入した品目について、認可を受けた製品の製造以外に使用する場合には、連邦租税法の定める追徴金および関税の支払義務が生じてしまうため、注意が必要です。

[指定24産業分野]

PROSECに指定される24産業分野は、完成品、原材料および部品等を輸入する場合に、特恵関税の適用を受けることができます(PROSEC政令3条より)。

【PROSEC指定24産業分野】

電機	電子	家具	玩具	靴	冶金工業
資本財	写真産業	農業機器	雑工業	化学	ゴム、プラスチック
製鉄	薬品、医療機器	輸送機器（自動車を除く）	製紙	木材	革製品
自動車および自動車部品	繊維、アパレル	チョコレート、菓子	コーヒー	食品産業	肥料

[PROSECの登録手続]

PROSECの登録には以下の2つがあります

- 直接製造業者（Productor directo）登録
- 間接製造業者（Productor indirecto）登録

間接製造業者に関しては、直接製造業者と紐付きの関係となっており、同セクターに属する直接製造業者による間接製造業者登録の手続が完了するまでは、間接製造業者として登録ができません。そのため基本的には直接製造業者としてPROSECの登録を行うことになります。

PROSECの有効期限は登録日から1年で、貿易年次報告（IMMEX等の輸出促進に係る制度に用いられるものと共通）の提出によって自動更新されます。

[登録のための提出書類]

PROSECの指定24産業分野に該当する場合には、下記の提出書類を経済省貿易局に提出することにより、PROSEC企業の登録が完了します。

・設立公正証書
・定款
・各種RFC
・各種ID
・輸入商品の品目およびHSコード等
・当該輸出に係る事業計画等
・土地や工場の建設に係る契約書または許可書
・その他、経済省貿易局が必要とする資料

提出書類については、基本的にIMMEXの登録のための書類と一致しますが、具体的に必要なものについてはIMMEXと同様に事前に経済省貿易局等に確認する必要があります。

その他留意点として、製造する最終製品が対象業種に適合していること、輸入する原材料、部品、機械、設備等が国内で調達不可能であること等が挙げられますが、各種輸入品の一時保有を証明する必要はなく、実務上の手続はIMMEXに比べて簡便であると考えられます。

■ レグラ・オクターバ

レグラ・オクターバとは、2007年6月18日付連邦官報公布の輸出入一般関税法（LIGIE）の補則8条に基づく特別輸入許可の略称です。PROSECを補完する制度として知られています。

PROSECの適用は、一般的にHSコードごとに決定されます。しかし、同一のHSコードに複数の異なる品目が存在する場合があり、その際はHSコード別にPROSECを適用することが合理的ではなく、適用は原則として認められていません。ただし、当該品目が個別に特恵関税の利用に値すると認められる際には、PROSECに代わり、レグラ・オクターバを利用します。これがPROSECを補完する制度として知られているゆえんです。

レグラ・オクターバに基づく特別輸入許可は経済省貿易局に申請、承認（15営業日経過による自動承認）されることで、PROSECの対象外品目を、特恵関税率（多くの場合0～5%）で輸入することができます。このレグラ・オクターバに基づく特別輸入許可の有効期間は1年間が原則となっています。

レグラ・オクターバは申請者の希望に基づいて輸入数量が割当てられるため、期間内に輸入数量の割当を消化した場合には、改めて許可申請を行わなければなりません。

レグラ・オクターバに基づく特別輸入許可申請の経済省貿易局の審理判断基準の根拠は、経済省貿易細則・判断基準省令添付2.2.2（事前許可認可のための判断基準並びに要件）のIIに記載されています。

[経済省貿易細則・判断基準省令添付 2.2.2]

- 資材調達を円滑に行うために資材供給元の多角化を図る場合
- 国内で生産されていないまたは十分な生産量がないものを輸入する場合
- 新製品の生産または新規プロジェクトの立上げに必要なものを輸入する場合
- 貿易取引に係る契約に準じた製品を生産するために必要なものを輸入する場合

製鉄部門、チョコレート・菓子部門、コーヒー部門のレグラ・オクターバに基づく特別輸入許可の申請手続には一部特殊要件が存在します。

州別投資インセンティブ

メキシコではIMMEXやPROSEC、レグラ・オクターバなどの輸出入関税に係るさまざまな優遇措置の他に、連邦区を含め31州すべてでそれぞれのインセンティブが設定されています。代表的な州のインセンティブを以下に記載します。

■ アグアスカリエンテス州

アグアスカリエンテス州はメキシコの中心に位置する11の自治体を持つ州で、州都はアグアスカリエンテス（Aguascalientes）市です。州の面積は5,617km^2（31州中28位)、州の人口は約125万人(31州中27位）です。

州都のアグアスカリエンス市は、メキシコシティから北西に427km離れた標高1,888mの都市であり、州人口の67%が集中しています（2013年時点)。

メキシコ湾や太平洋へのアクセスが比較的容易であり、国際空港から州中心部（車で40分程度）へのインフラが整備されていること、また何よりも古くから日産自動車が進出していることから、新規で進出する企業よりも日産とゆかりのある企業が多いのが特徴です。

労働環境は工業団地のインフラが充実している、州政府が教育に力を入れていることで有能な労働力となる20代の若い人材が多いという特徴があります。

[日本企業の進出状況]

アグアスカリエンテス州にはいくつもの工業団地があります。アグアスカリエンテス市には工業団地はありませんが、日産自動車が第2、第3工場を構えており、周辺にデルバジェ工業団地、サンフランシスコ工業団地、PILA工業団地があります。日産の工場があることから、その近郊にも多くの企業が集中しています。

アグアスカリエンテス市にはジヤトコやアツミテック、旭商工社、大東などが進出し、近郊のデルバジェ工業団地にはメタルワン、富士機工、三桜工業などが、サンフランシスコ工業団地にはカルソニックカンセイをはじめ伊藤忠丸紅鉄鋼、エクセディ、寿屋フロンテ、アイシン精機、サンエス、丸一鋼管、ヨロズ、ユニプレス、ビヨンズなどが、PILA工業団地にはエクセディ、北川鉄工所、東研サーモテック、NTN、日鉄住金物産、共栄テクシードなどが進出しています。

[インセンティブ]

アグアスカリエンテス州政府は、特定のプロジェクトに対して主に次のようなインセンティブを設定しています。

- 不動産登録税の免除
- 土地使用許可料の免除
- 建設許可料の免除
- 上下水道税の免除
- 新規設立企業の所得税一時免除
- 新規雇用創出企業の所得税の減額
- 固定資産税の減額
- 不動産取得税の減額
- 建設許可証発行料の減額
- 州税の減額
- 上下水道使用料金の減額
- 所得税の一時的減額

・都市圏外投資へのインセンティブ

アグアスカリエンテス州は州全体が日本企業および日本人に対して寛容であり、各省庁による各種手続が他州に比べて迅速、日本の免許で同州内を運転することが可能、治安が他州に比べると良いなど、ビジネスを行いやすい環境が整っています。

■ D.F.（Distrito Federal）

D.F.は連邦区（Distrito Federal）であり、16の行政区（アルバロ・オブレゴン区、ベニート・フアレス区、コヨアカン区、クアウテモク区、ミゲル・イダルゴ区、トラルパン区、ソチミルコ区など）からなっています。D.F.はメキシコで最多の人口を有する都市であり、近郊を含むメキシコ・シティの人口は約2,000万人に達し、世界第12位の都市になります（2014年時点）。

メキシコ・シティはラテンアメリカの経済の中心地の1つでもあり、GDPは4,200億USドルを超え、ラテンアメリカでは2位（2009年の金融危機の影響により、ブラジルのサンパウロに1位の座を奪還されている。サンパウロGDPは約4,400億USドル）となっています。

また、2014年発表の総合的な世界都市ランキングでは、世界第35位、ラテンアメリカの中ではブエノスアイレスやサンパウロに次いで第3位となりました。

D.F.には30年ほど前から日本企業の進出が始まっており、現在D.F.に所在する企業は古参の企業が多いことが特徴です。国際空港もD.F.にあり、区の中心部まで車で40分程度（朝夕は渋滞により2時間以上かかることもある）の距離にあります。D.F.の標高は2,300mほどあり、軽度の高山病の危険もあるために注意が必要です。

日本人の駐在員や出張者も多く、インフラが整い、治安面が比較的安全で、ビジネスの環境は整っています。日本の習慣も浸透しており、出張者を接待する際には、日本食レストランで食事をした後に、カラオケ等で盛り上がることもあります。

[日本企業の進出状況]

2014年時点で、メキシコに新規進出している日本企業の多くは、主にメキシコ中央高原地帯にあるバヒオ地区の工業団地に工場を設置し、製造を行っています。現状D.F.に工場を保有している日本企業は少なく、D.F.は工業地帯ではなく、商業地帯（主にHQや営業所）として稼動しています。

D.F.はメキシコの中心で、D.F.で登記を行っている会社が多く見られます。味の素、三菱東京UFJ銀行、ブリヂストン、キヤノン、カシオ計算機、シチズン時計、ミツバ、第一三共、ダイキン工業、フジタ、フマキラー、日立製作所、いすゞ自動車、伊藤忠商事、JFEスチール、ヤマト運輸、KYB、丸紅、三菱商事、三井住友銀行、三浦工業、みずほ銀行、日本電気（NEC)、日産自動車、日清食品、NTN、オムロン、パナソニック、シャープ、損害保険ジャパン日本興亜、ソニー、サントリーグループ企業、スズキ、東京海上日動火災保険、豊田通商、ヤクルト本社、ヤマハ、ヤマハ発動機、郵船ロジスティクスなどの多くの大手日本企業がD.F.に進出し、拠点を構えています。

[インセンティブ]

D.F.（連邦区）は、特定のプロジェクトに対して主に下記のようなインセンティブを設定しています。

・新規雇用創出企業の給与税の減額
・固定資産税の減額
・不動産取得税の減額
・建設許可証発行料の減額

・不動産登録税の減額
・研究開発へのインセンティブ

■ グアナフアト州

メキシコの中心に位置する46の自治体を持つ州であり、州都はグアナフアト（Guanajuato）市です。州の面積は3万608km²（31州中22位）であり、州の人口は約573万人（31州中6位）です。

州都のグアナフアト市はメキシコ・シティから北西に約370km離れた場所にある、標高約2,000mの都市です。しかし、文化遺産であるため、居住人口が少なく、最大の都市は約140万人が住むレオンです（2013年時点）。

北部をサン・ルイス・ポトシ州、東部をケレタロ州、南部をミチョアカン州、西部をハリスコ州に接しているため、グアナフアト州に進出している大手関連メーカーとの取引だけでなく、近隣地域に進出している企業とのビジネスの拡大を考えている企業もあります。都市部は労働環境も良く、比較的教育水準の高い人材も多いですが、相次ぐ日本企業の進出で人材が不足しており、アグアスカリエンテス州およびサン・ルイス・ポトシ州よりも人材の確保に時間がかかる傾向があります。

[日本企業の進出状況]

グアナフアト州には、サンタフェ工業団地およびラスコリナス工業団地、カストロ・デル・リオ工業団地とアミスタッド工業団地の4つがあり、その他にイラプアト近郊およびセラヤ近郊、サラマンカ近郊に企業が集中しています。

サンタフェ工業団地

サンタフェ工業団地には日野自動車、KYB、芦森工業、曙ブレーキ工業、西川ゴム工業、ミツバ、ホンダロック、森六テクノロジー、広島アルミニウム工業、THKリズム、カワダ、日本ビー・ケミカル、新日鐵住金、タイガースポリマー、デンソー、松本重工業、朝日アルミニウム、椿本チエイン、デルタ工業、ヒルタ工業、トビー工業、日本精工、オーハシテクニカ、天龍製鋸、臼井国際産業、東京濾器、ショーワ、稲畑産業などが進出し、ラスコリナス工業団地には城南製作所、オムロン、三井金属アクトなどが進出しています。

カストロ・デル・リオ工業団地

カストロ・デル・リオ工業団地には、リョービ、鬼怒川ゴム工業、佐賀鉄工所、三共鋼業、住江織物などが進出し、アミスタッド工業団地にはメタルワン、ヨロズ、ユタカ技研、八千代工業、阪和興業、エイチワン・ジーテクトなどが進出しています。

イラプアト近郊

グアナフアト州の中心からは離れますが、イラプアト近郊にはエフテック、日信工業、スタンレー電気、ユーシン、ニフコ、今仙電機製作所、大川精螺工業、モルテン、大阪工機が進出し、セラヤ近郊には本田技研工業が第２工場を構え、ブリヂストンなどが進出しています。また、サマランカ近郊にはマツダ、ダイキョーニシカワ、東洋シート、デルタ工業、ワイテック、キーレックス、メイテックなどが進出しています。

[インセンティブ]

グアナフアト州では、以下の各種インセンティブを受けることができます。

ただし、その内容については、州政府との交渉によって決定されますので、個別に州政府に確認をする必要があります。

・建設許可料の免除
・州税の一時免除
・新規設立企業の所得税の一時免除
・新規雇用創出企業の所得税の減額
・建設許可証発行料の減額
・州税の減額
・上下水道使用料金の減額
・不動産登録税の減額
・研究開発へのインセンティブ
・都市圏外投資へのインセンティブ

■ハリスコ州

メキシコの西部に位置する126の自治体を持つ州であり、州都はグアダラハラ（Guadalajara）市です。州の面積は7万8,599km^2（31州中7位）であり、州の人口は約777万人（31州中4位）です。

州都のグアダラハラ市は、メキシコ第2の都市（市の人口は州全体の23％で164万人、都市圏の人口は約421万人）として古くから栄え（2013年時点）、その美しさから西部の真珠といわれています。グアダラハラには、地下鉄が走っており、近年ではメキシコ・シティとグアダラハラを高速鉄道で結ぶ計画がペニャ・ニエト大統領の国家開発計画2013～2018を基に進行しています。

日本企業の新規の進出はそこまでは多くないものの、依然として若干の進出はあり、その多くが州都のグアダラハラ周辺に集中しています。

[日本企業の進出状況]

ハリスコ州には、本田技研工業、花王、ヤクルト本社などの日本でもなじみのある企業が進出しています。企業活動を行う日本企業も多く、中でもヤクルトは1980年代からグアダラハラに拠点を設けて活動しています。1980年代当時はヤクルトの販売形態（ヤクルトレディによる訪問販売）ではグアダラハラで成功することは難しいといわれていましたが、適切な社員研修と弛まぬ努力を続けてきた結果、2013年時点では約1,000名のヤクルトレディが在籍しており、見事に業務を行っています。

［インセンティブ］

ハリスコ州では、特定のプロジェクトに対して主に下記のようなインセンティブを設定しています。

免税

- 給与税100％免除（設立1年目：全労働者対象）
- 給与税50％免除（設立2年目：事業拡大に伴う新規労働者対象）

免税以外のインセンティブ

- 国が主催する専門職向けの研修プログラムに対する助成金
- 国が主導となる電気・水道・道路などのインフラ開発に対する助成金
- 州政府が管理する不動産の販売、使用、賃貸における価格の優遇

■ ケレタロ州

メキシコの中心（グアナファアト州の東）に位置する18の自治体を持つ州であり、州都はサンチアゴ・デ・ケレタロ（Santiago de Querétaro）市です。州の面積は1万1,683km^2（31州中27位）であり、州の人口は約195万人（31州中23位）です。

州都のサンチアゴ・デ・ケレタロはケレタロ州の西のはずれに位置し、その人口は約73万人（州の40％）、面積は759.9km^2となって

います（2013年時点）。

近年ではその立地の良さ（グアナフアト州まで1時間、メキシコ・シティまで2時間半）のために、多くの日本企業が同州に進出し、製造を開始しています。都市部は労働環境も良く、比較的教育水準の高い人材が多いのが特徴で、メキシコ・シティに近いこともあり、同州では人材確保が比較的容易であるといえます。

[日本企業の進出状況]

ケレタロ州の工業団地には、ケレタロ工業団地（Parque Industrial Querétaro）やエル・マルケスベルナルド・キンタナ工業団地などがあり、日本企業も多く進出しています。

主な日本企業は、アルファ、ダイフク、第一実業、原田工業、ハイレックスコーポレーション、稲畑産業、DMG森精機、ナ・デックス、清水建設、日立金属、日本プラスト、三菱電機、サンショー、スターライト工業などがあります。引き続きケレタロ周辺には日本企業が多く進出する予定があり、今後も注目すべき州です。

[インセンティブ]

ケレタロ州では、特定のプロジェクトに対して主に下記のようなインセンティブを設定しています。

・ 譲渡税の減額

連邦政府を通じた財政支援プログラム

PROSOFT（ソフトウェア等の機材購入支援プログラム）、MEXICO FIRST（プロフェッショナル斡旋プログラム）、国家科学技術審議会等の連邦政府を通じた各種財政支援プログラムを利用することができます。

ランディングサポート

ランディングサポートとは、進出に必要な手続のワンストップサポートをいいます。

- プロジェクト管理ならびにコンサルティング会社設立時におけるケレタロ州への許認可手続支援
- 判断材料となる情報の提供、アドバイス、コンサルティング
- 産業エリアその他州内の希望エリアへのツアー実施
- 州内のサプライヤー紹介
- 移住手続や不動産紹介
- 学校や病院紹介

オフィススペース提供

州政府は、家具、電話、インターネットのサービスを込みにしたオフィススペースを提供しています。具体的には、Parque Tecnológicoにて1スペース（3名用）を3カ月利用することが可能です。また、会社設立に伴う引越しなどをサポートするプログラムも用意されています。

■ サン・ルイス・ポトシ州

メキシコの中心の北側に位置する58の自治体を持つ州であり、州都はサン・ルイス・ポトシ（San Luis Potosí）市です。州の面積は6万982km^2（31州中15位）であり、州の人口は約271万人（31州中19位）です（2013年時点）。

州都のサン・ルイス・ポトシ市はメキシコ・シティから北に359km離れた場所にある、標高1,850mの都市です。ここに州人口の30%が住んでいます。

メキシコ・シティ、グアダラハラ市、モンテレイ市、またタンピコ

湾岸港をはじめ主要港に比較的アクセスしやすいという恵まれた立地条件によって、ビジネス環境の発展に寄与してきました。

サン・ルイス・ポトシ州もアグアスカリエンテス州と同様に、若年層の労働力が多く、そのほとんどが読み書きができる平均以上の教育水準に達しているため、外国企業にとって魅力的な人材が多いといえます。ただし、第一次産業に従事する者も多く、人材の確保にはアグアスカリエンテス州よりも時間を要します。

［日本企業の進出状況］

サン・ルイス・ポトシ州周辺には、ロヒスティック工業団地およびコリナス・デ・サンルイス工業団地、ロヒスティコ（WTC）工業団地3つの工業団地が存在します。

ロヒスティック工業団地にはイーグル工業、ビューテック、ニッタ、倉庫精練、コリナス・デ・サンルイス工業団地にはケーヒン、ニチアス、小糸製作所、中央精機、愛三工業、そしてロヒスティコ（WTC）工業団地には豊田通商、大塚工機、ミドリ安全、南条装備工業などが進出しています。

［インセンティブ］

サン・ルイス・ポトシ州では、特定のプロジェクトに対して主に下記のようなインセンティブを設定しています。

・譲渡税の減額
・新規設立企業の所得税の一時免除
・新規雇用創出企業の所得税の減額
・固定資産税の減額
・不動産取得税の減額
・建設許可証発行料の減額

・研究開発へのインセンティブ
・都市圏外投資へのインセンティブ

ビジネスサポート

・プロジェクト管理ならびに各種コンサルティング
・連邦政府および州・地方自治体に対する手続支援
・判断材料となる情報の提供、アドバイスおよびコンサルティング（対投資家含む）
・各種省庁対応支援
・州内のサプライヤー紹介
・営業支援
・貿易支援
・開発支援
・金融支援

[参考資料・ウェブサイト]

・メキシコ経済省（SE：SECRETARÍA DE ECONOMÍA）‘COMISIÓN NACIONAL DE INVERSIONES EXTRANJERAS’
http://www.economia.gob.mx/files/comunidad_negocios/comision_nacional/2012_i.pdf
・メキシコ証券取引所（BMV）
http://www.bmv.com.mx/
・International Monetary Fund‘World Economic Outlook Database, October 2012’
http://www.imf.org/external/pubs/ft/weo/2012/02/weodata/weoselgr.aspx
・世界銀行 ‘DOING BUSINESS 2013’
http://www.doingbusiness.org/~/media/GIAWB/Doing%20Business/Documents/Annual-Reports/English/DB13-full-report.pdf
・世界経済フォーラム（WEF）‘The Global Competitiveness Report 2012-2013’
http://www3.weforum.org/docs/WEF_GlobalCompetitivenessReport_2012-13.pdf
・国際エネルギー機関（IEA）‘Electricity generation by fuel Mexico’
http://www.iea.org/stats/pdf_graphs/MXELEC.pdf
・メキシコ自動車工業会（AMIA） http://www.amia.com.mx/prodtot.html
・世界自動車工業協会（OICA）「2014 Q2 PRODUCTION STATISTICS」
http://oica.net/category/production-statistics/
・メキシコ大使館商務部「世界の注目度高まるメキシコ市場～メキシコ直接投資の動向～」海外投融資 2011 年 11 月号
https://www.joi.or.jp/modules/news/index.php?page=article&storyid=357
・河嶋正之「メキシコ経済の現状と展望～『普通の国』メキシコを理解するために～」石油・天然ガスレビュー、2011 年 5 月
http://oilgas-info.jogmec.go.jp/pdf/4/4369/201105_031a.pdf

・メキシコ日本経済連携協定オフィスメキシコ経済省駐日代表部メキシコ大使館「メキシコ史上最も意欲的なインフラ開発計画がもたらすビジネスチャンス」
http://www.mexicotradeandinvestment.com/pdf/pdf_almacen/InfrastructureFIX0827.pdf

・ラウル・ウルテガ・トラニ「メキシコの自動車産業について」2012 年 2 月
http://www.mexicotradeandinvestment.com/pdf/2012/abril/17/Presentacion%20Automotriz%20mizuho%20JP...pdf

・周藤一之「ラテンアメリカの大国『メキシコ』の繁栄の光と影」
http://www.smrj.go.jp/keiei/kokurepo/kaigai/035397.html

・糠谷英輝「アジア /G20 株式市場のいま」月刊資本市場 321 号（2012 年 5 月）
http://www.iima.or.jp/Docs/gaibukikou/gk2012_18.pdf

・日本地下鉄協会「世界の地下鉄 メキシコ メキシコシティー」
http://www.jametro.or.jp/world/mexican.html

・日本貿易振興機構（JETRO）
　メキシコレポート 2012
　http://www.jetro.go.jp/world/gtir/2012/pdf/2012-mx.pdf
　中畑貴雄「メキシコ最新経済・産業・市場動向」2010 年 3 月
　http://jp.camaradojapao.org.br/pdf/Mexico.pdf

・佐々木聡「順調な成長続くメキシコ経済 輸出先多角化、投資呼び込む」
http://www.jbic.go.jp/wp-content/uploads/reference_ja/2012/05/2827/jbic_RRJ_2012008.pdf

・国際協力銀行メキシコシティー駐在員事務所「メキシコ自動車産業の現状と展望〜ブラジル、アルゼンチンとの ACE55 改定を受けて〜」
http://www.jbic.go.jp/wp-content/uploads/reference_ja/2012/11/2865/jbic_RRJ_2012068.pdf

・国際協力銀行インフラ・ファイナンス部「インフラ海外展開⑦ メキシコにお

けるプロジェクトの実態と今後の動向」
http://www.jbic.go.jp/wp-content/uploads/reference_ja/2012/06/2837/jbic_RRJ_2012026.pdf

・ 国際協力銀行メキシコシティー駐在員事務所「メキシコ新政権発足～ペニャ・ニエト新大統領の政策見通し～」2013 年 1 月
http://www.jbic.go.jp/wp-content/uploads/reference_ja/2013/01/2874/jbic_RRJ_2012080.pdf

・ 西川珠子「堅調続くメキシコ経済～ BRICs に次ぐ『成長国』の実力～」みずほ米州インサイト 、2011 年 5 月 12 日
http://www.mizuho-ri.co.jp/publication/research/pdf/us-insight/USI055.pdf

・ 三菱東京 UFJ 銀行経済調査室「メキシコ経済・金融概況」2012 年 7 月 2 日
http://www.bk.mufg.jp/report/ecowws2012/mefi_Mexico_201200702.pdf

・ 三菱 UFJ リサーチ & コンサルティング「メキシコ経済の現状と今後の展望 ～中南米で第 2 位の有望新興経済大国メキシコの今後は？～」2012 年 12 月 27 日
http://www.murc.jp/thinktank/economy/analysis/research/report_121227.pdf

・ 大和住銀投信投資顧問
「メキシコレポートⅣ」CLOSEUP REPORT、2012 年 6 月 22 日
http://www.daiwasbi.co.jp/column/etc/pdf/closeup_20120622_mexico.pdf
「メキシコの金融政策について」MARKET REPORT、2012 年 7 月 23 日
http://www.daiwasbi.co.jp/column/etc/pdf/market_20120724_mexico.pdf
「メキシコ新政権と金融市場について」MARKET REPORT、2012 年 11 月 29 日
http://www.daiwasbi.co.jp/column/etc/pdf/market_20121129_mexico.pdf

- Stockmarketmaps.com 「世界の主要市場 国別 時価総額 / 前月比（2012/10時点）」
  http://www.stockmarketmaps.com/wfe_dmc/monthly_country.html#m=69&cn=13369344&cx=52224&cr=15
- 世界情報通信事情 「メキシコ」
  http://www.soumu.go.jp/g-ict/country/mexican/detail.html#internet

III

設立

事業拠点の特徴

メキシコの事業形態

メキシコにおいてビジネスを行う際の事業形態は、株式会社、合同会社、合名会社、合資会社、株式合資会社、協同組合の6つがありますが、外国企業の多くは株式会社と合同会社によりメキシコに進出しています。

また、メキシコにおいてはこれらの現地法人の他に、いわゆる支店・駐在員事務所についても、法的要件を満たす形で設立または開設し、必要な許認可等を取得すれば問題なく活動することができます。

現在、メキシコへの新規進出の多くが株式会社（S.A.）で行っており、一部、主にアメリカからの投資に合同会社（S.de R.L.）が利用されています。

株式会社設立の中で採用例が最も多い形態は、S.A.de C.V.といわれる可変資本型の株式会社です。これは可変資本（C.V.：Capital Variable）制度という、会社定款を変更せずに増減資が行える制度を利用する形態です。合同会社についても、可変資本制度を利用することができ、その場合はS.de R.L.de C.V.となります。

なお、これらの現地法人設立に必要となる主な根拠法は、以下のとおりです。

- 商事会社一般法（Ley General de Sociedades Mercantiles）
- 外国投資法（Ley de Inversión Extranjera；以下、外資法）
- 商法（Código de Comercio）
- 連邦民法（Código Civil Federal）

メキシコの進出形態

■ 外資の現地法人

規制業種以外への投資については、100％外資の現地法人設立が可能となります。現在では、経済省外資委員（会）（CNIE：Comision Nacional de Inversiones Extranjeras）へ事後報告すれば会社設立が可能となりましたが、メキシコが締結している条約や協定とは別に、外国法人または支店（駐在員事務所を含む）がメキシコで営業行為を行うには、経済省の許可が必要とされています。申請時に要件を満たしている場合は、15営業日以内に許可書が発行されます（外資法17条、17条A）。

ただし、日本、アメリカ、カナダ、チリ、コロンビア、コスタリカ、ニカラグア、エルサルバドル、グアテマラ、ホンジュラス、ウルグアイ、ペルーの資本によって設立された企業は、メキシコ国内で外国法人として活動する際に必要とされてきた経済省の開設許可も不要となりました（国家外国投資委員会決議1条）。

メキシコの商事会社一般法で規定されている法人の形態は以下の6種類です。

- 株式会社（S.A.：Sociedad Anónima）
- 合同会社（S. de R.L.：Sociedad de Responsabilidad Limitada）
- 合名会社（Sociedad en Nombre Colectivo）
- 合資会社（Sociedad en Comandita Simple）
- 株式合資会社（Sociedad en Comandita por Acciones）
- 協同組合（Sociedad Cooperativa）

■ 株式会社と合同会社の違い

株式会社と合同会社の最大の違いは、株式会社においては、所有（株主）と経営（経営者）を分離しますが、合同会社については所有（出資者）と経営（経営者）が分離されずに同一の者によって行われる点です。特にアメリカ資本によるメキシコでの会社設立形態では、合同会社の設立が多く見られます。

［アメリカにおける合同会社のメリット］

合同会社（LLC：Limited Liability Company）が多く用いられるアメリカでは、合同会社にパススルー課税という特典を与えています。

パススルー課税とは、出資者が経営を直接行う（出資者に利益が直接帰属するという考え方）ために、国は合同会社という組織体に課税を行うのではなく、その出資者に対して課税を行う（所得を合同会社から出資者にパススルーする）ことをいいます。

アメリカの合同会社におけるパススルー課税のメリットは、損益の通算および個人の配当税の回避が主となります。

パススルー課税を採用した場合に、合同会社が赤字であれば合同会社側では税金を納める必要はなく、その赤字が出資者へとパススルーされます。そのため、出資者は赤字と自身の利益とを通算して、自身の税額を低く抑えることができるのです。

また、配当とは税引後利益の株主に対する分配をいいますが、株主が法人の場合には、受取配当等の益金不算入の規定があるために特段二重課税となることはありません。しかし、株主が個人の場合には当該受取配当金が個人所得と認識され二重課税の対象となります。そのため出資者が個人である場合には、パススルー課税を利用して配当税を回避するのです。

[メキシコに合同会社を設立した場合]

アメリカの合同会社は、パススルー課税におけるメリットがありますが、これはあくまでもアメリカの法律上の特典であり、メキシコの合同会社において同様の取扱はありません。つまりメキシコの合同会社は、それ自体が独立した事業体と考えられ、メキシコ国内において所得税（ISR：Impuesto Sobre la Renta）が課されます。

[アメリカ資本に合同会社形態での進出が多い理由]

アメリカ資本においては、メキシコへの会社設立に関し、アメリカの専門家に意見を求めることが多く、その際に合同会社の設立を勧められるケースが多くあります。

アメリカにおいて合同会社とは非常に使い勝手の良い制度と認められているために、メキシコにおける合同会社も同様に利便性が良いものと認識されているようです。

ただし、パススルー効果がない、もしくは限定されている中で合同会社による進出のメリットはあまりなく、その組織形態も日本人にはなじみのないものとなっています。

■ 現地法人以外の進出形態

2012年8月に官報に公告された国家外国投資委員会決議1条の規定により、または北米自由貿易協定（NAFTA：North American Free Trade Agreement）、日本メキシコ経済連携協定（日墨EPA：Economic Partnership Agreement）などの国際協定により、相手国投資企業は内国民待遇を受け、経済省の拠点開設許可を不要（ただし、書面宣言は必要）とし、支店や駐在員事務所の設立期間も短縮されました。

[支店]

外資法17条に規定される「メキシコ国内において常態で商行為を営もうとする外国法人」（1項）が、日本でいう支店に該当します。

法人と同じように商業活動が可能であり、開設には外資委員会での事前承認（国家外資登録）が必要となります。現地法人に比べて業務開始までに比較的時間がかかります。

また、現地法人と異なる点は、支店は不動産に関する外資規制の対象となり、規制区域内の不動産を直接取得することができず、操業形態や業種により操業許可が取得できない場合があることです。

[駐在員事務所]

民法2736条にのみ規定される「（常態で商行為を行わない）外国法人でメキシコ国内に拠点を設けようとするもの」が、日本でいう駐在員事務所に該当します。

駐在員事務所は通常、金融機関などの特別業種を除き、情報収集、連絡業務などを目的として設立され、メキシコ国内における営業・営利行為は禁止されています。また、駐在員事務所も支店と同様、国家外資登録が必要となり、外資委員会での事前承認も必要となります。

つまり、支店と駐在員事務所の相違点は、「メキシコにおいて常態で商行為を行うか、否か」であると考えられます。それ以外には、現行法では明確に支店と駐在員事務所（金融および保険等の特殊業務における駐在員事務所を除く）を区別する定義が確立されているわけではなく、活動範囲についても解釈の範囲を残すこととなっています。

なお、支店・駐在員事務所の設立には当該法人の代表による書面宣言が必要となり、内容は次のとおりです。

［支店・駐在員事務所の設立にあたる書面宣言］

・当該法人の定款など設立公証証書において、メキシコの社会秩序に反する活動や目的を定めておらず、また、外資法を遵守する内容となっていること
・経済省外資委員会の決議の対象となる12カ国の法律に基づき設立された企業であること
・外資法17条で常態で商行為を営む外国法人の場合、メキシコ国内に設けた支店や代理店など活動拠点の住所
・民法2736条で規定される外国法人の場合（駐在員事務所）、メキシコ国内に居住している法的代表者の氏名と住所

【現地法人・支店・駐在員事務所の比較】

形態	法人の位置付け	最低資本金※	特徴
現地法人	内国法人	—	原則として外資100％出資が可能
支店 駐在員事務所	外国法人	—	支店：営業活動が可能 駐在員事務所： 主に本社の補助的業務（市場調査や商品プロモーション等）。営業活動や販売活動は不可

※ 最低資本金制度は2012年1月1日より撤廃され、1ペソから法人が設立可能となった

規制業種

■ 規制業種の動向

メキシコでは、以前は国内産業の保護の観点から、メキシコ企業に対し出資比率が半数を超える外国企業の投資を原則的に禁止していました。しかし、1980年代の後半から、一気に各種経済政策が自由化され、外資規制に係る法制にもそれが反映されました。

現在では、半数を超える投資も可能となり、次に掲げる各種規制業種を除き、100%外資による現地法人の設立、または、現地法人への資本の参入が可能となりました。

外国投資法（Ley de Inversión Extranjera）により、以下の規制業種を除く業種（一般業種）については、100%子会社の設立が可能となります。

ただし、規制業種以外でも既存企業の資本金に49%を超える外資が参入する場合、その会社の資産総額が34億9,360万3,960.10ペソ（2013年5月29日官報公布）を上回ると、外資委員会の承認が必要となります。

なお、外資参加比率に上限のある規制業種で外資出資比率の算定をする場合、マジョリティーを有するメキシコの会社を通じた間接的な投資は外資出資比率には含まれません。

2014年はペニャ・ニエト政権のエネルギー改革などの影響により、2014年1月10日および2014年8月11日の2度にわたって外資法の規制業種の改正があり、外国資本のメキシコ投資はさらに自由に行えるようになっています。

［規制業種］

国家に留保される規制業種（外資法５条）

・石油およびその他の炭化水素
・電力
・原子力エネルギー
・放射性鉱物
・電報・無線電信サービス
・郵便および電報業
・紙幣発行・貨幣鋳造
・港湾・空港・ヘリポートの管制・管理・監督

・その他適用法が明確に定める分野

憲法改正も含めた抜本的なエネルギー改革を、現行のペニャ・ニエト政権は推進しています。その影響により2014年8月11日の改正において、「基礎石油化学」は外資法5条の国家に留保される規制業種から削除されました。

メキシコ人または定款に「外国人排除条項」を有するメキシコ法人に留保される規制業種（同法6条）

・関連法に基づく開発銀行
・適用法に明確に示される専門・技術サービスの提供
・旅客・観光・貨物の国内陸上運送（宅配サービスを除く）

ただし、同法6条の規定により、国際輸送の一環として実施する国内の複数地点間を結ぶ旅客・観光・貨物の陸上輸送業務およびバスターミナル運営業務は、2004年1月1日より外資が100%出資できるようになりました。また、宅配サービスについては国内陸上運送であったとしても外資の参入は認められています。
「ガソリン・液化ガス小売業」も、2014年8月11日の改正において、6条のメキシコ法人に留保される規制業種から削除されました。
ペニャ・ニエト政権は、エネルギー改革の他に通信事業改革も行っており、その影響で2014年8月11日の改正において、「ラジオ・テレビの各放送サービス」も同様に削除されました。

外資参加比率規制業種（同法7条）

・協同組合は10%まで
・国内航空輸送、エアタクシー輸送、特別航空輸送は25%まで
・49%を上限とする分野

- 爆発物・花火・銃火器などの製造と販売等（鉱・工業活動のための爆発物購入または使用、および混合物の製造を除く）
- 国内のみ流通される新聞の印刷および発行
- 森林・牧畜・農業用土地を所有する会社のＴシリーズ株式（普通株式）
- 排他的経済水域漁業、沿岸漁業、淡水漁業（養漁業を除く）、総合港湾の管理
- 海運法に基づく国内航路の水先案内港湾サービス、観光用クルーザを除く内国海運会社（沿岸・内航路で商業用船舶操縦に従事、または港湾の建設・維持・運営に従事するもの）
- 船舶・飛行機・鉄道機器の燃料・潤滑油供給、連邦電話通信法11条、12条に規定されるコンセッション会社

保険会社、両替商、総合倉庫業、年金運用会社については2014年1月10日の外資法改正により、7条の外資参加比率規制業種から削除されました。

証券市場法12条の2に言及される会社、年金運用機関については2014年8月11日の外資法改正により、同様に削除されました。

外資参加率49%を超える場合に、外資委員会の承認が必要とされる規制業種（同法８条）

- 曳航・係留・用船などの港湾サービス
- 遠洋運輸の船舶操業に従事する海運会社
- 公共飛行場の認可またはコンセッション会社
- 幼稚園・小学校・中学校・高校・上級学校の私立学校サービス
- 法務サービス
- 公共鉄道サービスの提供と鉄道の建設・操業・管理

信用調査、証券格付、保険代理店、携帯電話、石油およびその副

産物運送、パイプラインの建設、石油・ガスの井戸掘削については2014年8月11日の外資法改正により、第8条の外資委員会の承認が必要とされる規制業種から削除されました。

メキシコは、これらの規制業種以外の業種については、100%の外資の参入を認めており、非常に進出のしやすい国となっています。2014年時点では、日系自動車関連企業がその進出の多くを占めていますが、2016～2017年にはその進出も一段落するといわれており、今後は石油やガスなどのエネルギー産業に注目が集まっています(エネルギー改革についての詳細は、II章「投資環境」参照)。

■ 中性投資

次の規定に従って行われる投資は「中性投資」とみなされ、外資比率決定に参入されません（外資法18条)。

・経済省の認可を事前に取得した信託機関が発行する議決権等のない中性投資証券への投資（同法19条)。
・経済省の許可を事前に取得し、さらに必要な場合、国家銀行証券委員会の許可を得た上で行う議決権等のない株式への投資（同法20条)。

■ 登録および報告

以下の場合には、外国投資局に登録（設立日または投資を行った日から40営業日以内）し、毎年登録の更新を行う必要があります。

・中性投資や信託を行う外国企業
・国内で日常的に商行為を行う外国法人等
・外資に権利をもたらす不動産・持分・株式の信託および中性投資を行う企業

また、登録内容の変更についても報告義務が課せられています（外資法32～35条）。

■ 登録および報告違反に関する罰則

登録および報告に違反行為がある場合、経済省は認可を撤回できます。無効とされた会社の定款、協定、行為は当事者間だけでなく第三者にも法的効力を有しません（外資法37条）。

下記の場合には、罰金が科せられます（同法38条）。

・外資委員会の承認が必要とされる行為を承認なしに行った場合、最低賃金の1,000～5,000日分の罰金（最低賃金が約64ペソ/日のため、日本円で約50万～250万円）。
・外国法人が経済省の許可を得ずに営業行為を行った場合、最低賃金の500～1,000日分の罰金（日本円で約25万～50万円）。
・外国投資局への登録、報告の不履行、時間外履行、不完全または間違った情報を提出した場合、最低賃金の30～100日分の罰金（日本円で約9,000～5万円）。

事業拠点の設立

設立スケジュール

■ 法定代理人の選定

外国法人がメキシコで会社を設立するには、法定代理人の選定が必要となります。法定代理人の要件としてメキシコ人、またはFM3ビザ以上のステータスを持っている者に限定されます。FM3ビザとは長期滞在許可証のことで、現在はテンポラリーレジデントカードとその名称を変えていますが、多くの駐在員の間では変更前のFM3ビザと呼ばれています。本書では通称である「FM3ビザ」で統一しています。

また、メキシコではサイナー（署名者）の権利についても、FM3ビザ以上のステータスを持っている者に限定されているために、設立当初（現地赴任者のビザが取得できるまで）は会社にサイナーがおらず、各種契約書等の書類へのサインについて困ることがあります。その際には以下の2つの解決方法があります。

- 法定代理人が当該書類にサインを行う
- 日本にて当該書類にサインを行い、公証役場で公証をし、メキシコに持ち込む

現在、メキシコにおいてビザの取得が長引いている（約3～6カ月）ために、設立後からビザ取得までの期間のサイナーについても考える必要があります。

■ 現地法人情報の決定

現地への進出が決まった段階で、各種情報を決定しなければなりません。

必要な書類は以下のとおりです。

【株主情報書類】

① 親会社登記簿謄本（原本１部／発行日から３カ月以内のもの）
② 親会社定款（コピー１部）
③ 親会社代表取締役のパスポートコピー（カラー／顔写真のあるページのみ）
④ 親会社代表取締役のパスポート原本

※ 可変資本株式会社の場合、株主数は最低2名必要
※ 法人株主の場合、代表取締役の住民票、親会社の印鑑証明書（発行日から3カ月以内のもの）が必要
※ 個人株主の場合、住民票、個人印鑑証明書（発行日から3カ月以内のもの）、個人株主のパスポートコピー（カラー／顔写真のあるページのみ）が必要。日本側株主・親会社が2社の場合、それぞれ2社分必要

【代行業者ドラフト作成書類】

⑤ 委任状
⑥ 取締役会の議事録

※ 個人株主の場合、各書類は本人の署名が必要

【マネーロンダリング規制法に関する必要書類】

法人株主の場合

親会社および親会社代表取締役の以下の書類

⑦ 親会社：国税電子申告・納税システムの利用者識別番号のコピー
⑧ 親会社代表取締役：個人確定申告の利用者ID番号または直近の給与所得の源泉徴収票にある受給者番号のコピー

個人株主の場合

⑨ 個人確定申告の利用者ID番号または直近の給与所得の源泉徴収票にある受給者番号のコピー

代理人（代行業者以外になる場合）

⑩ 個人確定申告の利用者ID番号または直近の給与所得の源泉徴収票にある受給者番号のコピーおよび住民票と戸籍謄本

【その他必要書類】

※ 内容に応じて作成

Ⅰ　メキシコ現地法人の会社名について

	会社名（英語）	備考
①		
②		
③		

※ 会社名の候補を3つ挙げる
※ 可変資本株式会社の場合、会社名のあとに”S.A. de C.V.”を付ける
※ 株式会社の場合は会社名の後に”S.A.”を付ける

Ⅱ　資本金額について

資本金額（払込／ペソ）		備考
発行予定株式数	1株当たり金額（ペソ）	日本円相当額

※ 最低資本金の制限は2012年に廃止。現金出資は資本金の20%以上の払込が必要
※ 可変部分は上限を設けず、最低固定資本を求める必要がある
※ 最低額の規制はないので、1株当たりの金額は、一般的に1万ペソなど、きりのいい数値を設定する

Ⅲ　株式引受人について

	株主名（法人名もしくは個人名）※1	株主が法人の場合、定款等の書類にサインを行う者（自然人）※2	株主の現住所（法人の場合は登記住所）	引受株式数	保有割合
①					
②					
③					

※1 可変資本株式会社の場合、株主は最低2名必要
※2 法人株主の場合は登記上サイン権限のある者、個人株主の場合は株主個人がサイナーとなる。サイナーのパスポートコピー（カラー／顔写真のあるページのみ）を用意

Ⅳ　定款記載の事業目的

①	
②	
③	
④	
⑤	

⑥	
⑦	
備考	

※ 定款記載の事業目的を日本語で記入

Ⅴ　登記住所について

メキシコ登記住所

※ 登記住所は設立の際に必要となる

Ⅵ　法定代理人の選出

メキシコ法定代理人

※ メキシコで会社設立をする際にメキシコ人またはFM３ビザ以上を所有している者を法定代理人とする
※ 法定代理人は設立の際に必要となる

Ⅶ　唯一代表取締役または取締役会の選出

唯一代表取締役または取締役会

※ メキシコにて新設する会社の取締役を選出する。取締役が１名のみの唯一代表取締役または複数の取締役からなる取締役会のどちらかを選べる
※ 唯一代表取締役員および取締役会はメキシコ人またはFM3ビザを所有している必要はない
※ 唯一代表取締役員および取締役会はメキシコに常駐する必要はない

■ 商号使用許可取得

メキシコで使用する商号の使用許可を取得します。既に同じような名前が登録されていた場合は申請をやり直す必要がありますので、商

号使用許可申請の際には３～５つほど候補となる商号を申請することをお勧めします。

社名には末尾に「株式会社」や「合同会社」などを付ける必要があり、可変資本株式会社であれば「S.A de C.V.」を、可変資本合同会社であれば「S. de R.L de C.V.」を付けなければなりません。

メキシコではペーパーカンパニーが多く、また、類似した商号はあまり認めない傾向にあるために、この商号の取得に時間を要する場合があります。使用したい商号がペーパーカンパニーの場合には、商号の取得のためにそのペーパーカンパニーを買収することも一部行われています。

■ 親会社提出書類、設立委任状の公証

親会社がメキシコに新規法人を設立するに当たり必要となる書類は以下のとおりとなります。

［親会社提出書類］

- 本社定款（コピー１部）
- 本社登記簿謄本（原本１部：発行日から３カ月以内のもの）
- 本社印鑑証明書（原本１部：発行日から３カ月以内のもの）
- 本社代表取締役パスポート（コピーおよび原本）
- 個人株主住民票（原本１部：発行日から３カ月以内のもの）
- 個人株主印鑑証明書（原本１部：発行日から３カ月以内のもの）
- 個人株主パスポート（コピーおよび原本）
- 外務省の会社設立認可証（商号の取得、資本金等）
- 公証委任状（代表権授権公正証書、P/A証書）、宣言書

親会社提出書類の中に本社代表取締役のパスポートの原本があります。日本側での公証の際に必要となりますので、事前にスケジュール

をしっかりと詰める必要があります。

［公証委任状の作成］

公証委任状（P/A証書：Power of Attorney）は、発起人（授権人）の代理人（受権人）が日本において各種書類の公証を行う場合に必要となります。

■ マネーロンダリング関連法

マネーロンダリング関連法は、メキシコのインフォーマル経済に対応するために施行された新法であり、発行当初は具体的な手続が不明でしたが、少しずつその内容が明らかになってきています。

2014年の改正により、新規法人設立の際にもマネーロンダリング関連法に従った手続が求められ、具体的には、従前の設立必要資料に追加で以下の資料を求められるようになっています。

法人株主の場合

親会社および親会社代表取締役の以下の書類が必要となります。

- 親会社：国税電子申告等の利用者識別番号のコピー
- 親会社代表取締役：個人確定申告の利用者IDまたは前年度給与所得の源泉徴収票に記載された受給者番号のコピー

個人株主の場合

個人確定申告の利用者IDまたは前年度給与所得の源泉徴収票に記載された受給者番号のコピー

マネーロンダリング関連法により求められているこれらの書類を、日本の公証人役場にて公証およびアポスティーユ（日本の行政が発行する公文書に対する外務省の証明）を提出する必要があります。

これらの書類については、法人および個人のTAX-IDいわゆる納税者番号を証明するだけで、所得や納税額などは必要とされません。

今後も、マネーロンダリング関連法によって求められる資料はより具体的になるものと思いますので、引き続き経過を注目する必要があります（マネーロンダリング関連法の詳細については、Ⅶ章「税務」参照）。

■ 親会社資料の公的翻訳

日本で発行された文書を相手国の各種機関に提出する場合、書類の翻訳とともに、その翻訳文が原文の内容と一致しているか、公的機関による立証または確認が必要となります。

公的翻訳者が、提出先となる国政府の公館または公証役場に赴き、公証人の面前で、自己の翻訳が誠実である（間違いがない）旨を宣誓し、両者の署名によって「公的書類」となります。

2014年時点では、日本企業の進出が多く、この公的翻訳者の数が足りていないともいわれていますので、事前にどの業者を使う等の準備が大切です。

■ 現地法人の定款作成

定款は会社設立公正証書の中核をなすものであり、下記の事項により作成することとされています。設立時の関連人事を決定していれば、2～3週間程度で作成することができます。

［会社運営に係る基本的事項］

- 会社の国籍および本店所在地
- 会社の目的
- 会社の社号または名称

・会社の存続期間
・会社の資本金の額
・各株主が現金およびその他の財産で出資する旨、出資財産に付与される価額および、その他の評価の基準、また、可変資本会社（後述）の場合には、確定最低資本および可変である旨
・会社の住所
・就業規則および取締役の権限
・取締役の任命権や会社を代表して署名をする者の指名権
・会社を構成する者で利益分配に取るべき方法
・準備金の額
・会社の存続期間以外の解散条件
・会社の清算手続規定または、清算人が事前に任命されていない場合の清算人の選任規定

上記の基本的事項は、会社の業種・業態は問わず定款に記載される事項ですが、株式会社の場合には、下記の事項も付け加える必要があります。

・払込資本の金額
・払込資本に対応するが分割される株式数、額面およびその種類
・株式の未払込額を払込むべき方法およびその時期
・発起人に付与される利益
・1人以上の監査役の任命
・総会の権限およびその議事録の有効期限の変更のための条件

なお、議決権行使のための条件も同様であり、株主の権限により変更することも可能です。

また上記以外にも、設立当初の株主構成や、経営機関の構成、監査役、執行機関、代表権授権人氏名等の可変的事項も考慮する必要があります。

■ 発起人委任状の作成および公証

メキシコ現地法人の発起人は発起人委任状を作成し、法定代理人は会社設立の権限を委任されます。当該発起人委任状は各国の公証役場にて公証およびアポスティーユを取得する必要があります。

［日本での授権手続］

日本の会社または個人が必要に応じてメキシコ法人の発起人となる場合には、メキシコ在住の授権人宛に、在日メキシコ領事館に対するP/A証書を作成することもできます。ただし、公証役場にて公証・アポスティーユを取得する方がスムーズです。

［アメリカでの授権手続（アメリカを介する場合）］

在日メキシコ領事館に対しP/A証書を作成することが求められますが、同代表権証書をアメリカの公証人が承認し、さらにアメリカ政府が発行するアポスティーユを取得したものでも認められます。また上記のいずれかを選択するのは、代表権証書を発行するアメリカの州・地域によって異なりますので、事前に確認を取る必要があります。

■ 商法上の会社設立

公正証書を作成する公証人は、各種必要書類の提出を受け、それらに問題がないと判断した場合には、これらの事項を盛り込んだ会社公正証書の原本を作成し、法定代理人（法定代理人を立てなければ発起人当事者。つまり法定代理人がいれば、発起人当事者がメキシコに行く必要はない）に署名をさせた上で、公証人本人も署名を行います。

これにより、会社設立手続が然るべき方法により達成されたとし、当該署名が行われた時点で法的に会社が誕生します。公正証書は公証人が原本を、当事者には謄本が発給されます。

会社設立時点で納税義務が発生するために、たとえ設立当初で利益が出ていない場合（税金を支払わない場合）においても、毎月の確定申告を行うこととなります（俗にいう0申告）。

■ 納税者登録番号（RFC）

納税者登録番号（RFC：Registro Federal de Contribuyentes）とは、メキシコの納税者登録番号を指します。RFCの登録時に国税庁（SAT：Servicio de Administración Tributaria）から付与されるRFC番号がその会社を示す重要な番号となり、この番号がなければその後の各種手続、ビザの取得、銀行口座開設、インボイスの発行を行うことができません。

RFCの登録はメキシコでの会社設立において、非常に重要な位置付けとなっており、RFCの取得をもって会社設立が概ね完了したと捉える企業も多くあります。

また、RFCの取得においては“住所”が非常に重要になります。取得において利用した税務上の住所が、その後の各種当局に対する会社の正当な住所とされ、多くの義務がその住所に対して課されます（税金の支払義務等についても、住所に対して課されるという考え方があり、前任者の滞納税金を後任者に支払を要求した例もある）。

オンラインシステムを利用して登録するため、手続は非常に容易であり、公正証書作成の公証人に依頼すれば、署名から長くても1週間程度で取得することが可能です。

なお、オンライン登録の際に、業態・経営形態を選ばなければならないため、定款の事業内容に沿った項目を選んでおくことが必要となります。

また、RFCを取得した段階でビザの手続を開始することができます。この段階までにビザ取得のための必要書類をそろえておきましょう（必要期間３～６カ月）。

■ 商業登記（RPPC）の申請

メキシコ現地法人の設立が終わり、会社公正証書等の必要書類を揃えたら、次に商業登記（RPPC：Registro Público de la Propiedad y de Comercio）を行います。

メキシコでは、商業登記なくして株主や社員の有限責任は成立せず、第三者に対して無限責任を負うことになってしまいます。

商業登記の手続には２～３カ月程の期間を有することもあり、その間の引き続き行わなければならない各種手続について、取扱を考える必要があります。

具体的には、銀行口座開設に当たり商業登記および会社設立公正証書が必要になり、会社設立公正証書は商業登記のために当局に提出します。会社設立公正証書は他の各種手続にも必要であるため、事前準備をしておかなければ余分な時間を費やしてしまうことにもなりかねません。商業登記の手続を始めた段階で商業登記の手続を行っていることを証する“確証”が発行されます。確証を事前に取得しておくこと、また、法的に有効な会社設立公正証書のコピーを事前に取得しておくことが必要となります。

登記完了後、登記証明（公文書または印章）が付された会社設立公正証書が返還されます。

■ 経済省への外資登録

会社設立日より40日以内に、外国企業は、経済省外資局に対し、外資法および同施行規則に従って外国投資登録（外資登録）を取得しなければならないとされています。また、以降は毎年、更新手続を行わなければなりません。

■ 株券発行／各種帳簿発行手続

法定要件を満たした株券の発行は、記名式で行われます。合同会社に関しては、社員の持分権を証明する証書発行は可能ですが、有価証券に持分を表章することは禁止されています。

帳簿発行に際して株式会社の場合は、株主総会議事録、取締役会議事録、株式登録簿が必要となります。可変資本株式会社はこれらの3点に加え、資本金増減登録簿を備え付けなければなりません。

合同会社の場合は、社員総会議事録、執行役員会議事録、社員登録簿、資本金増減登録簿が要求されます。

■ 銀行口座開設

メキシコにおいて口座を開設する場合に必要とされる資料については以下のようなものがあります。

- 会社公正証書
- 代表権限書
- 代表者のID
- 納税者登録番号
- 商業登記
- サイナーID
- 住所証明

　※ 公共料金の支払証明等

・その他必要とされる書類
・その他銀行側において用意される書類

これらの書類を用意しますが、上述のとおり、会社設立公正証書と商業登記については、法的に有効なコピーおよび確証を用いることとなります。

なお、設立間もない企業は、レンタルオフィス等から住所を借りていることが多く、その場合は当該レンタルオフィスに連絡し、住所証明を取る必要があります。

■ 法人設立完了

銀行口座の開設が終了し、資本金の振込が終わったら、正式にメキシコ現地法人の設立が完了です。この段階で営業を開始させることが可能となります（商業登記は確証のままでもビジネスを開始することが可能）。

【メキシコ現地法人設立スケジュール】

	作業内容	目安時間
現地法人設立		
1	法定代理人の選定、現地法人情報の決定	約１週間
2	商号使用許可取得	約２週間
3	親会社提出書類、設立委任状の公証	約２週間
	必要書類をメキシコへ郵送	
4	親会社資料の公的翻訳 （英語→スペイン語）	約２週間
5	現地法人の定款作成	約４週間
6	法人登記の申請	約３週間
7	法人設立完了	
8	納税者登録番号（RFC）取得	約２週間
9	商業登記（RPPC） （確証受領は約３週間）	約３週間
10	経済省への外資登録	約３週間
11	株券発行／各種帳簿発行手続	約２週間
12	銀行口座開設（市中銀行）	約２週間
13	設立後プロセス完了	

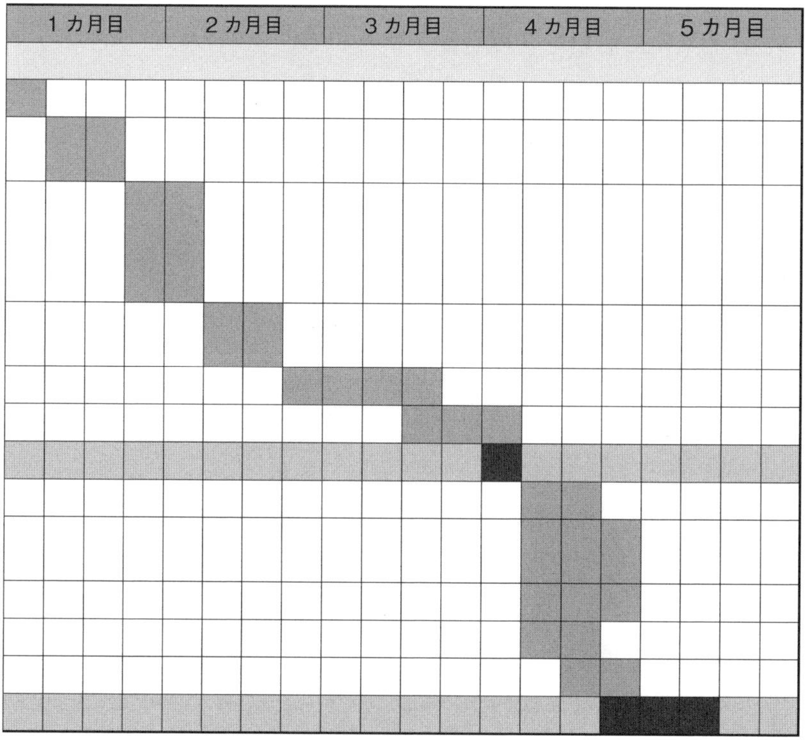
1カ月目
2カ月目
3カ月目
4カ月目
5カ月目

その他業務に必要な各種登録

その他業務に必要な各種登録をまとめると以下のとおりとなります。

これらの各種登録について、重要な部分をピックアップし、次項において詳細に確認していきます。

■ 不動産賃貸または取得について

メキシコにおいて不動産の賃貸または取得を行う場合には、賃貸借契約、売買契約、信託契約、建設許可、建設工事契約、土地・社屋の取得・使用に関する各種許認可類（開設通知、消防関係、衛生関係）、災害保険等の手続が必要となります。

また、メキシコにおける不動産取得については次の法において一部規制がありますが原則取得は可能です。

[憲法 27 条 1 項]

「外国人排除条項」を有するメキシコ会社、または当該規定に言及される協約を取り決めたメキシコの会社は、直接不動産を取得することができる。なお、同10条規定により、協約を取り決めたメキシコの会社は、規制地帯（100㎞および沿岸50㎞以内の地帯）で居住以外の目的をもって不動産を取得することは可能だが、外務省に報告する必要がある。

[憲法 10―A 条]

外国法人または自然人が規制地帯以外で不動産を取得する場合、同27条1項の規定に言及される協約を取り決めた書状を事前に外務省へ提出し、許可を得る必要がある。

【各種登録まとめ】

不動産関係	・賃貸借契約 ・売買契約 ・建設許可 ・建設工事契約 ・土地・社屋使用に伴う各種許認可 ・各種登録（開設、消防、衛生等）
労務 社会保障関係	・社会保険庁（IMSS）への登録 ・退職積立金制度（SAR）への登録 ・労働者住宅公庫（Infonavit）への登録 ・従業員給与税（2%）支払登録 ・労働協約、個人雇用契約、就業規則等
物流 関税 通関	・輸出向け製造・マキラドーラ・サービス産業（IMMEX）への登録 ・産業分野別生産促進プログラム（PROSEC）が指定する業種への登録 ・輸入業者（Padrón de Importadores）への登録 ・部門別輸入業者（Padrón de Importadores de Sectores Especificos）への登録 等
駐在員	・ビザ取得
金銭取扱	・税務インボイス印刷
その他	・工業所有権関連（特許権・商標権） ・環境法関連等

［憲法11条、12条、13条］

外国法人・自然人、および「外国人排除条項」を有しないが、同27条1項の規定に言及される協約を取り決めたメキシコの会社は、規制地帯における不動産を信託方式に通じて使用することが可能である。信託先の金融機関には外務省の許可が必要であり、信託方式を通じた不動産使用は最高50年間更新可能である。

■ 労務・社会保障

メキシコにおいて人材を雇用する場合には、前提として雇用主登録を行う必要があります。雇用主登録についてはビザ取得手続に紐付くものであるために、ビザ取得のためのものという認識がありますが、人材を雇用する場合においても雇用主登録は必要となります。

人材を雇用する場合に対内的に必要な手続として、雇用契約書、就業規則、職業訓練プログラム、安全・衛生プログラム、雇用アウトソーシングサービス契約、任意保険（生命、医療等）などがあります。また、対外的な雇用に伴い必要となる手続には社会保険庁（IMSS）登録、退職積立金制度 / 労働者住宅公庫（SAR / Infonsvit）関連登録、給与税納税者登録などがあります。

■ 物流・関税・通関

メキシコにおいて輸入を行うためには、輸入業者（Padrón de Importadores）登録が必要となります。また、輸入の際に必要とされる通関士については、登録通関士を利用する必要があるため、主要な各港および空港に通関士を最低でも１人は確保しておくべきです。

その他、物流・関税・通関に関して必要となるものには、代理店サービス契約、輸出向け製造・マキラドーラ・サービス産業（IMMEX）登録、産業分野別生産促進プログラム（PROSEC）登録、輸入在庫管理システムの構築、外国人スタッフ引越し荷物の無税（保税）通関などが挙げられます。

■ 輸入業者登録

RFCおよび電子署名を有する企業であれば、経済省貿易局のウェブサイトにて申請をすれば取得が可能です。

■ 通関士

通関士は世襲制であり、メキシコ国籍を有する者以外はなることができません。

■ IMMEX

2006年11月にIMMEX（輸出向け製造・マキラドーラ・サービス産業）の制度が発足され、登録企業は製品を輸出することを条件に、輸入関税、輸入時の付加価値税（IVA）、相殺関税について免除または繰延を受けることが可能となりました。しかし、2014年の税制改正により「課税貨物の引取りに係る輸入付加価値税」の保税メリットが原則的に廃止（ただし、2014年中にSATの認定を受けた企業は、保税メリットを引き続き享受することが可能）となり、メリットは縮小の方向へ進んでいます（IMMEXの詳細はII章「投資環境」を参照）。

■ PROSEC

1994年のメキシコの北米自由貿易協定加盟による制度であるマキラドーラとPITEX（現IMMEX）の無関税輸入の恩典一部消滅を救済する措置として、2001年からPROSEC（産業分野別生産促進プログラム：Programa de Promoción Sectorial）が適用されるようになりました。これにより、国内生産活動を促進するために、PROSECが指定する24特定産業分野であれば、内資・外資問わず、該当する製品をメキシコで生産する場合において、メキシコで調達できない原材料・部品・機械・設備などを0～5%の優遇関税で輸入できるようになっています（PROSECの詳細はII章「投資環境」を参照）。

■ その他の優遇制度

[認定企業登録]

認定企業登録（Registro de empresas certificadas）とは、3億ペソ以上の貿易取引額、かつ、租税債務履行に関して優良記録を持つ企業を「信頼に値する企業」と認定し、通関手続の簡素化・迅速化等の優遇を受けられる制度です。

[レグラ・オクターバ]

PROSECにおける優遇関税対象外の品目を暫定的に輸入できるようにするための保管制度にレグラ・オクターバ（Regla Octava）があります。この制度は1995年12月に公布された「輸入一般関税法(LIGI)」、補足8条に規定されています（レグラ・オクターバの詳細はⅡ章「投資環境」を参照)。

[参考資料・ウェブサイト]

・日本貿易振興機構（JETRO）

「日本からの進出（投資）に関する相手国の制度　会社設立の手続き：メキシコ」

http://www.jetro.go.jp/world/cs_america/mx/qa/03/04J-010344

「外国法人の支店・駐在員事務所開設手続きを簡素化――FTA相手国の企業が対象（メキシコ)」2012年8月23日

http://www.jetro.go.jp/world/cs_america/mx/biznews/50347da17b890

メキシコ・センター「メキシコにおける会社設立・清算手続き」2009年9月

http://www.jetro.go.jp/jfile/report/07000125/mexico.pdf

「メキシコ進出に関する基本的なメキシコの制度　外国企業の会社設立手続き・必要書類」

http://www.jetro.go.jp/world/cs_america/mx/invest_09/

IV

M&A

M&Aの動向

メキシコにとって日本は、アメリカ、中国に次ぐ3番目の取引相手国です。近年では、自動車やエレクトロニクス、インフラ関連の日本企業が、メキシコ国内に会社を設立し、活発に事業活動を行っています。

メキシコ政府は2012年に約800億円の円建外貨（サムライ債）の売出を行いました。主な投資家が日本の大手銀行であることからも、メキシコ市場に対する信頼度が高いと考えられます。

メキシコはラテンアメリカ各国の中でも、連邦、州政府がさまざまな優遇措置を提供して、自動車等の産業の投資を促進しています。対内投資規制を受ける事業は限定されているため、メキシコにおいては多くの国からのさらなる投資の増加が期待されています。

次のグラフは1991～2013年の間に、メキシコで行われたM&Aのうち、公表されている件数および金額の推移を表したものです。

【メキシコのM&A動向】

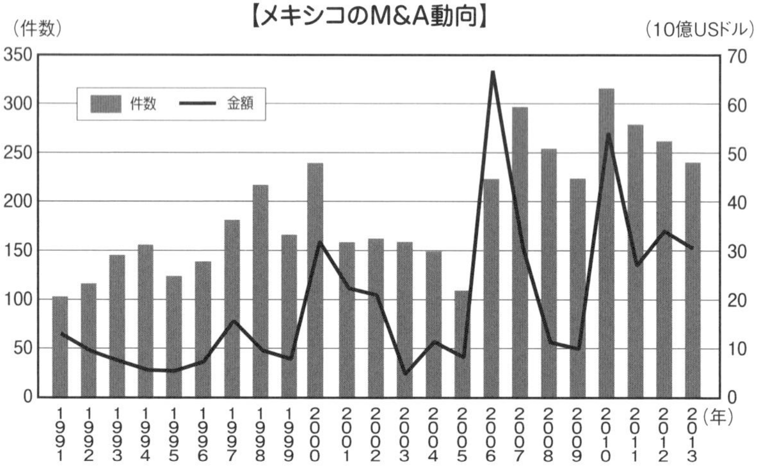

出所：Institute of Mergers, Acquisitions and Alliances（IMAA）

■ 日本企業のM&A事例

日本企業による中南米企業の買収（In-Out）の件数は、2011年は14件、2012年は24件、2013年は14件あり、そのうちメキシコに対するM&Aはそれぞれ0件、3件、0件です（レコフ調べ）。日本企業によるメキシコ企業のM&Aは、件数は多いとはいえませんが、ここ数年の平均3%を超える安定した経済成長率や海外投資の活発化傾向から見ても、今後は増加することが予想されます。

次表は、2012年に行われた日本からメキシコに対するM&Aの事例です。

【日本からメキシコへのM&A（2012年）】

No.	日本	メキシコ	出資比率(%)	業種	投資金額(百万円)
1	大正製薬ホールディングス	Compañía Internacional de Comercio, S.A.P.I. de C.V. Grupo Imperial, S.A. de C.V. Kosei,S.A. de C.V. Vitacilina Corporation of America	各100	医薬品	—
2	双日	CPC Mineria, S. De R.L. De C.V.	49	卸売業	—

M&Aに関する法律・規制

メキシコにおいて、M&Aを行う場合には、複数の法規が関連してきます。そのため、各法律を横断的に理解しておく必要があります。M&Aに関連する法規には以下のようなものが挙げられます。

【M&Aに関連する法規】

外国投資法	外資の参入、外国企業の土地所有に関する規制を定める
商事会社一般法	会社形態や合併・分割といった組織再編について規定する
証券市場法	投資促進会社形態、上場企業株式取得時の各種規制について定める
競争法	自由競争を保護、促進するために、独占的行為や企業結合について規定する

外国投資法

■ 規制業種

ラテンアメリカの他の国に比べ、メキシコへの外国直接投資の規制対象業種は、わずかな事業に限定されています。具体的には外国企業、国内企業双方に係る出資規制と、外国企業のみに係る出資規制に分けることができます。

M&Aによる投資を行った結果、出資比率が外国投資法（Ley de Inversión Extranjera）の規制を超えるような取引は、そもそも認められません。したがって、まず対象業種が外国投資法の規制業種に該当するかどうかを確認します。

エネルギー改革を目指した連邦憲法改正に伴い、2014年4月30日、連邦政府は関連法令の改正案を議会に提出しました。外国投資法

【外資規制】

制限	事業
国家に留保される規制業種（外資法5条）	石油その他炭化水素、電力、原子力エネルギー、放射性鉱物、電報、無線電信、郵便、紙幣発行、貨幣鋳造、港湾・空港管制、その他特に法が定めるもの （2014年8月11日改正により、基礎石油化学は削除）
メキシコ人または定款に「外国人排除条項」を有するメキシコ法人に留保される規制業種（外資法6条）	旅客・貨物国内陸上輸送（宅配除く）、開発銀行、特に規制法のある専門・技術サービス （2014年8月11日改正により、ガソリン・液化ガス小売、ラジオ・テレビ放送は削除）
外資参加比率規制業種：外資比率10%まで（外資法7条）	協同組合
外資参加比率規制業種：外資比率25%まで（外資法7条）	国内航空輸送、特別航空輸送、エアタクシー輸送
外資参加比率規制業種：外資比率49%まで（外資法7条）	爆発物・銃火器等の製造販売、国内流通新聞の出版、農林畜産用地保有企業、排他的経済水域における漁業（養殖業除く）、港湾総合管理、港内水先案内、内国海運（観光除く）、船舶・飛行機・鉄道用の燃料・潤滑油、放送（相互主義による） （2014年1月10日改正により、保険機関、補償機関、為替、受託、退職基金管理、証券市場法12条の2に規定される企業は削除）
外資比率49%超の場合に外資委員会の承認を要する業種（外資法8条）	曳航・係留等港湾サービス、遠洋海運会社、公共飛行場認可、幼稚園〜高校、私立上級学校、法務サービス、公共鉄道建設・管理 （2014年1月10日改正により、信用調査、証券格付、保険代理店、携帯電話、パイプライン建設、石油・ガス掘削は削除）

出所：日本貿易振興機構（JETRO）「メキシコ進出に関する基本的なメキシコの制度」

に関しても、エネルギー業界への外国投資を奨励すべく、同業界への外資規制が緩和される方向で改正が行われました（2014年8月11日改正）。

ただし、規制業種以外であっても既存企業の資本金に49%を超えて外資が参加する際に、その会社の資産総額が34億9,360万3,960.10ペソを超える場合は外資委員会の承認が必要となります(外資法4条、9条)。

■ 不動産取得規制

外国人および外国企業の土地購入は、規制地域を除き可能です。規制地域とは、国境沿い100kmと沿岸50km以内の地帯をいいます(憲法27条1項)。

規制地域においては、居住以外を目的とする場合、不動産取得が可能ですが、外務省に報告する必要があります（外資法10条)。なお、規制地域の土地を借りる場合には、最長50年の信託方式とする必要があります（外資法11条、12条、13条)。

商事会社一般法

商事会社一般法（LGSM：Ley General de Sociedades Mercantiles）は、日本でいう会社法に相当する法律です。商事会社の諸形態、株主・従業員の権利、組織再編や会社の清算等を規定した連邦法であり、M&Aにおいても、他の法律に特別な定めのない限り、本法が適用されます。

■ 株式会社

商事会社一般法では6つの会社形態を規定しており、なかでもM&Aの対象として最も一般的な形態は株式会社（S.A.：Sociedad Anónima）です（商事会社一般法1条)。また、可変資本制度（定款を変更せずに資本金の増減が可能）による、可変資本株式会社（S.A. de C.V.：Sociedad Anónima de Capital Variable）も多く存在します（8条）。

株式会社の主な特徴は以下のとおりです。

・株主責任の範囲は、出資額を限度とする（有限責任）
・株主が最低2名いることが会社設立・維持の要件であり、一人会社は認められていない
・議決権については基本的に株式数に応じ各株主が有しており、会社の決議事項については株主総会や取締役会において決定される
・株主総会により取締役を決定し、各取締役が会社を管理運営する

株主は会社組織、構造、事業目的、資産構成を変更する権限を有します。同種の株式を保有する株主は平等な権利を有しており、特定の種類株式（1つの株式会社により発行された、配当や議決権等の権利内容が異なる、複数種類の株式）に関し不利な取扱をする場合には、事前に当該種類株主による特別総会決議が必要です。

株式を償還する際は、総株主の持分比率に応じて行うか、または公正な抽選により選定します。償還に関する規程は全株主の同意により変更することも可能です。

■ 合同会社

合同会社（S. de R.L.：Sociedad de Responsabilidad Limitada）は、株式会社よりも出資者の権利義務等に関し柔軟な扱いが認められており、出資者間の関係がより閉鎖的、かつ比較的小規模な事業向けの形態です。合同会社においても可変資本制度は適用可能で、その場合は可変資本合同会社（S. de R.L. de C.V.：Sociedad de Responsabilidad Limitada de Capital Variable）となります。

■ 合併・分割

M&Aに関連する内容として、合併（fusión）と分割（escisión）に関する規定があります（合併については商事会社一般法222条～226条、分割については同法228条の2）。

合併には、新設合併（2つ以上のすべての会社の法人格が消え、新しい会社に統合する）と、吸収合併（1社が継続したまま、その他会社を取り込む）があります。

分割には、新設分割（既存の会社の法人格を消滅させ、その資本や資産を2つ以上の法人に分割する）、および吸収分割（既存会社の消滅を伴わずに、資本や資産の一部を他法人に移転する）があります。

合併・分割については、それぞれの関連企業株主による特別総会決議が必要となります（182条）。また、法的効力を持たせるため、商業登記所（Public Registry of Commerce）において公証、登録する必要があります（223条）。

■ ジョイントベンチャー

ジョイントベンチャーの設立を検討する上で、当事者が2社以上あり、オペレーションや技術・ノウハウの提供よりも資本提供の側面が強い場合には、株式会社形態を取ることが一般的です。

一方、買収後も出資者が継続して経営に参加する場合など、合同会社形態がふさわしい場合もあります。少数社員にとっては、株式会社より合同会社の形態の方が、支配権という側面からは有利ともいえます。

商事会社一般法においては株主間契約（企業や株主間における株主の権利に関する取り決めで、議決権行使や株式譲渡に係る条件等を定めたもの）の有効性が明文化されておらず、むしろ旧来の商事会社一般法では、株主の自由な議決権行使を制限する契約が無効と明記されていました。したがって、同法に基づく株式会社および合同会社形態では、当事者が株主間契約においてガバナンスに関する取り決めを行っていても、後にその有効性が争われるという事態が生じえました。

同様の内容を附属定款で定めた場合には拘束力が高まるものの、附属定款の設置・変更には、株主の承認や公証など法定の要件が定められており、取り決めの公開を望まない株主がいる場合には附属定款を用いることが困難です。

近年ではジョイントベンチャーにおいても、後述の証券市場法に基づく投資促進会社（S.A.P.I.：Sociedad Anónima Promotora de Inversión）形態の利用が進んでいます。

証券市場法

証券市場法（LMV：Ley de Mercado de Valores）は2005年制定の連邦法です。立法趣旨は、メキシコ証券市場の公平性・効率性・透明性の確保とその発展、および投資家の利益保護、システムリスクの抑制、そして健全な競争を促進することにあります（証券市場法1条）。この立法趣旨の下、株式公開買付（TOB）義務、開示義務やインサイダー取引規制など、具体的な証券取引上の義務や規制を定めています。

証券市場法の特徴として、株式会社における株主間契約の有効性を明文化して認めた点が挙げられます。これにより、附属定款を変更することなく、有効な株主間契約を締結することが可能となりました。

■ 投資促進会社

証券市場法が施行される以前は、株主間契約、議決権、譲渡等の定めの効力は限定的でした。そのため、プライベート・エクイティ投資家等が一般的に用いるロックアップ（株式発行者や大株主等と主幹事証券会社との間で結ぶ、一定期間にわたり原則として株式等の新規発行や売却を行わないことについての合意)、コール・プットオプション等の定めについても実効性を欠き、投資家の活動の妨げとなっていました。

証券市場法では、株式会社の新たな形態として、投資促進会社が定められました。投資促進会社は株式会社の特別な形態であり、少数株主の権利を強化し、柔軟な種類株式の発行を認めるほか、株主間契約の実効性を高めるために定められています。

投資促進会社は上場企業を規制する証券市場法に定められた形態ではあるものの、非公開会社であるため、いずれの証券取引所にも登録する必要がなく、国家銀行証券委員会のコンプライアンス規程や監督に服することもありません。特にジョイントベンチャーや、上場予定会社の暫定的な形態として活用されています。

特に以下の点について、株主間契約の有効性が明文化されています(証券市場法16条)。

[競業避止義務]

株主間において、業種および地理的範囲に関して競業しないことを、3年以内の範囲で定めることが可能です。

[コール・プットオプション]

ドラッグアロング（大株主による株式譲渡時、その他の株主にも同条件での売却を強制し、大株主によるイグジットを容易化する定め)、タグアロング（大株主による株式売却時、買い手に対し少数株主が同条件で売却する権利を定め、少数株主保護に資する定め）を含む、コール・プットオプションを定めることが可能です。

[新株予約権]

新株予約権とは、発行会社に対して行使することにより、当該株式会社の株式交付を受けることができる権利で、その譲渡や放棄等の処分につき合意することが可能です。これらの処分が第三者間で行われる場合も同様です。

関連規程と併せて、株主が払込や出資義務を履行しない場合に、持分比率を希釈する等の懲罰的規程を定めることが可能となります。

[議決権制限]

株主総会における議決権行使の方法につき合意することが可能です。たとえば、拒否権の定めや、役員選任時における優先議決権などが挙げられます。

[譲渡方法]

株式譲渡を公開買付に限定すること等についても合意が可能です。

■ 情報開示義務

証券市場法の下では、以下のような上場企業株式取得の場合は、国家銀行証券委員会および一般に開示する必要があります。

・直接的、間接的にかかわらず、買い手の株式持分が5%以上変動する場合、その決定の翌営業日までに、メキシコ証券取引所を通じて一般に情報を公開しなければならない（証券市場法110条）

・直接的、間接的にかかわらず、ターゲット企業の普通株式の10～30%を取得する買い手は、取得の翌営業日までに、メキシコ証券取引所を通じて一般に情報を公開しなければならない（109条）

・直接的、間接的にかかわらず、買い手がターゲット企業の株式を10%以上保有し、かつ取締役会のメンバーである場合、当該ターゲット企業株式の購入に当たり、その旨を国家銀行証券委員会に報告しなければならない（111条）

■ 公開買付義務

公開買付義務とは、一定条件下において公開買付が強制される制度のことをいいます。直接および間接的にかかわらず、買い手が、ターゲット企業の普通株式の30%以上を取得する場合は、公開買付をしなければなりません（証券市場法98条）。

ターゲット企業が証券取引所の上場維持要件を満たしていない場合や、上場維持要件に厳格に合致していない場合、その他証券市場法の違反を続けている場合も、株式取得は公開買付による必要があります(56条、108条)。

■ 買収対価

公開買付の買収対価としては、現金、株式、またはその複合が一般的です。証券市場法では、株式の種類にかかわらず、すべての株主に対して買収対価は同じものでなければならないと規定されています(証券市場法98条)。

競争法

メキシコにおける独占禁止法は、経済競争に関する連邦法（Ley Federal de Competencia Económica；以下、競争法）です。2014年4月29日には、連邦議会において新競争法が可決されました。ただし、内容には未だ不明確な点も多く、当面慎重な検討が必要となります。

大きな変更点としては、これまで同法に関する管轄が連邦競争委員会（Comisión Federal de Competencia）であったのに対し、今後は、電気通信業界については連邦電気通信機関（IFETEL：Instituto Federal de Telecomunicaciones）、それ以外については連邦経済競争委員会（COFECE：Comisión Federal de Competencia Económica）の管轄することになった点が挙げられます。

どのような行為が競争法で禁止されるかを理解する必要があるとともに、同法の規定に従い、当局へ各種届出書の提出が必要となる場合もあるため、注意が必要です。

■ 独占的行為

独占的行為は、絶対的独占的行為と相対的独占的行為に分けられます。絶対的独占的行為は、競争および競争過程への影響が状況によらず明らかに反競争的であるもの、相対的独占的行為は、競争および競争過程への影響が常に明らかとはいえないものをいいます。

[絶対的独占的行為]

絶対的独占的行為は、以下の目的・効果を有する、競争者間のすべての契約や取り決めが含まれ、原則禁止とされます（競争法53条）。

- 価格固定、値上げ、価格合意、価格操作
- 商品やサービス提供の供給制限
- 市場または顧客の分割、配分、割当または賦課
- 入札談合
- 上記各項目を目的とする情報交換（新法により追加）

上記に該当する絶対的独占的行為は、市場やその行為をした企業の規模にかかわらず法律違反となり、刑法上の責任に加えて制裁金が科されます。

[相対的独占的行為]

相対的独占的行為は、一概に競争を阻害する効果を有するわけではないため、マイナスの効果がプラスの効果を上回り、自由競争にとって有害な独占的行為と判断された場合に違法とされます。相対的独占的行為は以下のとおりです（競争法54条）。

・市場の垂直分割
・最終製品の販売、再販売価格の制限
・抱合せ販売
・排他的な契約
・取引の拒絶
・ボイコット
・不可欠な施設・材料の取引拒否または制限（新法により追加）
・マージンの搾取（新法により追加）
・その他競争阻害

■ 適用除外

[重点政策部門]

憲法28条4段に定められた重点政策部門において排他的活動が認められる同業者団体については適用除外となります。ただし、同団体に対しても、重点政策とみなされない行為については、競争法が適用されます（競争法6条）。

[労働組合、著作権者・特許権者]

関連法に基づき、自らの利益保持のために組織された労働組合は適用除外となります。また一定期間、著者や芸術家、および発明家や発明品の改良者等に与えられる、作品に対する特権についても適用除外となります（競争法7条）。

［輸出組合］

商品や製品を直接海外に販売する団体・組合について、以下の場合は適用除外となります（競争法8条）。

- 当該製品の輸出が、その地方における財源として不可欠な製品、または逼迫した需要のないものである
- 当該製品が、国内では販売・流通がない
- 当該団体が、行政の監視下にあり、適切な機関により設立が事前に承認されている
- 当該団体が任意団体であり、加盟や脱退が自由である
- 当該団体が、連邦政府から許認可を受けていない

［最高価格設定］

その他、国内経済および大衆消費における基本的商品およびサービスつき、政府および大臣が最高価格を設定する場合においても適用除外とされています（競争法9条）。

■ 企業結合

競争法が規制対象とする企業結合（Concentración）とは、競合企業、サプライヤー、顧客等の経済主体間における合併・買収等、資産（株式、持分等）の集中が生じる行為をいいます。企業結合により自由競争や市場機能を阻害する目的や結果が生じうる場合、連邦経済競争委員会の規制または排除処分の対象となります。

当該規制は、日本の独占禁止法における、「事業支配力が過度に集中することとなる会社の考え方」と同様の趣旨によるものです。

下表に規定される企業結合については規制が強化されており、連邦経済競争委員会への事前届出および審査が必要となります（競争法86条）。事前届出を怠った場合には、相当額の罰金が科されます。

【企業結合に係る競争法の事前届出義務】

対象行為等	事前届出
・企業への新規投資	不要
〈既存企業の買収、合併その他類似行為で以下に該当する場合〉 ・取引額が連邦区における最低賃金の 1,800 万倍（約 9,000 万 US ドル）以上 ・資産または年間売上高が、最低賃金の 1,800 万倍以上である企業の資産または株式の 35% 以上を取得 ・資産または年間売上高が、最低賃金の 840 万倍（約 4,100 万 US ドル）以上である企業の資産または株式を買収する場合で、当事者の一方または双方の資産または年間売上高が最低賃金の 4,800 万倍（約 2 億 3,500 万 US ドル）以上であること	必要

ただし、上記に該当する場合であっても、当該企業結合により、メキシコ国内で支配権獲得や資産の集中が生じない場合には、届出義務が免除されたり、より簡素な手続が認められる場合もあります。

会計基準

M&Aを行う場合、必ず対象企業のデュー・デリジェンスを行い、企業価値の算定を行わなければなりません。国によって会計基準が異なるため、現地の会計基準を把握しておくことが重要です。

メキシコは、国際財務報告基準（IFRS）を完全適用していませんが、IFRSに準拠した独自の会計基準を採用した会計処理が行われています。そのため、基準の整備は、国際的な水準と変わらないといえます。ただし、実際の運用面では新興国特有の怠惰な処理が行われているケースもあるため、注意が必要です。上場企業に限っては、2012年12月31日以降、IFRSの適用が強制されています。

M&Aに関する税務

M&Aに伴い、株式や会社資産およびその対価の移動が生じます。これにより、財物の移動に伴う通常の課税が生じるほか、株式や会社資産の譲渡においては独自の課税規定や取扱も存在します。また、税制優遇措置等の恩恵を享受できるか否かという点も重要な検討事項であり、M&Aにおいて検討すべき税務上の課題は広範に及びます。

■ 株式譲渡

[株式譲渡時の税務]

キャピタル・ゲイン

株式売却から生じるキャピタル・ゲインについては、普通所得とみなされ、通常の法人税率が課されます。メキシコ非上場企業の株式を売却する非居住者は収益額の25%、非居住者がメキシコに代理人を置いている場合（当該非居住者がタックス・ヘイブンに立地していないことまたは優遇税制の恩恵を受けていないことを条件とする）は利益額の35%がそれぞれ課税されます。

上場企業の株式売買から生じるキャピタル・ゲインに対しては、2014年の新税制において10%の所得税が課されることになりました。メキシコ居住者、外国居住者ともに適用があり、株式市場を通じて株式取引を行う仲介業者により源泉徴収されます。

【株式売却の課税】

	税率
非上場企業	収益額の 25% 利益額の 35%
上場企業	売却益の 10%

付加価値税（IVA）

株式譲渡には、付加価値税は課されません。

[株式譲渡後の税務]

株式譲渡後には、買収先企業が有した欠損金や、滞納税に関する取扱が問題となります。

欠損金

支配権の移転後、買収先企業の欠損を繰入れることができます。ただし、欠損を生じたビジネスと同種のビジネスからの収入に対してのみ用いることが認められます。欠損金の繰越期間は10年間です。

補償および保証

株式譲渡においては、買い手は買収先企業の偶発債務や税滞納を含む全責任を引継ぐことになります。

税務当局は、納税期限または申告書提出の翌日から5年間は、いかなる時点であれ追加課税のための調査・評価を行う権限を有しています。また、税務当局は買い手に対し、対象企業の過去5年間の未払税に対する連帯責任を追及することが可能です。

株式譲渡の場合、買い手は通常、資産譲渡のみの場合よりも広範な補償および保証や寄託金を売り手側に要求します。

■ 資産譲渡

[資産譲渡時の税務]

IVA

資産の売却価額に対して16%のIVAが課されます。

不動産取得税

不動産の譲渡により、買主に地方税が課されます。税率や課税標準は州により若干の違いがありますが、取引価額、地籍上価額、査定市場価格等のうち、最も高いものの2%前後が目安となります。州によっては投資インセンティブとして免除されます。

[資産譲渡後の税務]

資産譲渡後には、譲渡対象となった資産につき、個別に課税の有無や額、および損金算入の可否を検討する必要があります。

のれん

第三者から取得したのれんは、メキシコの税務上、損金算入できません。

固定資産税（地方税）

2カ月ごとに固定資産税を支払う義務があります。税額は当該不動産の価値や、所在する地域により異なります。

減価償却

取得した有形・無形資産は、所得税法（Ley del Impuesto Sobre la Renta）に定められた償却率に従い、定額法34条により損金算入する必要があります。

【減価償却率】

資産	償却率
建物	5%
事務所備品・設備	10%
自動車、バス、トラック、トラクター、トレーラー	25%
パソコン、サーバー、プリンタ等	30%

■ 合併

メキシコの税制度においては、以下の要件に合致していれば、国内での合併は非課税で行うことが可能です。

・合併が株主に承認された日から1カ月以内に、存続会社が税務当局に合併の通知を提出する
・存続会社は、合併前の自社および消滅会社の事業を、合併完了から最低1年間継続する
・存続会社は消滅会社に代わって、合併時点で納税義務があるものを含め、合併完了した年度のすべての税および情報の申告を行う

M&A スキームの基本

商事会社一般法で規定されている買収スキームには合併以外に、株式取得と資産取得の2つがあります。

株式取得

株式取得の方法としては、取引所などを介さず、売り手と買い手が直接取引を行う相対（あいたい）取引と、公の取引所を介して取引を行う公開買付があります。前者では、価格・数量・取引の方法に至るまで、当事者間の合意により決定されます。一方、後者では、取引所を管轄する法令の規制に従った取引が義務付けられます。

■ 相対取引

相対取引による既存株主からの株式取得の特徴として、事業取得と比較して手続等が簡単なため、スピーディーに買収を行うことができます。

対象企業が存続する株式取得では、一部の税務的な責任を除き、企業としての法的責任は引続き対象企業が負うことになります。法人の背後に存在する支配的存在の責任を問うための「法人格否認の法理」がメキシコ法上認められないため、買い手にとってリスクを計算しやすいというメリットがあります。

対象企業が公開会社の場合、株式の30%未満の取得であれば、市場外における合意があり、その他要件に従う限り、相対取引が可能です。

増資により株式を取得する場合、既存株主から、新株発行に係る新株引受権の放棄を受ける必要があります。その理由は、新株引受権が行使された場合、当初予測していた割合を取得することが困難となるためです。メキシコ法においても新株引受権は規定されており、株主の権限を強化するため、附属定款において株主に付与されていることが一般的です。

■ 公開買付

公開買付は証券市場法の規制下にあり、市場において公開会社の普通株式30%以上を取得する場合は、公開買付義務が生じます。ただし、海外から企業買収を行うに当たり、公開買付はあまり一般的な手法ではありません。

資産取得

資産取得の特徴は、対象企業に付随する権利義務をすべて引受けずに、特定の事業のみが取得可能であることです。

ただし、この権利義務が、事業資産そのものに付随している場合や、契約により合意した場合には、取得に伴って権利義務を引受ける必要があります。労働、税務や環境に関する責任などは、資産に付随する可能性が高いです。

実質的にすべての資産を買収する場合には、買い手は買収完了時点で資産に付随する従業員の使用者となり、労働法上の義務を承継することになります。雇用に関する福利や条件の修正は認められないため、これを回避するには、買収完了時点でいったん解雇し、解雇手当を支払った上で再度雇用する等の手続が必要です。

メキシコにおいて資産取得により事業譲渡を行う場合、主要資産の譲渡契約書とともに、それに付随する資産も確実かつ適時に移転するために必要な手続を記載した、付随的な権利委譲書を締結するのが一般的です。これより複数の不動産がかかわる場合、各不動産につき個別の契約書が、公証役場での公証や不動産登記に先立って必要となります。

長期リース契約やその他契約における権利が譲渡される場合には、別途手続が必要となります。担保の対象となっている資産であれば、担保解消および資産移転のため、個別の書類が必要となります。

資産取得は株式取得に比べて一般的に多くの書面を必要とし、そのドラフティングや交渉等に時間がかかるため、期間が長期化しがちであることに注意が必要です。

[参考資料・ウェブサイト]

・ Institute of Mergers, Acquisitions and Alliances（IMAA）
http://www.imaa-institute.org

・ Luis Burgueño, Von Wobeser y Sierra, ‘Public mergers and acquisitions in Mexico：overview’ Practical Law, Thomson Reuters
http://uk.practicallaw.com/2-385-6584

・ Carlos Del Rio ‘Mexico, Negotiated M&A Guide, Corporate and M&A Law Committee’
http://www.creel.mx/assets/files/publications/MEXICO_Negotiated%20M&A%20Guide%202011.pdf

・『M&A 専門誌 MARR』レコフデータ
「特集 2013 年の日本経済と M&A 動向」2013 年２月
「特集 2014 年の日本経済と M&A 動向」2014 年２月

・ 日本貿易振興機構（JETRO）
メキシコ・センター「メキシコにおける会社設立・清算手続き」2009 年９月
http://www.jetro.go.jp/jfile/report/07000125/mexico.pdf
「世界と日本の貿易投資統計」『ジェトロ世界貿易投資報告 2013 年版』
http://www.jetro.go.jp/world/gtir/2013/pdf/2013-5_rev.pdf
「中南米——メキシコ」『ジェトロ世界貿易投資報告 2013 年版』
http://www.jetro.go.jp/world/gtir/2013/pdf/2013-mx.pdf
「メキシコ進出に関する基本的なメキシコの制度」
http://www.jetro.go.jp/world/cs_america/mx/invest_02/

・ 公正取引委員会「世界の競争法——メキシコ（Mexco）」 http://www.jftc.go.jp/kokusai/worldcom/kakkoku/abc/allabc/m/mexico.html

V

会社法

会社の機関

メキシコにおける主な会社形態

メキシコで一般的に選択されている会社形態は、商事会社一般法（LGSM：Ley General de Sociedades Mercanitles）により、株式会社、合同会社、合名会社、合資会社、株式合資会社、協同組合の6つとされています。

株式会社および合同会社のみが、出資者の責任をその出資額のみとする有限責任会社であるために、メキシコへの新規進出はこの2つの形態の採用事例が圧倒的に多くなっています。

■ 株式会社（S.A.：Sociedad Anónima）

株式会社の場合は会社名の後にS.A.が付きます。

また近年は資本の増減が比較的簡単に行える可変資本制を採用したS.A. de C.V.という形態で会社を設立するケースが増えてきています（詳細は後述を参照）。

■ 合同会社（S. de R. L.：Sociedad de Responsabilidad Limitada）

合同会社の場合には会社名の後にS. de R.L.が付きます。

アメリカからの投資等一定の条件を満たす場合には合同会社が選択されることもあります。また、株式会社と同様に可変資本制を採用することができます。

なお、株式会社と合同会社の違いについてはⅢ章「設立」の「株式会社と合同会社の違い」（P.108）をご参照ください。

■ 可変資本制（C.V.：Capital Variable）

メキシコでは、定款の変更をすることなく資本増減が可能な可変資本制という会社形態（可変資本株式会社＝S.A. de C.V.）があり、会社を設立する際には、可変資本会社を選択するケースが多く見られます。採用した場合、可変資本株式会社は会社名の後にS.A. de C.V.が、可変資本合同会社はS. de R.L. de C.V.が付きます。

メキシコにおいて、可変資本会社が認められたのは、1884年の商法典です。合名会社、合資会社および株式会社（商事会社一般法355条）の3つの会社に追加する形で、例外的な規定（356条）に従う会社として認められたことから可変資本という形態が登場しました。

実務上、可変資本株式会社をより少額の資本金で設立し、設立後に増資を行うことが多く見られます。これは、会社設立に携わる公証人に対し、資本金の額の数パーセントをFee（公証人の報酬）として支払うという慣行がメキシコに存在するためです。1億円の資本金で会社を設立した場合に、その設立を担当した公証人によっては、報酬が100万円単位で請求される可能性もあるために注意が必要です。

株式会社

株式会社は商事会社一般法に基づき事業運営を行う必要があります。

株式会社とは、出資者である株主から資金を調達し、株主から委任を受けた業務執行者（Administrador）が事業を行い、事業により生じた利益を株主に分配する構造を持つ会社形態です。

株式会社のメリットは、資本と経営が分離している会社形態であることから、将来のパートナーとのアライアンス（株式の持合、JV設立、出資受入など）に機動的に対応することができる点です。また、株式の公開が可能であり、出資者となる株主を公募できることもメリットとされています。株式会社における株式の上場、非上場の区分は、当該会社が発行する株式が証券取引所または店頭において取引が認められているか否かによって決定されます。

機関設計

株式会社の機関設計に必要なものとしては、以下が挙げられます。

① 株主
② 株式
③ 法定代理人
④ 資本金
⑤ 株主総会
⑥ 取締役会
⑦ 監査役

それぞれの項目についての詳細は以下のとおりです。

■ 株主 …… ①

メキシコにおける会社設立では、基本的に発起人と株主は同一の者となり、当該発起人によって設立手続が進められます。

商事会社一般法における会社設立に際しては、株主は2名以上でなければならないと定められています。株主になるための特段の制限はなく、法人・個人およびメキシコの居住者か否かは問われません。

また、株主間の持株割合に関しても特段の規定はなく、99%と1%というような極端な持株の割合も認められています。

日本企業とアメリカ企業がメキシコにおいて合弁会社を設立する場合、税務上、株主のマジョリティを日本にした方が良いか、またはアメリカにした方が良いかという問題が考えられます。この場合、両国ともメキシコと租税条約を締結しており、その内容についても酷似しているために、有利不利はほとんどありません。

そのためにどちらをマジョリティとするかについては、税金的な観点からではなく、ビジネスの観点から決定する必要があります。

■ 株式 …… ②

メキシコにおける株式とは、日本と同様に、株式会社における社員権（ここにいう社員とは、主に出資者および投資者）のことを指します。

株式会社における株式は、種類ごとに均一に細分化された構成単位を取る点に特徴があります。そのために、株式会社が事業に必要な資金を調達する際に資本を細分化し、少額の出資を多数の出資者から募ることが可能となるのです。

また、株式を標章する有価証券が株券と呼ばれ、メキシコにおける株式の種類には以下のようなものがあります。

[株式の種類]

A株：議決権制限株式で議決権を持つが、メキシコ人のみが取得可能

B株：普通株式で議決権を持ち、メキシコ人、外国人のいずれもが取得可能

C株：外国人投資家の議決権を制限した議決権制限株式

L株：議決権を制限した議決権制限株式

U株：複数の種類の株式を合わせた株式。たとえば、UBC株はBとC株を合わせた株式となる

[株券の発行]

商事会社一般法には法定要件を満たす上記の株券を発行する旨が記載されており、現行法制において株券は一律、記名式としなければならないとされています。

ただし、実際の慣行としては、新規会社設立に当たって株券を発行する企業は多くないという現状があり、どのような取扱をするかを事前に考えておく必要があります。

[自己株式]

メキシコにおける自己株式については、会社が債務者に対して訴えを提起して、債務者が持つ自社の株式を競売により取得する場合を除いて、株式会社が自己株式を取得することは原則として禁止されています。

また、上記の場合、会社は株式を適法に処分できる期日より起算して、3カ月以内に売却するものとし、この期間に売却しない場合は株式は消滅し、減資手続がなされます。なお、株式が会社に帰属する間、当該株式にあっては株主総会で議決権を行使することはできません（商事会社一般法134条）。

［株式の発行価額］

メキシコにおける株式の発行価額については、既存株主への影響を考慮し、会社は額面以下で株式を発行することができません（商事会社一般法115条）。

［配当の決定方法］

配当を議決権制限株式に割当てる前に、普通株式に割当てることはできません。

当会計年度に配当がない、または、配当還元率が5%に達しなかったときは、定められた優先順位により、次年度以降に支払われるものとすることが定められています（商事会社一般法113条）。

■ 法定代理人 …… ③

メキシコにおいて新規で会社設立を行う場合には、法定代理人を定めることとなります。法定代理人は1名以上必要であり、FM3ビザ（テンポラリーレジデントカード）以上のステータスを持っている者に限られます。

発起人は、当該法定代理人に会社設立（およびその後のビジネス）を委任します。法定代理人の権利の範囲は会社公正証書の中において限定することができ、委任の範囲を会社の設立に限定するのか、その後のビジネスに関する範囲まで委任するのかを選択する必要があります。

ここで注意したいのは、FM3ビザはすぐに取得できないということです。メキシコに新規で会社を設立したとしても、法定代理人の存在がなければビジネスを遂行することができません。たとえば、「唯一代表取締役」はFM3ビザ所有者でなくてもメキシコにおける代表権を得ることができるので会社は設立できますが、法定代理人を設定しなければ、会社に代表者はいるけれども、各種書類にサインするサイン権者（サイン権者はFM3ビザが必要）がいないという事象が起こってしまうのです。

■ 資本金 …… ④

メキシコにおける最低資本金の制限は、2012年1月に廃止となり、現在は1ペソからでも会社を設立することができるようになりました。一般的には、1万ペソ程度で会社を設立し、その後に増資をするケースが多くなっています（慣習として公証人の手数料が設立資本金の額をベースに決定されるため）。

また、可変資本株式会社にあっては、株主総会の議事録の作成および外資登録をすれば、簡単に資本金の増資および減資を行うことができます。

■ 株主総会 …… ⑤

株主は株主総会を通じて会社の活動や方針などを決定します。株主総会の決議において、取締役会または唯一代表取締役の義務や活動範囲が決定されます。株主総会については商事会社一般法の178条～206条に定められています。

[株主総会の種類]

株主総会には、通常総会と特別総会があります。

通常総会については、発行済株式（議決権）の過半数を有する株主の参加により、法的に招集が認められ、当該参加株主の過半数の賛成により決議されます（商事会社一般法189条）。

特別総会については、発行済株式（議決権）の75％超を有する株主の参加により、法的に招集が認められ、当該参加株主の過半数の賛成により決議されます（190条）。

通常総会による決議事項については商事会社一般法181条において、以下のように列挙されています。

・決算の承認
・役員の変更
・役員報酬の決定

一方特別総会による決議事項については商事会社一般法182条において、以下のように列挙されています。

・会社の存続期間の延長
・会社の期限前の解散
・会社資本の増加もしくは減少（可変資本制度不採用）
・会社の事業目的の変更
・会社国籍の変更
・会社の組織変更
・他会社との合併
・優先株式の発行
・自己株式の会社による消却、および享益株式の発行
・社債の発行
・会社契約の、いずれを問わない他の変更
・法律もしくは会社契約が特別の定足数を要求する、その他の事項

ただし、上記に列挙された事項を主としながらも、実際には特別総会決議事項以外の事項については、通常総会によって定められるという位置付けのようです。

上記以外の決議事項としては、代表権の授権・撤回、可変資本の増減等があります。

［開催時期］

通常総会は少なくとも年に1回、事業年度終了後4カ月以内（12月決算のため4月末まで）に行わなくてはなりません（商事会社一般法181条）。

［開催場所］

通常総会と特別総会のいずれにおいても、会社の登記住所で開催します。

［招集権者］

株主総会は、少数株主等によって招集される場合を除き、取締役会、議長、秘書役、取締役、または監査役により招集されるものとされています（商事会社一般法183条、185条）。

［招集通知］

株主総会の招集通知は、開催の15日前までに、官報または会社所在地で広く流通している主要新聞（官報がない場合）で公告するものとされています（商事会社一般法186条）。

また、通知には、総会の議題、開催日時および場所を記載するものとし、招集者の署名がなされていなければならないものとされています（187条）。

ただし、会社の所在地外に在住する株主がいる場合には、会社名簿に記載された連絡先に、国際郵便、Eメール、FAX等の各方法により、株主総会の開催の15日前までに通知するものとされています。

［株主総会の議長］

定款に別段の定めがあるときを除き、株主総会では、取締役または取締役会（これらの両者が欠ける場合には出席株主）が指名した者が議長となります（商事会社一般法193条）。

[議決権の代理行使]

株主は、事前に代理人を選任することで、代理人を通して総会での権利を行使することができます。ただし、代理人が持つ代理権は、定款が定める形式により付与されなければなりません。

また、取締役または会社の監査役は代理人となることができません（商事会社一般法193条）。

■ 取締役会 …… ⑥

取締役が2名以上いる場合は取締役会が構成されます。

ただし、唯一代表取締役を置くこともできるため、進出間もない日本企業の多くは取締役会を置かずに唯一代表取締役を選任し、対応しています（商事会社一般法142条～163条）。

[取締役の要件]

商事会社一般法において、取締役に選任できない者は「法律によって事業を行うことが認められない者」とだけ記載されており、ほとんどの者がメキシコにおいて取締役になることが可能です（商事会社一般法151条）。

なお、取締役（唯一代表取締役を含む）は株主である必要はありません。

[招集通知]

取締役会の招集は、一般的に当該取締役会の5日前までに、書面による通知等の適切な方法で、開催日時および場所、議題の通知が行われます。

ただし、取締役全員が会社内に存在する等の一定の状況によっては招集手続は要求されません。

[開催場所]

基本的には当該会社の住所において開催されますが、取締役会の決定により、支店、代理店、その他メキシコ内のいかなる場所においても開催することができます。

[決議]

取締役会については、取締役会構成員の過半数の取締役の参加により、法的に招集が認められ、当該参加取締役の過半数の賛成により決議されます（商事会社一般法153条）。

[取締役会の権限の範囲]

取締役会は株主総会に干渉する権限はありません。これを前提として、取締役会は、連邦民法2554条に従い、会社の業務を推進・指揮する権限を有し、会社の目的達成に関するすべての契約・行為・取引を執行または履行し、すべての行政または司法当局における訴訟・債権回収・管理および所有権に関する行為のために必要な権限を持つものとされます。

また、これらの業務を執行するに当たり、同法2587条に基づく特別な定めを要する以下の権限についても有するものとされます。

[取締役会における特別な権限]

・会社の資産の売却、租税の支払、その他の処分、抵当権または質権の設定等、所有権に基づいて行われること
・金銭の貸付、社債の発行、割賦での購入、信用貸付の実行、および流通証券の購入
・会社の事業の指揮、運営、監督、および資産の管理、並びに会社

の事業を達成するためのすべての契約の履行
- 法律により要求される帳票、報告書、財務諸表の準備、承認、並びに監査役および株主への提出。株主に対して行う、会社にとって有益な決議の提案および提言
- あらゆる動産、不動産、権利、営業権、フランチャイズ、ローンの取得並びに会社の事業目的のために必要または推奨されるその他のものの購入または売却、リース、抵当権や担保権の設定および譲渡を行うことに関しての、会社が従うべき計画や方針の提言
- 会社役員や従業員の自由な任命および解任、権限の修正、報酬の確定および義務の履行を保証するための社債額の決定
- 個人、法人、マネージャー、役員または代理人に対し、権限の全部または一部を委任すること、並びに包括代理権および限定代理権の付与および取り消し
- メキシコ法および定款により付与されている株主総会により保留されていないその他すべての権限

[取締役会の構成]

取締役会を置く場合には、各取締役の役職名は以下のとおりとなります。

- 議長（Presidente）
- 秘書役（Secretario）
- 財務役（Tesorero）
- 取締役（Ejecutivo）

これらの役職のうち、議長は必須ですが、それ以外の役職については任意となります。アメリカにおいては、これらが執行役員の役職名

として使用されることから混乱を生むことがありますが、これらの役職はあくまでも取締役会内でのみ利用する役職であり、公式の役職ではありません。

また、取締役の人数に法の制限はありません。そのため、労働者利益分配金（PTU）対策および労働法7条（外国人1人に対して、現地人9人を採用するという規定）の対策として、すべての駐在員の肩書を取締役とする会社も存在します。

[少数株主による取締役の選任]

取締役が3名以上いる場合で、少数株主持分割合が25%未満の場合には、定款にて取締役選任における少数株主の権利を定めることができます。

また、少数株主持分割合が25%以上である場合には、当該少数株主は1名以上の取締役を選任することとなります。

[唯一代表取締役]

上述のとおり、メキシコでは取締役会を置かずに唯一代表取締役を置くことができます。

唯一代表者とは、取締役会を設置せずに1人の取締役に全権を委ねる経営機関です。

メキシコにおいては、現地法人を代表する者を指名し、さらに代表権の内容を公正証書に明記しなければなりません。会社の代表権は統括代表権と限定的業務のための特別代表権が存在し、いずれの場合も、公正証書への記載により認められます。

総括代表権は、下記の3つから構成されています。

・ 訴訟と取立行為
・ 経営管理

・所有権による行為

なお、統括代表権を持つのは、基本的に唯一代表取締役または取締役会であり、公正証書に代表権が記載されていない者は、取締役や社長であっても、法的に会社の代表者としては認められません。

［経営審議会］

メキシコにおける公開会社など一定の企業においては、取締役会の他に経営審議会を設置しなければなりません。経営審議会の制度は、商事会社一般法が1976年に改正された際に新設されました。

経営審議会の構成員は、株主総会により選出され、その権限は会社の業務の一般方針の決定、取締役の業務の監査などに及びます。

■ 監査役 …… ⑦

メキシコにおける会社設立に当たっては、取締役の他に監査役を1名以上置かなければなりません。実務上、多くの企業においては弁護士・会計士・コンサルタント等の第三者を監査役に任命し、会社設立を行っています（商事会社一般法164条～171条）。

［選任］

監査役は株主総会が選任することと定められています。（商事会社一般法181条2）

なお、監査役の全員が欠員となってしまった場合には、取締役会は、3日以内に臨時株主総会を招集し、監査役の選任をしなければなりません。取締役会による招集ができない時は、株主は、株主の請求に基づいてその会社所在地の裁判所に株主総会の招集を委任することができます。

招集できなかった場合、または、株主総会が開催されたが監査役の選任がなかった場合には、株主の請求に基づいてその会社所在地の裁判所が監査役の選任をすることができます。

［要件］

商事会社一般法165条には、監査役に選任できない者の要件として、以下の項目が列挙されています。

・法律によって事業を行うことが認められない者
・当該会社の従業員
・株式25％以上を保有する関連会社の従業員（恣意性の介入が認められるような場合）または株式50％以上を保有する関係会社の従業員
・取締役の直系血族。四親等以内の傍系血族もしくは二親等以内の親族

株式25％以上を保有する関連会社の取締役に関しては、法律には従業員以外は監査役になることができると記載されているため、形式上は特段問題なく監査役に就任できることになります。

ただし、法の立法趣旨から、恣意性の排除のために監査役は第三者であることが求められています。多数の株式（25％以上）を保有している関連会社の取締役に関しては、恣意性の介入が考えられ、監査役にする一定のリスクがあると解釈することができます。

そのためにメキシコ新規進出企業の多くは、弁護士・会計士・コンサルタント等の名義を借り、当該弁護士等を監査役に選任しています。

[権限および任務]

・監査役は、商事会社一般法152条で設定された取締役等の保証金の有無等をその権限により確認することとされています（商事会社一般法166条）。

これは取締役等が職務に就く前に提供しなければならない保証金に関連する規定であり、監査役はその義務が履行されたかどうか確認する必要があります。また、監査役は保証金を管理する必要もあるため、保証金が存在しないとき、滅失する危険があるとき、もしくはその他の違法行為に気付いたときには、株主総会にその旨を報告しなければなりません。

以下、監査役の具体的な権限および任務です。

・取締役に対して、月次決算書の提出を要求することができる
・監査役は、1カ月に1度、会社の帳簿や文書、および現金残高を監査する
　また、監査役の調査・監査の権限は無制限であるために、当該会社のすべての帳簿および文書を監査することができる
・年度ごとに株主総会に提出する財務諸表に関する報告書を作成しなければならない
　取締役または取締役会は、年度ごとの財務諸表を、会計期間の末日から3カ月以内に作成し、これを証拠書類および営業報告書と合わせて、株主総会開催日の最低1カ月前までに監査役に提出する
　監査役はその提出を受けた日から15日以内に、作成された証拠書類および営業報告書に対する意見および提案を記載した、報告書を作成しなければならない（商事会社一般法173条）
・取締役会および株主総会の議案に相当と判断される事項を追加

することができる

・取締役会等が何らかの理由により株主総会において株主を招集しないとき、またはその他相当な理由があると認められるときには、監査役は通常総会、または臨時株主総会を招集することができる

・監査役は、取締役会に出席することができる。取締役会においては、監査役の発言権は認められているが、議決権は認められていない

また、取締役は、監査役に取締役会の日時を通知する義務がある

・監査役は、会社の業務を無制限に、かつ、常時監査することが認められている

・監査役は、株主総会において株主からの告発を報告する義務がある

商事会社一般法では、株主は取締役の違法行為を書面により監査役に報告することができる。監査役は、その告発を株主総会に書面により報告し、かつ、これを検討して相当と思われる提案をすることが求められる

[任期]

監査役には任期が定められており、任期を定款に記載しなければなりません。通常の任期は1年とされ、毎年監査役を株主総会にて選任する必要があります。

しかし、実務上は、再選可能性を重視する傾向にあり、監査役についても取締役と同様に株主総会において新たに選任された監査役が就任するまでは、自動承認となっています。

[解任]

監査役は、株主総会によりいつでも解任することができます。

ただし、多数派株主は自らが選任した監査役だけを解任することができ、持分割合25%以上の少数派株主の選任した監査役については解任することができないとされています。

［報酬］

監査役の業務は有償とされており、定款に監査役の報酬が定められていない場合は、株主総会の決議により定めることとなります（商事会社一般法181条3項)。

また、定款に報酬額の定めがない場合には、株主総会の決議により定めますが、監査役は、その報酬額が不当だと考える場合には、連邦民法2607条を適用することができます。

参考：連邦民法 2607 条

役務の提供に対する報酬額は当事者間の話合い、およびその土地の慣習に基づいて定めるべきものである。そのため、監査役の報酬額は会社の重要性、利益の額、監査役の業務および監査役の社会的・技術的重要性を考慮して決定しなければならない。

［取締役の規定の流用］

監査役についてのその他の決まりにおいては、監査役の条項に直接定められていない場合、取締役の各条項（具体的には、商事会社一般法144条、152条、154条、160条～163条）を準用して判断するとされています（商事会社一般法171条)。

合同会社

合同会社は株式会社と同様に、商事会社一般法に基づき事業運営を行う必要があります。

合同会社とは、出資者である社員から資金調達を行い、社員は自らが業務執行者として事業を行い、事業により生じた利益を出資者である自分たちに分配する構造を持つ会社形態です。合同会社は、株式会社とは異なり、所有と経営が分離されていないことが主な特徴です。

機関設計

合同会社の機関設計に必要な要素は以下のとおりです。

① 社員
② 持分
③ 執行役員・監査役
④ 出資持分
⑤ 社員総会

それぞれの項目についての詳細は以下のとおりです。

■ 社員 …… ①

合同会社の出資者のことを社員と呼び、商事会社一般法では、合同会社の社員は2名以上かつ上限が50名とされています。

また、社員のうち最低1名の名前を合同会社の会社名に含めなければならず、さらに、会社名には合同会社を意味するスペイン語の

Sociedad de Responsabilidad Limitadaまたはその略称である S. de R.L.を含める必要もあります（商事会社一般法59条）。

社員の追加や変更は、原則として出資持分の過半数を持つ社員の同意があれば可能ですが、反対する社員がいれば、15日以内に社員総会を開催し、社員の追加・変更についての決議を行うことができます（65条、66条）。

社員は、会社の社員名簿に氏名、住所、出資持分を記載する必要があります。社員の変更があった場合も同様です。社員名簿の内容は、登記されない限り第三者に対抗することができませんので注意が必要です（73条）。

やむを得ない事由による持分の承継（地位等の承継を含む）は可能ですが、その持分を引き継ぐ者がいない場合は、合同会社は自動的に解散することになります（67条）。

社員としての身分は1人の社員につき1つまでとされています。よって、仮に追加の出資を行う、または他の社員から持分の譲渡を受けたとしても、出資持分は増加しますが、社員としての身分を複数持つということにはなりません（68条）。

■ 持分 …… ②

合同会社の出資持分は、出資額に応じて社員に割当てられます。持分を分割することは原則としてできないものの、定款内で分割ができる旨を定めている場合は、分割することが可能になります。ただしこの際も出資持分の多い社員の合意が必要となり、さらに1つの持分につき、1ペソの整数倍（1ペソ、2ペソ、3ペソ …… ）の出資持分となるように分割しなければなりません。また、前述同様、やむを得ない事由による持分の承継は原則可能であり、この場合は他の社員の同意は不要となります（商事会社一般法67条）。

株式会社では株主としての権利を表章する株券を発行しますが、合同会社は社員としての権利を表彰するための有価証券の発行は認められておりません。ただし、有価証券ではない、社員としての証明書であれば発行可能とされています。

合同会社の配当についての規定も株式会社のそれとは異なっており、商事会社一般法85条にて1年間に出資金額の9%を上限として支払うことが可能とされています。また、利益が出なかったとしても配当を行うことはできますが、少なくとも事業を開始している状態でなければ配当を行ってはならず、また利益なしの状態での配当は3年間に限定されています。

■ 執行役員・監査役 …… ③

合同会社の業務運営は通常、社員が選任する1名以上の執行役員によって行われます。合同会社の執行役員は株式会社における取締役に近いポジションといえます。執行役員は社員が兼任することも、外部から招聘することも可能で、人数、任期についての定めもありません。また、社員総会によっていつでも執行役員を解任することが可能です（商事会社一般法74条）。

執行役員を置かない場合は、社員が自ら会社の業務運営を行うこととなります。

執行役員の人数についての制限はありませんが、執行役員が複数いる場合は通常、執行役員会を開催し、多数決で業務運営に関する意思決定を行うことになります。別途、定款上にて意思決定にはすべての執行役員の賛成を必要とする旨を定めておくことも可能です。また、執行役員会において、反対票を投じた執行役員や意思決定に関わらなかった執行役員は当該意思決定についての会社に対する責任は追及されません。一方、執行役員が会社の出資持分を棄損した場合、会社および債権者に対する責任として、その損害を賠償しなければなりません。ただし、1人で4分の3以上の出資持分を持っている社員が同意すれば、その責任を免除することが可能です（75条、76条）。

また、合同会社は定款にて、監査役を設置する旨を定めることができますが、これは任意であり、設置しないことも可能です。監査役を置く場合は、社員総会にて選解任を決議することになります。監査役は執行役員同様に、社員との兼任も可能であり、社外から招聘することもできます（84条）。

■ 出資持分 …… ④

合同会社の出資持分については、株式会社同様に最低金額は定められておりません。また、可変資本株式会社と同じく、出資額を自由に変更することも可能であり、この形態の合同会社のことを、可変資本合同会社（S. de R.L. de C.V.：Sociedad de Responsabilidad Limitada de Capital Variable）と呼びます。

出資持分の金額は定款に定められ（商事会社一般法62条）、合同会社の設立時に、出資持分総額の50％以上を銀行口座へ払込む必要があります（64条）。

また、一度出資した持分は原則減額することはできませんが、可変資本合同会社の場合や定款で持分の償却を認めている場合に限り減額することができ、そのときの出資額に応じて償却金額の分配がなされます（71条）。一方で、出資持分を増額することはいつでも可能であり、この場合、定款で別段の定めがない限り出資持分に比例して各社員が新たに出資を行うことになります（70条、72条）。

■ 社員総会 …… ⑤

社員総会は株式会社の株主総会に相当する、合同会社の最高意思決定機関であり、1年に1回の開催が必要となっています。社員総会は、定款で別段の定めがない限り、出席社員の出資持分が全出資持分の50％以上になることで成立し、出席者の出資持分の過半数を持って決議を行うことになります。また、定款上別段の定めがない場合、定足数に満たなければ、再度社員総会の招集を行い、2回目の決議では持分割合に関係なく、出席社員の人数によって決議を行うことになります（商事会社一般法77条）。

定時社員総会での決定事項は、商事会社一般法78条に次のように列記されています。

・年度の決算の承認
・利益分配
・執行役員の選解任
・（監査役を置く場合）監査役の選解任
・持分の増加または減少
・社員の変更・追加
・執行役員が会社に損害を与えた場合の責任追及について
・定款の変更
・会社の解散
・その他定款で定めのある決議事項

社員総会での議決権は、定款に定めのない限り、出資額1,000ペソにつき1議決権が与えられます。社員総会は定款上で定められた開催地、開催日にて行われ、招集は執行役員または出席社員の出資持分が全出資持分の3分の1以上であることをもって行われます。招集通知は開催日の8日以上前に各社員に、書面にて配達証明付きの郵便で送付されなければなりません（79条、80条、81条）。

定款において、書面による投票が可能である旨を定めている場合、配達証明付きの書面による決議も可能となりますが、この場合でも最低でも総会参加者の出資持分が全出資持分の3分の1以上であることが必要です（82条）。

なお、上記決議事項のうち、定款の変更についてのみ、決議要件が他と異なっており、参加者の持分総額が全出資持分の4分の3以上なければなりません（83条）。

会社の清算

会社の清算とは、メキシコからの撤退または個人事業等の組織変更をした場合に、現在メキシコに存在する現地法人（支店・駐在員事務所）の資産負債を清算し、会社の法人格を消滅（支店・駐在員事務所の場合はメキシコの事務所を閉鎖）させる手続です。

会社の清算手続は、各会社の定款と連邦民法、商事会社一般法の規定によって実行されます。ただし、関連する税制等に注意する必要があります。

ここでは商事会社一般法に定める会社の解散・清算手続の概要を述べます。会社清算に関しては、商事会社一般法の第10章および第11章（229条～249条）に書かれており、手続の概要は以下のとおりです。

■ 解散・清算の事由

会社は、以下の事由が発生した場合に、解散することになります(商事会社一般法229条)。

- 定款に定められた存続期間の満了
- 会社の主たる事業目的の遂行不能、もしくは完了
- 株主による合意（特別総会決議）
- 株主が法律に定められた員数（2名）を下回る場合
- 会社資本の3分の2の欠損

■ 解散・清算の手順

商事会社一般法に基づく解散・清算の手順は以下のとおりです。

なおここでは株式会社の手順について説明します。

① 会社解散の取締役会および特別総会の招集
② 会社解散の特別総会開催（清算人の決定）
③ 解散および清算人の登記
④ 清算事務手続開始
⑤ 清算事業年度貸借対照表の公告
⑥ 清算事業年度貸借対照表の承認
⑦ 残余財産の分配
⑧ 清算人の保存の義務

会社解散の特別総会はスペイン語で、Asamblea General Extrardinaria de Accionistas de Disoluciónといいます。

それではこれらの解散・清算の手順を1つずつ細かく見ていきましょう。

[会社解散の取締役会および特別総会の招集] …… ①

会社解散の特別総会の開催の前に、前述の解散事由が発生した段階で、取締役会を開催することになります。この取締役会において会社解散の特別総会の開催が承認され、それに基づき会社解散の特別総会の招集通知が発送（または公告）されます。この発送（または公告）は、当該特別総会開催の15日前までに行わなければなりません。

[会社解散の特別総会開催（清算人の決定）] …… ②

招集通知の発送（または公告）から15日以内に、会社解散の特別総会を開催します。

当該特別総会において、会社の解散の決定、清算人の任命（複数任命可）、その他必要事項を決議します。

この会社解散の特別総会については、通常の特別総会と同様に、発行済株式の75%を超える株式（議決権）の参加により、法的に招集が認められ、当該参加株式の過半数の賛成により決議されます。

［解散および清算人の登記］…… ③

会社解散の特別総会の決議事項（解散の決定、清算人の任命等）は、公正証書化し、公証人によって登記が行われなければなりません。

この登記により、会社の形態が清算会社へと変化することとなります。つまり営利活動を目的とした形態から、清算を目的とした形態へと変化するのです。そのため、会社の権利も取締役から清算人に移管され、すべての帳簿類と資産も清算人に引き渡されることとなります。

なお、商事会社一般法233条には、この登記の後に新しい業務を発生させてはならない旨が記載されています。

［清算事務手続開始］…… ④

登記によって通常の事業年度が終了し、清算事業年度が開始されます。

清算事業年度においては、新たなビジネスは発生しませんが、現在の残余財産の分配を目的とした清算貸借対照表の作成（資産の売却等）により利益が発生した場合には、税金の支払義務が発生することもあります。

清算貸借対照表の作成に伴い必要となる清算事務は以下のとおりです。

清算事務

- SAT（国税庁）に対する開始通知（1カ月以内）
- 外資登録抹消（40日以内）
- 債権回収
- 債務弁済
- 資産の売却
- その他各種登録の抹消（RFC：納税者登録番号およびRPPC：商業登記を除く）
- 清算損益計算書および清算貸借対照表、清算申告書の作成

登記の段階ですべての事業活動は終結しており、その後に新たに事業が始まることはありません。事業活動を終結させるためにすべての従業員の雇用関係の終了、退職金の支払もこの時点で行うこととなります。

［清算事業年度貸借対照表の公告］……⑤

清算人は、清算の目的となる残余財産の分配案を含めた当該清算事業年度貸借対照表を官報公告しなければなりません（全3回、10日間ごと）。

最終公告日から15日の間に限り、残余財産の分配案に異議のある株主は清算人に対し、異議申立を行うことができます。異議申立があった場合には、清算には再度残余財産の分配案を作成し、再度官報公告を行わなければなりません。

［清算事業年度貸借対照表の承認］……⑥

清算事業年度貸借対照表の官報公告が異議申立なく終了した場合には、会社清算の特別総会（上記の会社解散の特別総会は解散のためのもので、こちらは清算のための特別総会）を開催して、清算事務、清

算最終貸借対照表（残余財産の分配案を含む)、その他、必要な事項を決議します。

なお、会社解散の特別総会と同様に、決議事項は公正証書化し、登記を行います。

この段階で残余財産が確定するため、清算事業年度確定申告書をSATに提出（清算終了の通知および納税含む）し、RFCの登録を抹消することとなります。

また、RPPCについても、登記の段階で会社の法的な消滅が認められるために、自動的に抹消されることとなります。

［残余財産の分配］… ⑦

清算特別総会の決議事項に基づいて、株主へ残余財産の分配が行われます。残余財産による株券の買い戻しの位置付けとなり、買い戻された株券は清算人によって破棄されます。

［清算人の資料保存義務］… ⑧

清算人は清算完了から10年間、関連資料を保管しなければなりません。

■ 事業譲渡等による事業の売却

清算中に事業譲渡や合併などの方法によって、事業を他社に売却するという方法も選択できます。

ただし、事業譲渡の場合は売却した事業の対価が出資先のメキシコ内国会社に支払われるので、この資金を外国会社の株主に分配するためには、当該メキシコ内国会社を清算する等もう1ステップ手続が増えることになります。

また、合併の場合にも合併存続会社の株式が割当てられるので、これを残余財産として分配するため、事業譲渡の場合と同様に手続が増えることになります。

さらに、統合後の人事の重要性など事業譲渡や合併にはたくさんの不確定要素が伴い、社員の職業安定性の問題や合併後のモラル低下を導く恐れがあるため、注意が必要です。

■ 支店および駐在員事務所の閉鎖

メキシコにおいては、民法2736条に、「外国法人の存在、権利、機能、形態、解散、清算、合併等については、当該本国の法律が適用される」という原則が存在する以外に、支店および駐在員事務所の閉鎖に係る明文規定は存在しません。

そのためにメキシコにおける支店および駐在員事務所の閉鎖には、一般的に、次の①～⑤の手続が必要とされています。

①本国の法制に従った支店および駐在員事務所の閉鎖決議の採択、閉鎖に係る代表者の任命等の決議、当該決議事項を本国での公正証書化
②一般業務の終了
③メキシコ経済省外資局へ閉鎖通知の提出および確証の入手
④閉鎖の確証を含ませるよう公正証書を編集
⑤登録の抹消

ただし、実務上の取扱としては、このような簡便な処理とならないことが多々ありますので注意が必要です。

特に支店の閉鎖に関しては、メキシコ内国法人と同様にメキシコ国内でビジネスを行っていますので、債権者の保護等の観点から、法人と同様の手続を経て、閉鎖されるような場合も多く見られます。

そのため会社の清算を行う場合には、必ず現地の専門家の指導の下、各省庁と折り合いをつけながら進める必要があります。

［参考資料・ウェブサイト］

・日本貿易振興機構（JETRO）

「日本からの進出（投資）に関する相手国の制度　会社設立の手続き：メキシコ」

http://www.jetro.go.jp/world/cs_america/qa/03/04J-010344

メキシコ・センター「メキシコにおける会社設立・清算手続き」2009年9月

http://www.jetro.go.jp/jfile/report/07000125/mexico.pdf

・中川和彦「研究ノート／メキシコの可変資本会社制度」 成城大学 經濟研究25号（1967年6月）

http://www.seijo.ac.jp/pdf/faeco/kenkyu/025/025-nkagawa.pdf

・中川美佐子「メキシコにおける監査制度」

http://www.js3la.jp/journal/pdf/ronshu05/ronshu005_01Nakagawa.pdf

VI

会計

会計制度

■ 会計関係の法規

メキシコ会計制度の骨子となる法律は、商事会社一般法（LGSM：Ley General de Sociedades Mercantiles）です。さらに、証券市場法（LMV：Ley de Mercado de Valores）などのいくつかの法律が会計制度について定めています。

メキシコ会計制度の特徴は長年、米国会計基準に依拠するものであったために、近年まで国際財務報告基準（IFRS：International Financial Reporting Standards）の適用を推奨しつつも、米国会計基準を踏襲するものでした。2012年度のIFRSの適用によって、上場企業についてはIFRSを順守することが求められるようになりましたが、中小企業についてはIFRSの順守は求められていませんので、メキシコ特有の基準は現在も残っています。

また、メキシコでは会計監査のみならず、税務監査も行われる場合があるため、他の国に比べて監査期間が長期に渡ることがあります。

■ 会計期間

メキシコにおける会計期間は、1月1日から12月31日までの暦年とされています。

会計期間について、暦年以外は認められていないため、外国企業にとっては、本国との会計期間のズレについて考慮する必要があります。特にIFRSにおいては、関係会社の会計期間を統一する必要があるとされていますので、日本においてIFRSが適用された場合には、日本の会計期間を1月1日から12月31日に変更しなければならなくなる可能性があり、注意が必要です。

■ 会計帳簿

メキシコ企業は、作成した会計帳簿を5年間保存する義務があります。場合によっては10年間の保存を要求される場合もあります。

会計帳簿は、仕訳帳、総勘定元帳などで構成され、記帳言語はスペイン語となります。

■ 内部監査制度

株式会社（S.A.）については、監査役を設置する義務があります。監査役の権限については、期末財務諸表の承認等の他にも財務諸表の定期確認（4半期に1度確認）等、諸々の業務を定款において定めることが可能です。

また、当該監査役については業務上独立した存在であることが求められますので、取締役や従業員の血縁者については監査役となることができません（詳細はV章「会社法」を参照）。

■ 外部監査制度

[会計監査]

監査義務

メキシコでは、メキシコ証券取引委員会に登録された公開会社が、会計監査を義務付けられているほか、大会社（前年度の収益が1億ペソ以上、純資産の金額が7,900万ペソ以上、社員総数が300名以上のいずれかの要件を満たす会社）および大会社の関係会社は、外部監査人による監査を受けることができます。

法律の条文上は“大会社および大会社の関係会社は外部監査人による監査を受けることができる”規定となっていますが、上記に該当する会社は、法律の細かな取扱が確定するまでは、引き続き外部監査人による監査を受けておく必要があると考えられます。2014年度税制改正によって任意となりましたが、それ以前は義務であったために受けなかった場合の影響が不明のためです。

監査の内容

外部監査人による監査は、基本は年1回の監査報告書の作成をもって完了とされますが、上場企業や大会社は中間監査と期末監査の2回の監査を受ける必要があります。メキシコ会計制度は従来アメリカ会計制度に依拠する部分があったために、現在においても当時のアメリカ会計制度と同様に中間監査と期末監査の2つの会計監査が行われているのです。

中間監査は中間決算時において行われます。この段階では、棚卸資産、売掛金、買掛金などの残高確認は含まれず、比較的リスクの少ない分野での監査となります。

期末監査は期末決算時において行われます。この段階では、会計事務所などの立会のもとで棚卸資産、売掛金、買掛金、現金預金、借入金などの各種資産負債の残高確認から、弁護士または法律事務所を介して行われた裁判案件の有無に至るまで、網羅的に監査され、監査報告書が作成されることになります。

監査報告書については、メキシコ会計士協会会計基準設定委員会(CINIF) により雛型が規定されており、その会計監査の基準内容は、国際的な監査基準とほぼ同等のものといえます。

外部監査人による意見には、①無限定適正意見、②限定付適正意見、③不適正意見、④意見差控の4種類があり、継続企業の前提について疑義がある場合には、外部監査人は当該リスクについて言及することが義務付けられています。

[税務監査]

メキシコの監査制度で特徴的な点は、会計のみならず、税務の立場からも監査が行われるという点であり、そのために、メキシコにおける会計・税務監査は数週間かかります。

規定上の記載の方法は、「公開会社、大会社およびこれらの会社の関係会社については、Dictamen Fiscal（税務監査報告書または税務監査意見書と呼ばれる）をSATに提出できるとなっております。

このDictamen Fiscalの制度に関しては、以前は公開会社、大企業およびこれらの関係会社に義務付けられていましたが、2014年より原則的に自由化されています。

ただし、6億4,459万9,005ペソ以上の収益（前年度収益）がある会社は、Dictamen Fiscalを提出していない場合でもDeclaracion Informativa（関係会社取引の情報、海外への送金の情報などの書類）の提出義務があるとされているので、その規定の立てつけはわかりづらいものとなっています。そのためDictamen Fiscalの提出要件を満たす会社については、連邦税務調査部門へ年1回の提出をするべきと考えられます。

Dictamen Fiscalの報告期限については、会社のアルファベット順に報告が行われ、具体的な報告期限はSATから連絡があります。

Dictamen Fiscalは、会計監査済財務諸表、その他の必要情報、税法への準拠に関する独立監査人からの意見書によって構成されています。このような詳細な税務監査が行われるため、メキシコにおいては、日本のように頻繁な税務調査が行われていない点も特徴的です。

また、SATは企業の売上規模により、その管轄が分かれます。前年度の売上金額が50億ペソを超える大口の納税者についてはメキシコ・シティ管轄、それ以外の中小の納税者については本店所在地のSATの管轄となります。

売上金額が50億ペソを超えた場合にはSATからの問い合わせが一気に増える等の事象も予想されますので、懸念事項については事前に精査を行っておくことが必要です。

その他、メキシコ証券取引委員会に登録された公開会社および大会社以外においても、次の場合には会計監査等を受けた財務諸表が必要となります。

［監査済財務諸表が必要となる場合］

・SATによって監査済みの財務諸表を求められた場合
・銀行に対し、融資を申し入れる場合
・M&Aの対象となり、財務諸表のレビューが必要となる場合
・その他一定の場合

［ペナルティ等］

Dictamen Fiscal等の内容によっては、SATから指摘を受ける場合があります。

その場合には、収入、原価、経費などの納税に係る項目を詳細に調査されることになります。また、SATから所得金額の修正等を指摘された際、異議申立をしない場合には、延滞金と併せて追加納税をすることになります。

ただし、ほとんどの場合には、SATからDictamen Fiscalを作成した会計士に直接質問がいくので、税務監査等がしっかりしていれば問題ありません。SATから直接の指摘を受けないためには優秀な会計士を探すことが非常に大切になります。

また、メキシコにおける各種監査は、数週間にわたり行われることが一般的なので、会計士への報酬額も他国に比べ増加することになります。

【メキシコ会計基準まとめ】

項目	内容	補足
関連法	商事会社一般法、証券市場法など	商事会社一般法：Ley General de Sociedades Mercantiles 証券市場法：Ley de Mercado de Valores
担当行政機関	メキシコ会計士協会会計基準設定委員会	通称：CINIF
記帳言語	スペイン語	
会計通貨	ペソ	ドル口座を持つことはできるが、年度末においてペソへの換算を行う
帳簿保存期間	原則5年(場合によっては10年)	
会計期間	原則12カ月	暦年（1月1日から12月末日）
メキシコ会計基準の遵守	IFRSおよび会計監査	メキシコ証券市場に上場している企業、また未上場の企業にあっても、前年度の収益が1億ペソ以上、総資産7,900万ペソ以上、社員300名以上を満たす企業は会計監査等が必要。また、中堅中小企業については、メキシコ会計基準の適用が認められている
開示内容等	中間監査および期末監査	中間監査においては、棚卸資産、売掛金、買掛金の残高確認は含まれず、簡易的な監査が行われる。一方、期末監査においては、会計事務所の立会のもとに、棚卸資産、売掛金、買掛金、現金預金、借入金等の残高確認、また、裁判案件の有無に至るまで網羅的な監査が行われる
	税務監査	会計監査済の財務諸表等の税法への準拠について独立監査人からの意見書、その他の情報等によって構成される。また、メキシコには税務監査が存在するために、日本のように税務調査が頻繁に行われることはない

IFRS（国際財務報告基準）への対応

従来メキシコのIFRSへの対応は、全面適用（Adoption）とするのではなく、日本と同様に独自のメキシコ会計基準をIFRSに順次適応させていく方針（Convergence）を選択していましたが、2012年の改正により、上場企業については全面適用が求められることとなりました。

上場企業は、IFRSの導入を求められていますが、メキシコ会計基準は、IFRSの考え方に似ているところも多いために、メキシコ会計基準の理解があれば、IFRSについて基本的な理解をすることは特段難しくありません。

ただし、繰延PTU（Participación de los Trabajadores en las Utilidades de la Empresa：労働者利益分配金）に関する基準や工事契約に関する入札コストの取扱等、IFRSには規定されていない特別な基準も一部存在しています。

それでは、具体的にIFRSとメキシコ会計基準の違いを見ていきましょう。

【IFRSとメキシコ会計基準の違い】

項目	IFRS	メキシコ会計基準
金融資産	IFRSにおいては保有目的ごとに分類される。①売買目的投資（トレーディング目的）または公正価値オプション、②満期保有投資、③貸付金および債権、④売却可能金融資産、これらの保有目的ごとに分類され、その評価方法は、公正価値で測定するものと償却原価で測定するものに分かれている	IFRSと同様にその保有目的ごとに分類されている。①トレーディング目的、②満期保有目的、③売却可能資産、ただし、貸付金および債権については金融商品のカテゴリーには含まれておらずにその評価方法はIFRSによる評価方法とは異なる

貸付金および債権	国際会計基準（IAS）第39号において、有価証券と貸付金および債権は区分が行われておらずに、ひとくくりに金融商品と認識される。そのために有価証券であっても貸付金および債権の定義を満たす場合には、貸付金および債権と分類することができる。その評価方法は実効金利法に基づく償却原価で測定され、定額法は認められていない	有価証券とは明確に区分されており、たとえ有価証券が貸付金および債権の定義を満たしたとしても、貸付金および債権と分類することはできない。その評価方法は償却原価法を用いることはIFRSと同様だが、IFRSが実効金利法と明確に定義されているのに比して、メキシコ会計基準では「適切な利率で割引いた金額」と算定方法に幅を持たす書き方をしている
棚卸資産	棚卸資産の評価は原価または正味実現可能価額のいずれか低い金額によって評価されることとなる。上記の原価には、①購入原価、②加工費、③棚卸資産が現在の場所および状態にいたるまでに発生したその他の原価、のすべてを含む。また、取得時には取得原価が貸借対照表価額となるが、価値が下落した場合の再評価については、再度、再調達原価または正味実現可能価額のいずれか低い金額によって評価されることとなる。当該原価には、再調達原価の概念も含まれるため、製造業の原材料等のように正味実現可能価額の把握が困難な場合には、再調達原価によって評価することが多い。なお、原価算定方法については、加重平均法、先入先出法、個別法（売価還元法、標準原価法）が認められている	棚卸資産の評価は直接原価計算による原価法の使用を許可している。つまり固定間接費（左記の③棚卸資産が現在の場所および状態にいたるまでに発生したその他の原価）はその原価には含まれず、IFRSのいう原価とは異なる。また、基本的にはIFRSと同様に取得原価が貸借対照表価額となるが、価値の下落があった場合には、取得原価と時価のいずれか低い方により評価を行う。当該時価とはIFRSのいう正味実現可能価額とは異なる場合がある。また、原価算定方法としては、加重平均法、先入先出法、個別法（売価還元法、標準原価法）がIFRSと同様に認められている。 ※なお、後入先出法が以前は認められていたが、2014年の税制改正により、現在では認められていない

有形固定資産	有形固定資産の当初認識後の評価は、原価モデルまたは再評価モデルのいずれかにより測定され、当該測定方法を同種の有形固定資産全体に適用する必要がある。原価モデルとは、取得原価から減価償却累計額および減損損失累計額を控除した価額で評価する方法であり、再評価モデルとは、再評価実施日における公正価値から減価償却累計額および減損損失累計額を控除した価額で評価する方法である。実務上、再評価モデルは煩雑であるために原価モデルが多くの企業により採用されている。残存価額、耐用年数および減価償却方法については、基本的に年度末においてその方法を見直す。予測が以前の見積と異なる場合には、会計上の見積の変更として処理するが、過去の会計年度にわたって遡及することはない	原価モデルが採用され、当初の取得原価から減価償却累計額および減損損失累計額を控除した価額が貸借対照表価額となる。また、IFRS の残存価額、耐用年数および減価償却方法については見直しが行われるが、メキシコ会計基準においては、当初適用された残存価額、耐用年数および、原価償却方法が継続して適用される
資産の減損	減損の兆候がある場合には、減損テスト（資産の回収可能価額と帳簿価額の比較）を実施して、資産の回収可能の価額が帳簿価額を下回っている場合に、減損損失を計上する。この資産の回収可能価額は、資産の公正価値と使用価値のいずれか高い金額をもって認識される。当該使用価値は将来キャッシュフローの割引現在価値によって評価されるが、当該割引率については税引前の割引率が使用される。過年度の減損損失の戻入は、特定の状況において認められている（のれんは除かれる）。減損の戻入については毎期検討を行う必要がある	メキシコ会計基準の減損の取扱はIFRS と非常によく似ている。メキシコ会計基準においても、減損の兆候がある場合には、減損テスト（資産の回収可能価額と帳簿価額の比較）を実施して、資産の回収可能の価額が帳簿価額を下回っている場合に、減損損失を計上する。この資産の回収可能価額は、資産の公正価値と使用価値のいずれか高い金額をもって認識され、当該使用価値は将来キャッシュフローの割引現在価値によって評価される。ただし、メキシコ会計基準における減損会計のガイダンスには、税引前のレートを利用するとは記載されておらず、その部分に幅が設けられている。また、IFRS では減損の戻入についてのれんの戻入は認められていないが、メキシコ会計基準においてはのれんの戻入も一定の条件の下で認められている

無形資産	無形資産の耐用年数等の指標は1年に1度見直す必要がある。また、耐用年数が確定できない無形資産については耐用年数を1年に1度見直すのではなく、減損テストを1年に1度行う必要がある	無形資産の耐用年数等の指標の見直しは、必ずしも1年に1度行わなくてよい
金融負債	①実効金利法を用いた償却原価により評価されるもの。②純利益を通じた公正価値により評価されるもの、のいずれかのカテゴリーにそのキャッシュフロー特性に基づき分類される	利息の支払義務や負債勘定が発生したときに、当該負債を認識し、償却原価法により評価される（ただし、実効金利法などの具体的方法の記載はない）
インフレ会計（P.203を参照）	インフレ会計を適用するための具体的なインフレ率等は定められておらず、利害関係者の判断を誤らせるほどのハイパーインフレーションがあった場合には、インフレ会計を採用するべきと定められている	3年間のインフレ率の累計が、26%を超えた場合には、ハイパーインフレーションとしてインフレ会計の導入が求められている
解雇手当	解雇を行うことが従業員との間で確約されている場合に初めて認識できる	解雇が未確定であっても引当金を計上する必要がある

その他、メキシコ特有の制度である労働者利益分配金（PTU）について、メキシコの会計制度上、会計上の利益額とPTU算定のために用いる利益額との差額については、繰延PTUとして貸借対照表上に表示する必要があるといった違いがあります。

インフレ会計

インフレ会計とはインフレーションのときに生じる価格変動に対して行われる企業会計のことです。

メキシコ会計基準におけるインフレ会計の目的は、単一な数値基準を設け、すべての企業が公平にインフレの影響を財務諸表に取り込むことを目的としています。

一方、IFRSにおけるインフレ会計の目的は、提供される財務諸表が利害関係者の意思決定に資する情報となることにあります。

そのため、3年間の累積インフレ率が26%を超過した（ハイパーインフレーション）場合にインフレ会計を適用するメキシコ会計基準に対し、IFRSのインフレ会計にはそのトリガーとなるインフレ率が一律に定められておらず、企業によってさまざまなトリガーのインフレ率が定められることとなります。

インフレ会計を適用する場合には、財務諸表の表示にあたり、一般物価指数等のインフレ率を含めた価額により資産を再評価して、再表示することとなります。

また、その際に発生した評価差額については会計上の利益または損失として計上します。なお、当該評価差額については税務上の所得計算には影響しません。

現在は、メキシコのインフレ率は安定して推移していますが、過去には突然変動が起こることもありましたので、インフレ率は常に注意を払っておく必要があります。

メキシコ会計制度の課題と問題点

メキシコでは、①商事会社一般法等の関連法令をすべての事業体に適用させ、②すべての企業にIFRSまたはメキシコ会計基準への準拠を求め、③すべてのFactura（請求書）、領収書等の証憑を電子データで国のシステムと連動させ、④月次納税申告により月次ごとにその会計データを確定させ、⑤会計監査のみならず税務監査も行う、という厳格な制度設計をしています。

しかし、実際には中小企業の場合は基準どおりの処理を行うことがそもそも難しい、インフォーマル経済が発達している、SATや関連機関の対応が雑および遅いなど、制度に実務が全く追いついていないのが現実です。

■ 専門家による見解の相違

メキシコは制度に実務が全く追いついておらず、また、制度（特に新設されたばかりの制度）についても内容が曖昧なことが多く、専門家によって意見がさまざまに食い違うことがあります。そのため、日本企業の中にはセカンドオピニオンをつけて、制度の検証を行っている企業も多くあります。

ただし、専門家による意見については、オピニオンベースとされることが多いために、最終的な判断は自社で行わなければならず、専門知識のない人が意思決定をすると、後に思わぬ障害が発生する場合も考えられるので注意が必要です。

■ 会計事務所の選定

メキシコでは多くの企業が会計業務を外部の会計事務所に委託していますが、決算が期限までに締まらない、数字を曖昧に作って翌期に調整する、請求書の発行が3カ月遅れる、スケジュールを作成せずに資料を突然、または都度要求するなど、諸々の問題を抱えている会計事務所が非常に多くあります。

特に時間の感覚は日本人とはかなり違いますので、会計事務所選びに関しては、時間感覚という部分を1つのポイントとして入念に行う必要があります。

また、大手の会計事務所になると、実際に自社で採用して数字を作るよりも高額になることがよくあるので、どの段階でどのように自計化するかについても進出の段階で考慮する項目となります。

■ SATの対応

メキシコではSATの担当者によって、法的な判断が異なります。そのために担当者の配置換え等により、従前の担当者には認められていたことが、新たな担当者には認められないことも往々としてあります。

また、担当者によって求められる書類が違い、一般的な経験則が通用しません。そのため、SATとのやり取りでは都度求められる書類を確認する必要があります。

政権交代などの影響で大幅な担当者の配置換えが起こるような確率は高く、あらかじめ担当者に内容を確認するといった対策を考えておくことが必要となります。2012年の政権交代の際も、当局内での引継等が、おそらく満足に行われなかったため、手続を最初から始めなければならない事態等も発生しました。そのため政権交代などの大きな事象には特に注意が必要です。

2014年度法改正関係

■ 電子化対応

[Factura 等の電子化対応]

すべてのFactura（請求書）に関して、電子化対応が必要となりました（受領メールに付されるXMLファイルに関しても保存する必要があります）。

また、それに伴い会計上および税務上の各種エビデンスに関してもインターネットを通じて提供する等の対応が必要となっています。

[会計データの電子報告]

SAT宛ての月次の申告納税が電子報告にて行われていますが、併せて納税者の会計データも毎月電子報告をしなければならなくなりました。

[納税者メールボックスの設置]

法人に関しては2014年6月30日以降、個人に関しては2015年1月1日以降、SATとのすべてのやり取りに関しては納税者メールボックス（Buzon Tributario）を通じて行われ、その他の手段（手紙や郵便物を含む）で行われた場合においても、納税者メールボックスに在る情報が優先されるようになりました。

当該納税者メールボックスの確認に関しては、SATからメールが送られた日から、3営業日以内に開封したものとみなされるために、納税者メールボックスを適宜チェックすることが必要となります。

各種還付申請についても、当該納税者メールボックスにて行われ、不備がなければ40日以内に還付が行われます。

[税務調査対応]

税務調査が行われる場合も、上述の納税者メールボックス内にある情報を基に実施されることとなります。SATからの追加納税額の計算については、メールボックスに在る情報がすべてであるため、SATによる推計課税の可能性に備えて情報をメールボックス内に確実に残しておくなどの注意が必要です。

当該追加納税額に関して、反論がある場合には15日以内にSATに対して異議申立を行い、SATは当該異議申立から45日以内に追加納税額についての回答をすることになります。この際に追加の資料を要求された場合には、10日以内に提出しなければなりません。

SATの最終結果に関しては追加の資料の要求がない場合には異議申立から45日以内となりますが、実務上はすべての資料が揃ってから40日以内に通知されるのが基本です。

■ 情報登録の強化

[銀行口座開設]

銀行口座の開設には、個人も法人も納税者登録番号（RFC）が必要となりました。RFCの登録住所において、納税者と連絡がつかない場合には、SATは銀行に預金情報等の開示を求めることができ、一定の要件を充たす場合には、当該預金口座の凍結、預金の差し押さえ等を行う権利も付与されました。

[金融機関の義務]

金融機関は、顧客の口座および貸付金情報等をSATに提出しなければならなくなりました。

[立ち入り調査]

SATは、納税者のRFCの登録住所でない場合であっても、一定の要件を充たす場合には、その登録住所以外の場所への立入調査および差し押さえを行うことが可能となりました。

[SATによるインターネットへの公示]

個人および法人を問わず、納税義務を履行しない者、税務上有効なFactura等を発行していない者（Facturaやその他税務書類に誤字がある場合も含む）、その他不当に税金を減らそうとした者などについては、SATが当該情報をインターネットに公示することが可能となりました。

特に前述のように、誤字であったとしても不正とみなされるという文言が、実際の規定として盛り込まれているために注意が必要です。

[時効の延長]

税務関連の時効については、最大10年まで延長されました。

[参考資料・ウェブサイト]

・ 企業会計基準委員会　公益財団法人　財務会計基準機構

「2007 年 世界会計基準設定主体（WSS）会議報告」

https://www.asb.or.jp/asb/asb_j/iasb/liaison/wss/wss_2007.jsp

・ IAS Plus

'IAS 16 — Property, Plant and Equipment'

http://www.iasplus.com/en/standards/ias/ias16

'IAS 29 — Financial Reporting in Hyperinflationary Economies'

http://www.iasplus.com/en/standards/ias/ias29

'IAS 37 — Provisions, Contingent Liabilities and Contingent Assets'

http://www.iasplus.com/en/standards/ias/ias37

VII

税務

メキシコにおける税務

メキシコの租税体系

メキシコに居住している場合、またはメキシコ企業と取引を開始する場合や、メキシコ国内においてビジネスを行う場合は、必ず税金の問題が発生します。この認識がない状態で取引を行えば、後で思わぬ税負担が発生することも珍しくありません。

この章では、メキシコにおける税制の全体像、個別の税目の解説から、国際間での税務問題までを解説します。

2013年10月に、2014年度の税制改正が行われました。2013年度までのメキシコ税制度と2014年度からのメキシコ新税制度において、過渡期が存在する前提で2013年度に廃止された制度についても、ともに説明していきます。

今回の税制改正の最も大きな変更点は、企業単一税（IETU：Impuesto Empresarial a Tasa Única）および現金預金税（IDE：Impuesto a los Depósitos en Efectivo）の廃止となります。

IETUに関しては、法人所得税（ISR：Impuesto Sobre la Renta）のミニマムタックスとしての役割を果たしていましたが、今回の税制改正において法人所得税に一本化されました。

また、IDEに関しては、インフォーマル経済に対する規制という役割を果たしていましたが、今回の税制改正においてインフォーマル経済に対する規制は、マネーロンダリング関連法にその役割を移しています。

■ 税目の種類

メキシコにおける主な税目については、以下のとおりとなります。

	直接税	間接税
連邦税	法人所得税（ISR）	付加価値税（IVA）
	個人所得税（ISR）	輸出入関税等
	企業単一税（IETU）（廃止）	生産サービス特別税
	現金預金税（IDE）（廃止）	—
地方税	給与税 不動産取得税 不動産所有税 宿泊税等	

［連邦税］

メキシコの税金はほとんどが国税であり、法人・個人所得税（ISR）、付加価値税（IVA：Impuesto al Valor Agregado）などがこれに該当します。国税の課税主体は連邦政府となります。

上記のとおり、2014年度の税制改正によりIETUおよびIDEが廃止となり、税体系が簡素化されていますが、損金算入額に対し制限が設けられるなど税金の総支払額は増える見込みとなります。

［地方税］

地方税とは、個人および法人に対して課される税金であり、その課税主体は州政府もしくは地方自治体となります。メキシコの地方税の税目としては、給与税、不動産取得税、不動産所有税、宿泊税などがこれに該当します。

■ 税法の体系

メキシコの税法の体系は、下記の図のとおり、憲法および租税条約が各個別税法の上位概念として存在しています。

また、税法の改正の内容を含んだ歳入法が毎年改定されるため、毎年何らかの税制改正が行われます。なお、当該税制改正が違憲と考えられる場合には、納税者はAMPAROと呼ばれる異議申立書を提出することが可能となります。

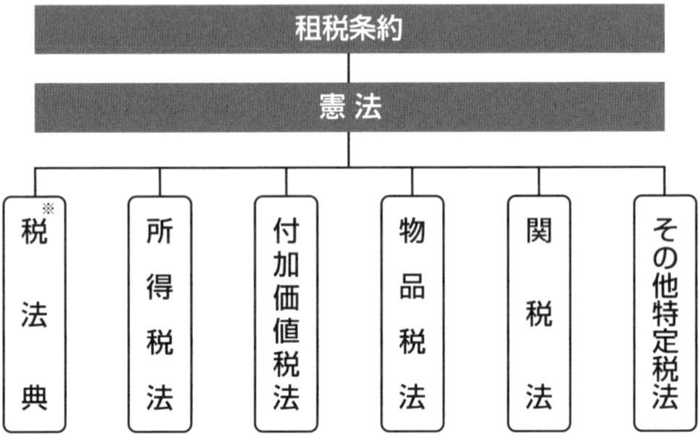

※ 税法典は、税金・納税者の定義、行政手続等の基本的な事項を定めている

■ メキシコ税制の特徴

メキシコにおける税制の特徴をまとめると、右記のとおりとなります。

特徴	内容
月次予定納税	ISRについては、月次での見積税額の納税が要求されている。年度の確定申告において、確定申告額と月次納税額との差額を納付することとなる。なお、IVA等についても月次での申告が要求される
インフレの影響	ISRの計算においても、インフレーションの影響を加味した課税所得の計算が行われる
PTU（労働者利益分配金）	PTUの計算については、課税所得に一定の調整を加えて計算されるため、ISRの課税所得金額の計算に連動している
キャッシュ・ベース	ISRの課税所得計算において、収益・費用ともに現金の収受額および支払額をベースとして認識を行う傾向にある
形式重視	メキシコの税制の特徴としては実質よりも形式を重視する傾向が強い。そのため、法的要件を満たした書類等の整備は必須条件となる
毎年の税法改正	税法改正の内容を含んだ歳入法が毎年改定されるため、毎年税法が改正される。また、歳入法成立後、細則として実務指針が公開されるため、実務指針を含んだ税制改正の内容の把握が必要となる
税務訴訟	メキシコでは頻繁に税務訴訟が行われており、違憲等の理由により、不適合と判断された場合には、法律が将来的に改正される可能性がある
Tax Report	特定の規模以上の企業については、会計士による税務監査報告書（Dictamen Fiscal）の提出ができる。なお、税務調査は監査担当会計士に対して行われるため、監査人である会計士との関係は非常に重要

メキシコ進出に係る税務

進出の際の税務

■ 拠点を設けずにビジネスを行う場合

メキシコに拠点がない場合でも、メキシコにある会社と取引を行う際には、その取引に付随して税金の問題が生じてきます。

メキシコ国内に拠点が存在しない場合には通常「非居住者」とされ、メキシコにおいて発生した所得にのみ、メキシコの租税法に基づき、課税が行われることになります。

また、拠点がない場合であっても、メキシコにおいて恒久的施設（PE：Permanent Establishment）認定という形で課税が行われるケースがあるため、注意が必要です。

■ 拠点を設置してビジネスを行う場合

メキシコでの取引が本格的になってくると、現地に拠点を設けてビジネスを展開していくことになります。以下では、駐在員事務所、支店、現地法人など、進出の形態ごとに関連する税務規定を検証していきます。

[駐在員事務所を設けて活動する場合]

駐在員事務所（Oficina de Representación）については、民法2736条において「メキシコ国内に常態では商行為を行わない外国法人」と規定されているため、基本的に所得が発生することはありません。

よって、駐在員事務所自体に対する直接的な所得課税のリスクが生じることはありませんが、この駐在員事務所がPEとして認定される場合には、メキシコに営業拠点があるものとみなされ、外国法人として、そこで発生したとされる所得に対して法人所得税（ISR）が課されることとなります。

[支店などの営業拠点を設けてビジネスを行う場合]

支店（Sucursal）については、外資法17条において「メキシコ国内において常態で商行為を行おうとする外国法人」と規定されており、基本的にメキシコを源泉地国とした所得が発生します。

上記の駐在員事務所との間には、これ以外に明確な違いはなく、常態で商行為を行うか否かによって判断されることとなります。

外国法人がメキシコにおける支店で活動する場合、税法上は非居住者に該当し、メキシコ国内で発生した所得に対して課税（源泉地国課税）されます。

[現地法人を設けてビジネスを行う場合]

現地法人を設立した場合には、メキシコの内国法人となるため、メキシコを含むすべての国で発生した所得に対して、メキシコにおいて課税されます（全世界所得課税）。

また、メキシコ以外の国で発生した所得につき、当該他の国において既に課税がなされ、メキシコとの二重課税となる場合には、外国税額控除の規定を適用することにより、その二重課税部分につき、メキシコにおいて納付すべき法人所得税額から控除することになります。

日本、メキシコについては両国間の租税条約において外国税額控除が定められているため、これに従って二重課税部分を調整する形になります。

■ 投資還流方法についての検証

メキシコへ進出し、現地での活動を通じて利益が発生した場合、この利益を留保して再投資するか、親会社に還流するか、という問題が発生してきます。

現地において再投資をする場合には、税務上の問題は特段生じませんが、日本にある本社または親会社へ利益を還流する場合には、その還流方法により税務上の取扱が異なります。

[支店 ➡ 本店への還流]

日本企業がメキシコに支店を設置し、そこで発生した利益を日本の本店へと還流する場合、メキシコには利益送金に対する課税はありませんので、特段課税がない状態で本店へと利益を還流することが可能となります。

[子会社 ➡ 親会社への還流]

メキシコの子会社で生じた利益を日本の親会社へ還流する場合、その方法としては以下のものがあります。

①配当により親会社へ還流する方法
②親会社との取引を通じて還流する方法

①を行う場合、メキシコ子会社からの配当金支払時における源泉税率は原則10%となります。日墨租税条約では配当金支払時の源泉税率は、親会社への配当であれば5%（関係会社以外への配当15%）と規定されていますので、租税条約を適用することで、有利な源泉税率により親会社へ配当を行うこととなります。

2014年度の税制改正前は、メキシコ国内法の配当に係る源泉税率は0%であり、両国間の租税条約で定められた5%の源泉税率よりも有利でした。そのためプリザベーション・クローズ（国内法が租税条約よりも有利な場合に、国内法を優先適用すること）により、0%の税率で親会社への還流を行うことができましたが、税制改正によって租税条約の5%の源泉税率を適用することとなります。

また、配当を受け取る日本の親会社にとっては、配当は所得として法人税の課税対象になります。しかし、外国子会社から受け取る配当については、配当額の95%分を益金不算入とする「外国子会社益金不算入制度」があります。適用を受けられる対象は、以下のとおりです。

【外国子会社からの配当に係る益金不算入制度の対象となるための要件】

出資比率	国内親会社が外国子会社の発行済株式など 25% 以上の株式等を保有していること
株式保有期間	上記株式等を配当の支払義務が確定する日より6カ月以上前から引き続き直接に保有していること

②を行う場合、親会社に対しての経営指導料やシステム使用料の対価、ロイヤルティなどの支払時に、国内法では非居住者に対する源泉税率25%または30%の税率が適用されます。

ただし、日墨租税条約で源泉税率10%の適用が認められているため、実際は上記の国内法に比べて有利な租税条約の税率を適用することとなります。

国内税務

個人所得税

メキシコに居住する個人や日本から派遣されている現地駐在員について、個人所得税（ISR）を計算する場合、まずその対象となる人がメキシコの個人所得税法上、「居住者」であるか「非居住者」であるか、つまり対象者の居住性が重要となります。

この居住性により、課税される所得の範囲が異なってきます。

■ 居住者の定義

メキシコでは以下の要件を満たす場合に居住者として区分されます。

・メキシコに住所を有する個人
・12カ月以内に183日以上メキシコに滞在している者

「居住者」「非居住者」の区分により、課税される所得の範囲は以下のように異なります。

■ 課税される所得範囲

メキシコの居住者の場合はメキシコ国内の所得だけではなく、その他の国において発生した所得のすべてがメキシコで課税されます。いわゆる、全世界所得での申告が必要となります（所得税法153条）。

【課税所得の範囲】

所得	居住者	非居住者
メキシコで発生	課税	
メキシコ以外の国で発生	課税	非課税

■ 短期滞在者に対する給与所得（日墨租税条約15条）

租税条約においては、給与所得について、実際の勤務が行われている国でのみ課税されると記載されています。つまり、給与の発生源泉である“勤務”が行われていない場合には、給与所得に対してその国で課税が行われることはなく、実際の勤務地において課税されることとなります。

日本からメキシコに出張する場合、以下の3要件を満たす場合には、支払われる報酬または給与に対してメキシコ側で課税されません。

基準	要件
滞在日数基準	継続するいかなる12カ月の期間においても、その滞在日数の合計が183日を超えないこと
給与支払地基準	報酬または給与が日本側で支払われていること
給与負担基準	報酬または給与がメキシコ国内におけるPE（恒久的施設）等において負担されていないこと

■ 役員報酬に係る課税（日墨租税条約16条）

給与等に関しては、原則としてその国において勤務していない場合には、課税されません。つまり、日本からメキシコへ従業員が出向した場合、日本で勤務しない限り、日本側で給与に対して課税問題が生じることはありません。

しかし、日本の会社から役員報酬を得ている役員等がメキシコに居住者として駐在する場合は、日本非居住者かつ日本国内の勤務実態がなくても、役員報酬は日本側で課税されるため、注意が必要です。

■ 課税期間

課税期間は、メキシコ税法に基づき、例外なく1～12月（暦年課税）が適用されます。営業開始月が1月以外の場合においても12月で当該年度の課税期間を締切ります。

■ メキシコにおける所得税額の計算

メキシコにおける所得税計算については、次の図の手順で計算します。

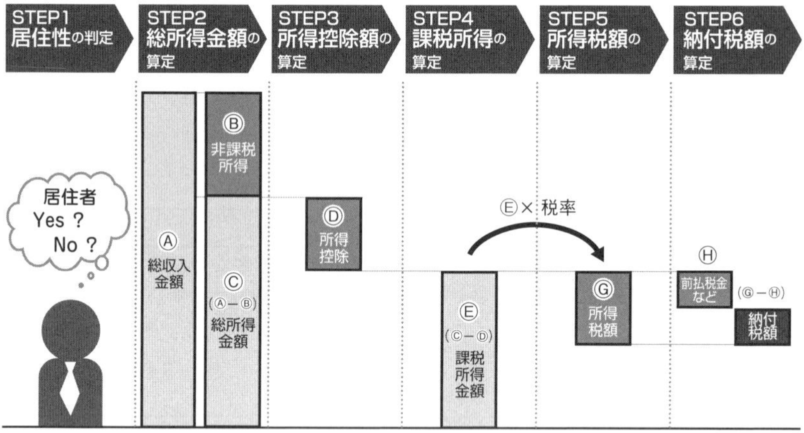

まず、その年におけるすべての収入を課税される収入（課税所得）と非課税とされる収入（非課税所得）とに区分する必要があります。

以下において、課税所得および非課税所得、所得控除、税率等について記載します。

[課税所得の範囲]

所得税の計算対象となる課税所得については、次表のとおりです。

【計算対象となる課税所得の区分と内容】

項目	内容
給与所得 (所得税法：LISR 94条)	・雇用関係によって支払われた給与・手当等、退職時に受け取った収入※1 ・政府、地方行政、軍隊などから支払われる報酬その他の収入 ・取締役および管理職のために支払われる報酬および一般管理費（福利厚生に該当しないもの） ・退職金および老齢年金※2 ・その他一定の収入 ※1 現物による給付も含み、現物での給付の場合には、その取得金額の12分の1を月額給与に含め納税（源泉徴収）を行う ※2 退職金や老齢年金については、退職時の最終給与額に対する税率を適用する
事業所得 (LISR 100条)	・商業、工業、農業、畜産業、漁業などの事業活動から得られる収入 ・個人事業主およびプロフェッショナルサービス等から得られる収入で給与所得に該当しないもの
賃貸所得 (LISR 114条)	・不動産の使用の対価として収受する賃貸収入 ・借地権等の設定の対価となる権利金などの一時金収入
資産売却による譲渡所得 (LISR 119条)	・財産の処分による収入 ただし、連邦法に基づく財産の処分に関するもの、相続による所有権の移転に関するもの、一定の有価証券の売却等に関するものなどを除く
上場株式売却による譲渡所得 (LISR 129条)	・メキシコに上場している会社の株式、市場価値のある金融商品の売却による収入など（10%を源泉税として、仲介業者〈証券会社等〉を介して支払うことになる）
資産取得による所得 (LISR 130条)	・寄附、拾得、時効による資産取得等による収入 ただし、税務当局に許可された金額を限度とし、それを超える金額は、上記の資産売却による譲渡所得に該当する
利息所得 (LISR 133条)	・預貯金や公社債の利子、保険の返戻金の一部など また、実質金利法を適用するために、インフレ等があった場合には所得金額の算定に際してインフレ調整を行うこととなる
賞金所得 (LISR 137条)	・法律で認められたくじ、賭博による賞金収入
配当所得 (LISR 140条)	・メキシコ居住者（企業）から支払われるすべての配当（10%を源泉税として、支払うこととなる）
その他の所得 (LISR 141条)	・債務放棄や代理弁済を受けた際の収入 ・外国為替差益等に該当する収入 ・PEではない非居住企業への投資による収入 ・その他一定の収入

[非課税所得]

所得税の課税対象については、個人が受けた収入がすべて所得とされる訳ではなく、所得税法（LISR：Ley del Impuesto Sobre la Renta）上、非課税と規定されている所得もあります。主な「非課税所得」については、次表のとおりです。

【主な非課税所得と内容】

非課税所得	内容
従業員に対する非課税福利厚生費等	・従業員に対する通勤費等の補助に関しては、所得税法上は非課税となる 2014 年度の税制改正において、この非課税福利厚生費について大幅な改正がなされた。 非課税福利厚生費になりえる支出（従業員に対する各種支出）には、給与・賃金・給金・日当、賞与、補償金、休暇手当・休日手当・皆勤手当、PTU、生命保険料、医科・歯科・入院費用の還付額、福利厚生費、医療保険料、貯蓄基金、食費補助、飲食店消費補助、ガソリン、衣料品引換券、交通費補助、組合費、年金基金、勤続手当、各種イベント費用、労働不能助成金、学費、家賃補助、学用品等の補助、葬儀費用、融資金利、残業手当、定年退職金、退職積立金などがあるが、これらの支出について、「個人所得税上、非課税福利厚生費に該当する場合には、法人所得税において、その支出額の 47% または 53% のみを損金算入とする」とされた。 つまり、労働者は個人所得税を支払わず、その分の税金を会社が負担するように改正された。実際に損金不算入に該当する支出か否かは、外部専門家等に確認するのが望ましい
農業等に特化した企業からの所得	・農業、畜産業、漁業、林業に特化した企業における従業員に関しては、これらの活動から得られる収入（最低賃金の 20 倍まで）には所得税を支払う必要はない

[所得控除額]

所得税が課税される所得金額については、収入金額から、その収入を得るために支出した金額を控除して算出します。ただし2014年度の税制改正により、最大で9.5万ペソの控除制限が設けられました。

所得金額から控除することができる費用には、以下のようなものが挙げられます。ただし、給与所得のみの納税者に対しては、この所得控除は認められていません。また、銀行の残高入出金明細を支払事実の証憑として準備したとしても、それだけでは控除の根拠とはならないことに留意する必要があります。

【所得控除項目】

控除可否	費用項目
控除可能な費用	・利息 ・社会保険料 ・私的年金保険料 ・高等教育経費 ・葬儀代 ・医療費（ただし、現金で支払った分については控除不可） ・寄附金　　等
控除不可の費用	・所得に貢献しない費用 ・支払済所得税 ・自己都合目的の費用 ・交際費として発生した費用（個人負担） ・罰金 ・臨時的偶発的な費用 ・その他費用

実際には、各所得の種類によって所得控除項目が変わってきます。一般的に、上表に記載している費用項目等を、所得の種類に合わせて、所得金額から控除することとなります。

また、LISR 147条において、所得控除を受けるための詳細な要件が次のとおり定められています。

所得控除の要件（LISR 147条）

・所得を獲得するために必要不可欠な費用である
・投資金額のうち、建物の取得価額の5%、設備の取得価額の10%、コンピュータ等の備品の取得価額の30%、それ以外の資産については取得価額の10%までを所得控除額の上限とする
・リース契約の場合には、LISR 38条に該当するリース契約である
・2,000ペソを超える支払は、小切手やクレジットカードなどの電子システムを利用している
・納税者登録番号を取得している
・所得控除は、契約を定め、税務要件を満たした領収書、インボイス、その他の証憑（メキシコ社会保険庁〈IMSS〉への支払証憑など）を根拠に行われている
・小切手の支払では、それが取りつけられた課税年度において所得控除が行われている
・輸入品に対する支払の場合には、関税やIVAの支払、その他の法的要件を満たしている
・その他各種控除の要件を満たしている

なお、LISR 148条に掲げる各種支払については、所得金額から控除することはできません。列挙されている所得控除不可の支出項目は以下のとおりです。

所得控除不可支出（LISR 148条）

・納税者による所得税の支払
・第三者に対する助成金等の支払
・社会保険料の雇用主負担分
・自己都合目的のための支払
・寄附金等の支払

・ペナルティや損害賠償の支払
・所得に貢献しない各種支払
・IVAおよびサービス税の支払
・臨時的、偶発的な損失
・交際費の支払
・その他一定の支払

規定の立付としては、これらLISR 147条および148条が、所得控除に関する前提条件としてあると考えられます。この前提条件を満たした支出のうち、所得控除の規定に該当するものが所得金額から控除される費用として認められます。

■ 税率

所得税法上の個人所得税が課される居住者に対しては、上記から算出された総収入金額から各種所得控除額を差引いた課税対象となる所得の額に応じて、11段階の累進税率が適用されます。非居住者の税率はその所得の内容により異なり、LISR 153条～175条に基づき、多くの場合には25%の税率が適用されることになります。

【居住者の課税所得における税率】

課税所得（ペソ）			税率（%）
0	～	5,952.84	1.92
5,952.85	～	50,524.92	6.40
50,524.93	～	88,793.04	10.88
88,793.05	～	103,218.00	16.00
103,218.01	～	123,580.20	17.92
123,580.21	～	249,243.48	21.36
249,243.49	～	392,841.96	23.52
392,841.97	～	750,000.00	30.00
750,000.01	～	1,000,000.00	32.00
1,000,000.01	～	3,000,000.00	34.00
3,000,001.01	～		35.00※

※ 2014年度の税制改正において、最高税率が30%から35%へと改正

■ 申告・納付手続

個人所得税の申告期限は、年次申告の場合と月次申告の場合とでそれぞれ定められています。

年間の収入合計が40万ペソ、金利収入が10万ペソ超の場合、年次申告が義務付けられています。また、家賃収入が月に約1万9,687ペソ以上ある場合、3カ月ごとに予定納付義務があります。

年次申告の申告納付期限は4月15日であり、納税義務者はそれまでに申告書を提出し、税金を納める必要があります。ただし、電子申告を行っている場合には、その期限が4月30日まで延長されます。

月次申告の申告納付期限は所得が発生した月の翌月17日であり、納税義務者はそれまでに申告書を提出し、税金を納める必要があります。なお、17日が休日の場合は休日の翌日までに申告、納付を行う必要があります。また、所得が給与所得のみの場合には、給与支払時に個人所得税が源泉徴収されるため、申告、納税を行う必要はありません（詳細は次項「源泉徴収制度」を参照）。

また、2014年度の税制改正により、年間給与合計額がわかる源泉徴収票の作成義務化、電子給与明細の発行が求められています。

■ 個人所得税に係る罰則規定

個人所得税において、3回目の不払いをしてしまった場合、例外なく残額の支払が求められます。それらを一度に支払えなかった場合には、差押手続が始まってしまいますので、毎月の支払額は期日どおりに支払うことが望ましいです。

源泉徴収制度

源泉徴収制度とは、一定の取引について代金を支払う際に源泉徴収し、支払者側が当該源泉徴収した税額を国に納付する制度です。

日本とメキシコとの間には租税条約が締結されており、配当、利子、ロイヤルティに関して、租税条約の軽減税率を適用することが可能となります。

なお、前述のとおり配当金については、2014年度の税制改正において配当金額の10%の源泉税が新たに課されることとなりました。従来の配当金の源泉税については0%課税とされていましたので、実質的な増税となります。配当金に係る源泉税の計算についてはCUFIN（税務上の未処分利益）を計算の根拠としますので、2013年までのCUFINの金額および2014年からのCUFINの金額とその区分を明確にする必要があります。

また、租税条約における国外関連者への配当については、5%を超えない範囲内とありますので、租税条約を適用した場合には5%の源泉税率により、国外関連者への配当を行うことが可能となります。

ただし、日本でこれら取引（配当を除く）の受取金額が非課税扱いとなる場合には、当該メキシコでの支払金額について、メキシコで損金の額に算入することができません。メキシコでの支払金額を損金の額に算入するためには、日本でこれらの取引が課税されている旨の書類が必要となり、さらにその書類に日本の法定代表者による署名等がなされていなければなりません。また、当該書類をメキシコにおいて保存することが求められています。

【源泉税率一覧】

項目		国内法	租税条約
配当金		10%	5%・15%
利子	外国銀行への利子支払	4.9%	10%
	リース取引に係る利子	15%	10%
	その他	30%	15%
使用料（ロイヤルティ）	特許権、商標権	30%	10%
	その他	25%	10%

■ 居住者および非居住者に係る源泉徴収税

給与等の支払者は、従業員がメキシコ居住者であれば、全員の給料から源泉税を徴収し、申告します。また、従業員が非居住者であれば同一州内での報酬額を申告します。(LISR 96条)

■ 源泉税の納付と申告スケジュール

毎月17日に前月分の源泉税を労働省およびSATへと申告しなければなりません。申告については、オンラインでの申告が可能です。ただし、納付は別途、SATに行う必要があることに留意しなければなりません。

また、給与に係る源泉税については、日本の年末調整と同様に、年末に年間の総所得額に基づいた所得税額を算出し、既に納付している源泉徴収額との調整を行います（LISR 97条)。その際に過不足があった場合には、当該過不足は、翌年の2月末までに管轄のSATに申告し、不足額については納付を行う必要があります。また、還付請求もSATに対して同様に行います。ただし、給与所得以外の所得がある場合や国外源泉所得がある場合、年の途中で退職したり、複数の雇用主のもとで働いている場合、また年間の給与所得が40万ペソを超える場合は、確定申告を行う必要があります（98条）。

また、雇用者は2月15日までに各従業員に対し、年間の源泉徴収票を交付する必要があります（99条）。

■ 源泉徴収に係る罰則規定

法律に定める手続に基づき、適切に税務当局に源泉税等の申告・納付を行わなかった場合には、虚偽報告として処罰を受けます。この場合には、支払をしなかった税金の70%から100%の間で、利子やインフレ率などを考慮して罰則金額が決定されます。

法人所得税

■ 納税義務者と課税対象所得

メキシコにおける、法人所得税については所得税法に規定されており、法人所得税の課税対象となる納税義務者は、内国法人と外国法人に区分され、それぞれの区分に応じて課税される所得の範囲が異なります。

内国法人とは、メキシコの法律に基づき設立または登録された法人をいい、外国法人とは、メキシコ国内で事業を営んでいるが、メキシコ国内では設立または登録が行われていない法人をいいます。

内国法人については、全世界所得に対して法人所得税が課されます。そのため、メキシコ国外で発生した所得についてメキシコで二重課税となる場合には、外国税額控除により、税額が調整できる仕組みになっています。

［内国法人］

課税年度中に獲得した国内および国外源泉所得を含む、すべての所得に対して課税（全世界所得課税）されます。

［外国法人］

課税年度中に獲得したメキシコ国内において発生した源泉所得に対して課税（源泉地国課税）されます。

ただし、以下の要件を満たす企業については、外国法人ではありますが、税務上は居住企業としてメキシコ国内において課税されます。

・売上高の50％以上がメキシコにおいて生じている企業
・主要な活動場所がメキシコである企業

その他の場合であっても、メキシコ国内において当該企業を実質的に管理していると認められる場合には、メキシコの居住企業とみなされます。この居住企業については、財務省の規則に多くの附則が定められていますが、当該企業のマネジメントを行う者がメキシコにおいて税務登録されている場合や、メキシコに事務所を有している場合には、居住企業と認められる可能性が高くなります。

■ 課税期間

課税期間は、メキシコの所得税法に基づき、例外なく1～12月（暦年課税）が適用されます。事業開始が1月以外の場合においても、12月で当該年度の課税期間を区切り、税額計算を行う形になります。

■ 損金計算（益金と損金）

［益金］

益金とは、税務上の収益のことを指し、具体的には、メキシコにおいて別段で定められた益金不算入項目に該当する収益以外のすべての収益を含みます。

益金不算入項目

- 資本等取引
- インフレ会計による資産および負債の再評価益
- メキシコ企業からの受取配当金

［損金］

メキシコの法人所得税の所得計算において、支出した費用の額のうち税務上損金の額に算入するための要件は、以下のとおりです。

損金算入のための要件

- ビジネス活動を行う上で必要不可欠なものであること
- 請求書は税務上の要件を満たすものであること（P.234）
- 請求書は税務当局認可印刷者により印刷されたもの、もしくは税務当局の認可を受けたものであること
- 会計上、費用として帳簿に記載されていること
- 2,000ペソを超える支払については、小切手または電子マネーにより支払うこと
- 福利厚生費については機会均等の要件を満たすこと
- 個人または専門サービスを提供する企業により提供されたサービスおよび個人への賃料の支払については、実際に現金が支出されていること
- 海外からの輸入品については、関税が支払われていること
- 旅費交通費の計上は、納税者の登録地より50km以上離れた場所への移動であること

請求書の税務上の要件について

- 氏名、企業名、住所、納税者登録番号が記載されていること
- 連番が付されていること
- 発行された場所、日付が付されていること
- 請求書発行者の納税者登録番号が付されていること
- 金額、その支出内容が記載されていること
- 単一の通貨、金額により記載されていること
- 商品が輸入された場合において、通関番号および日付が付されていること
- 税務当局認可印刷者の証明データ、印刷日が付されていること
- 電子請求書であること

ただし、以下の項目は損金の額には算入できません。

損金不算入項目

- 引当金の計上および繰入額
- 法人所得税、資産税等の一定の税額
- 13万ペソを超過する社用車の減価償却費
- のれん代およびその償却費

また、以下の各項目については、2014年度の税制改正にて損金算入限度額が減額されるなどして、実質的な増税となっています。

2014年度の税制改正の損金規定

- 乗用車の購入額17万5,000ペソから13万ペソへの減額（減価償却により損金算入）
- レンタカーのレンタル額250ペソから200ペソへ減額（1日当たりの金額）

・レストラン等における交際費の額12.5%から8.5%へ減額（合計金額の8.5%まで損金算入が可能）
・非課税福利厚生費については47%または53%の損金算入制限（合計金額の47%または53%につき損金算入が可能）
・後入先出法での原価算定については不可
・陸上輸送等について、輸送にかかわる労働者の給与源泉税率を7.5%とすることが可能
・生産インフラについて、2014年12月31日までに長期契約されたものについては推定原価を採用
・航空機を使用する荷物または人の輸送について、メキシコ国内企業から海外企業に支払われるリース料に対する源泉税の80%を免除

■ 損金計算の個別留意点

[棚卸資産]

評価方法

棚卸資産の評価方法は、先入先出法、平均原価法、売価還元法、個別法の選択適用が可能となります。2014年度の税制改正により後入先出法による原価算定は認められなくなりました。シリアル番号で識別可能な資産であり、かつ、5万ペソを超える製品・商品については個別法が強制適用となります。

評価損等

国際的には、以下の項目について税務上の損金算入の要件が厳しく、手続も厳格に規定されています。ただし、現在のメキシコでは明確になっていない項目もあります。

【棚卸資産の評価方法の留意点】

費用項目	留意点
棚卸減耗損	販売活動を行う上で、棚卸減耗損は不可避な費用であると考えられるために損金算入の可能性は高いものと考えられる。なお、棚卸減耗損相当額については、売上がなされたものとして、IVA が課される可能性も考えられる
棚卸評価損	大幅な時価下落に伴う損失および時価は存在しないが、長期滞留等により大幅な価値の下落があると考えられる損失については損金算入の可能性は高いものと考えられる
廃棄損	廃棄の際に事前に税務当局に通知した上で廃棄を行い、廃棄証明等を保有することにより損金算入が可能となる。なお、廃棄前に定額譲渡および寄附が行える可能性について検討する必要がある

[減価償却費]

減価償却資産にかかる減価償却費については、以下の算式で算出されます。

減価償却費 = 取得原価 × 法定償却率 × インフレ調整係数

インフレ調整係数とは、当年度末における全国消費者物価指数を固定資産取得月の全国消費者物価指数で除したものをいいます。

減価償却に関連する、その他の留意点は次のとおりです。

【減価償却率】

資産	償却率
建物	5%
事務所備品・設備	10%
自動車、バス、トラック、トラクター、トレーラー等	25%
パソコン、サーバー、プリンタ等	30%

※ LISR 34条より抜粋

【その他の留意点】

留意点	内容
取得原価に関する規定	税務上は会計上の取扱を踏襲する。なお、資産取得に伴う借入金にかかる借入利息を取得原価に算入する必要はない。また新規取得資産については、取得月の翌月から月単位で減価償却を開始することとなる
少額資産に関する規定	資産の金額の大小には関係なく、1年以上使用する固定資産は資産計上し、減価償却を行うことが原則となる。なお、数ある企業の中には管理事務を簡素化するために、資産計上する基準額を定めている企業もあるが、税務調査で否認される可能性がある。 その他、メキシコ・シティ、モンテレイ、グアダラハラを除外した地域においては、新規取得資産について、一括償却を行うことが可能となる。ただし、メキシコ・シティ、モンテレイ、グアダラハラについても一定の要件を満たせば一括償却を行うことが可能となる
中古資産に関する規定	中古資産に関する耐用年数の規定等はない
会計上と税務上の関係	減価償却費について、会計上と税務上の数値の一致は要求されていない。そのため会計上は法定耐用年数ではなく、経済耐用年数を使用することも可能。ただし、多くの企業は法定対応年数により計算をしている
残存価格に関する規定	メキシコには残存価格に関する規定はなく、残存価格ゼロまで償却が可能
無形資産の償却	営業権以外の無形資産は償却を行うことが可能。なお、無形資産は繰延資産として取扱われ、耐用年数7年での償却が必要となる

[引当金]

税務上、損金の額に算入することができる引当金は以下に限定されており、退職給付引当金や製品保証引当金、休暇引当金などは損金の額に算入することができません。

引当金	内容
貸倒引当金	個別評価の貸倒で法的に時効等があった場合、また、回収不能であることが明らかに証明できる場合には損金の額に算入することができる
棚卸資産引当金	棚卸資産引当金のうち、低価法評価損および陳腐化・滞留による評価損に係る引当金については損金の額に算入することができる

[配当金の支払]

配当金の支払を行う企業は、その配当原資が税引前利益か税引後利益かにより、法人所得税の取扱が異なります。

税引前利益を配当原資として配当を行う場合、配当額に対し、法人税率をグロスアップした金額に法人税率を乗じて計算された税額を、配当等が行われた月の翌月17日までに納付する必要があります。なお、配当による追加税額については、配当年度以後3年にわたり発生する法人所得税と相殺することができます。税引後利益を原資とする場合は、既に法人所得税が控除された後の利益であるため、特段の追加納税は必要ありません。

[繰越欠損金]

メキシコにおいて発生した繰越欠損金については、発生した年度以降、10年間の繰越控除が認められています。

■ 税務上のインフレ会計

メキシコにおける法人所得税の課税所得を計算する上では、インフレの影響を考慮する必要があります。課税所得の計算方法は以下のとおりであり、この算式により計算した金額を、税務上の益金項目または損金項目として取扱うことになります。

［計算方法］

月次平均貨幣性資産額および月次平均貨幣性負債額の算出

＝（各月の月末の会計上の残高合計）÷（事業年度における月数）

なお、月次平均貨幣性負債額の計算に見積利息は含めません。

インフレの影響を考慮した結果、課税所得が増加する場合

月次平均貨幣性負債額が月次平均貨幣性資産額より大きくなる場合には、その超過額にインフレ率を乗じた金額分、課税所得を増加させます。

インフレの影響を考慮した結果、課税所得が減少する場合

月次平均貨幣性資産額が月次平均貨幣性負債額より大きくなる場合には、その超過額にインフレ率を乗じた金額分、課税所得を減少させます。

当該計算は、会計上のインフレ会計とは関連せず、会計上ではインフレ会計を適用しない場合であっても税務上は計算が必要となることもあるため、注意が必要です。

■ 税率

メキシコの法人所得税は課税所得金額に対して30%の税率を乗じて税額が算定されます。2014年度の法人所得税率は29%に設定される予定となっていましたが、2014年度の税制改正において、30%が維持されることとなりました。

■ 税務申告

[法人所得税の年間申告]

メキシコの課税年度は暦年（1月1日～12月31日）であり、年間申告については通常（Normal）と修正（Complementaria）と税務監査修正（Complementaria por Dictamen）の提出があり、通常（Normal）の年間申告については課税年度終了後の翌年3月31日までに提出しなければなりません。年間申告については、月次申告の12カ月分の総額と一致する必要があり、一致しない場合は月次申告の修正が必要となります。

[法人所得税の月次予定納付]

月次申告の申告納付期限は所得が発生した月の翌月17日であり、納税義務者はそれまでに申告書を提出し、税金を納める必要があります。なお、17日が休日の場合は休日の翌日までに、該当する税額を納付する必要があります。

納付すべき税額は、前年度の利益に基づいて計算されます。また、上半期後の予定納税額については、資金繰りの都合上、当局の承認を得た場合に限り予定納税金額を減額することができます。

■ 税務監査

前年度の実績数値が以下のいずれかの要件を満たす場合には、独立した会計士が年間の税務監査報告書（Dictamen Fiscal）を作成し、6月末までに提出することができます。以下の要件に1つも当てはまらない場合は提出できません。

①総資産が7,900万ペソを超える場合
②総収入が1億ペソを超える場合
③各月の従業員数が300名を超える場合

④メキシコに所在する関連会社が上記①～③のいずれかの要件を満たす場合

メキシコではこの税務監査制度を適用した納税者に対して、税務調査はほとんど行われることがありません。

これは税務当局から税務監査を行った会計士に対し直接質問がなされるためですが、税務監査を行った会計士が当局の質問に答えられないなどの一定の場合には、会計士への質問後に納税者への税務調査が行われることもあります。

付加価値税

■ IVAの概要

メキシコにおける付加価値税（IVA）は付加価値税法（LIVA：Ley del Impuesto al Valor Agregado）に規定されている間接税であり、以下のような特徴を有しています。

・物品、サービスの消費に対して課される間接税である
・税金の負担者は最終消費者である
・中間業者は税負担しないが、納税義務を負う
・毎月申告、納付する義務がある（IVAが発生した月の翌月17日までに申告書の提出および納税を行う）

日本における消費税のように、メキシコにおいても物品の販売、役務の提供に当たって、原則として16%の付加価値税が課税されることとなります。

■ 納税義務者

IVAの負担者は最終消費者ですが、納付義務を負うのはIVAの課税対象品の販売およびサービスの提供を行う事業者、並びに物品の輸入者（課税貨物の引取に係るIVA）であり、個人および法人を問わずに納税義務が発生します。

営業を目的として商品の販売、製造、輸入、輸出またはサービスの提供など、メキシコ国内でいわゆる営業活動を行うすべての事業者は、納税者登録番号に登録をする必要があります。

■ 課税対象取引

IVAの課税対象取引については、以下のとおりです。

・資産の譲渡
・役務の提供
・資産の貸付
・課税貨物の輸入

メキシコ国内において、営業を目的とする事業者が対価を得て行う上記の取引については、IVAの課税対象となります。

「資産の譲渡」には、商品および製品の販売はもちろんのこと、事業用設備の譲渡、パテントや商標権等の無形資産の譲渡が含まれ、さらに現物出資や代物弁済についても資産の譲渡となります。

「役務の提供」は、飲食、運送、修繕、工事、保管、仲介、広告、宿泊、情報等のサービスの提供をすることをいい、弁護士、会計士等の専門的知識に基づく役務の提供も含みます。

「資産の貸付」とは、他の者に資産を使用させる一切の行為をいい、その対象には、物品の貸付はもちろんのこと、無形財産権等の貸付けも含まれます。

「課税貨物の輸入」とは、保税地域からの外国貨物の引取りをいいます。

■ 非課税取引

以下の取引については、非課税項目となり、IVAは課税されません。

- 土地と住居用建築物の譲渡等
- 書籍と新聞の譲渡等
- 株式移転
- 中古家財の譲渡等
- 宝くじの譲渡等
- その他一定の食料品、医療、教育等の取引等

■ 免税取引

輸出取引は、免税取引に該当します。これはIVAの考え方が消費地課税主義に基づくためであり、メキシコのIVA、日本の消費税、諸外国の付加価値税を含む多くの間接税が、対象となる物品等の最終消費地において課税されます。

IMMEX（Industria Manufacturera, Maquiladora y de Servicios de Exportacion：輸出向け製造・マキラドーラ・サービス産業）企業が行うIMMEX対象品の輸入取引についても免税取引となります(引取りに係るIVAの免税。ただし、2014年度の税制改正により原則廃止へ)。その他、非居住者間での資産の譲渡等など一定の取引が免税取引となります。

■ 課税標準額

課税対象資産の譲渡、課税対象サービスの提供などの対価の額がIVAの課税標準額となります。課税標準額は、当事者間で合意され、

インボイスに記載された取引価額となります。

また、課税標準額の計算上、メキシコではインボイス方式が採用されているので、IVAの計算（控除や還付）の根拠としてインボイスは非常に重要になります。

その他、IVAはキャッシュフローベースで課税されるため、立替金および仮払金等によるキャッシュの移動があった場合においても、IVAが課税される可能性があるので注意が必要となります。

メキシコにおけるインボイスは、Factura（請求書）と呼ばれていますが、この章では引き続きインボイスという文言を使用して説明します。

［インボイス方式と帳簿方式］

IVAの計算方法には、インボイス方式と帳簿方式の2つがあります。

メキシコを含むラテンアメリカ地域やEU諸国等ではインボイス方式が採用されており、取引ごとのインボイスを使い税額を算定することで、恣意性が排除された正確な仕入税額控除額の算定等が可能となります。

一方、日本では帳簿方式が採用されています。帳簿方式は、一課税期間中の売上の合計額に税率を乗じた額から、同期間中の仕入の合計額に税率を乗じた額を控除して算定する方式であり、売上および仕入の合計額から税額を推定するために、正確な税額を把握することが困難となります。

■ 納付税額の計算

IVAの納付税額は、商品の販売やサービスの提供の課税標準額に16%の税率を乗じて算出されます。IVAは間接税であり、基本的にアウトプットIVAからインプットIVAを控除した残額を納付します。

[アウトプット IVA]

売り手は、課税対象の物品や課税サービスを販売した際、買い手にIVAを請求します。このIVAは売り手の立場からは、アウトプットIVA（仮受IVA、売上IVA）となります。

[インプット IVA]

買い手は、課税対象の物品や課税サービスを購入した際、売り手にIVAを支払わなければなりません。このIVAは買い手の立場からは、インプットIVA（仮払IVA、仕入IVA）となります。

購入した課税対象の物品や課税サービスが、買い手の事業に関連している範囲の場合、このインプットIVAは買い手のアウトプットIVAと相殺できます。同様に売り手もアウトプットIVAと課税対象の物品やサービスを購入したときに支払ったインプットIVAとを相殺することができます。

[インプット IVA の相殺]

IVAは毎月、税務当局に申告納付されます。特定の課税期間（月）のインプットIVAは、基本的には同じ課税期間のアウトプットIVAと相殺・控除されなければなりません。

IVAインボイスが適正に作成されていることが、インプットIVAの相殺を行う上で特に重要であり、IVAインボイスには最低限、以下の情報が確実に記載されている必要があります。

IVA インボイス記載要件

- 氏名、企業名、住所、納税者登録番号が記載されていること
- 連番が付されていること
- 発行された場所、日付が付されていること
- 請求書発行者の納税者登録番号が付されていること

・金額、その支出内容が記載されていること
・IVA徴収額が記載されていること
・単一の通貨、金額により記載されていること
・商品が輸入された場合において、通関番号および日付が付されていること
・税務当局認可印刷者の証明データ、印刷日が付されていること
・電子請求書であること

■ 申告・納税

1カ月間のアウトプットIVAの累計額が、同じ期間のインプットIVAの累計額を上回った場合、納税者は、その超過分の差額を納税する義務があります。そのためIVAの申告納付は毎月行わなければなりません。

納税義務者は前月の課税額について翌月の17日までに申告納付する必要があります。なお、ISR（法人所得税）と同様に翌月17日が休日の場合には、休日の翌日までに当該申告納付を行うこととなります。

■ 還付

1カ月間のインプットIVAの累計額が、同じ期間のアウトプットIVAの累計額を上回った場合、納税者はその差額分の還付（IVAの還付は年次申告ではなく、基本的に月次申告の段階で行う）を受けることができます。

IVAの還付は申請に基づき行われるため、IVAの還付がある場合には、税務当局に対し、遅滞なく還付請求を行う必要があります。なお、諸外国では、付加価値税の還付が行われない国も多くありますが、メキシコではIVAの還付は適正に行われます。実際に還付されるまでの期間は2～4カ月程度です。

また、還付を行わずに当該税額を翌月以降の支払額と相殺することも可能です。

■ ペナルティ

納税義務のある者が納税者登録を怠った場合、209～629USドルの範囲で罰則を支払う義務を負い、また、登録の要請に1年以上応じなければ、3カ月から3年以下の禁錮刑が科される可能性があります。

■ 2014年度税制改正による変更点

2014年度の税制改正により、国境地域の税率がそれまでの11%から16%へ引き上げられ、メキシコ全土でIVAの税率が一律16%となりました。また、都市圏外への陸上公共交通機関のサービスに対し、課税されるようになりました。さらに、以下の項目についてはIVAの免除規定が廃止されました。

- IMMEX適用企業に係る一時輸入におけるIVA
- マキラドーラ（保税加工制度）適用企業に係る一時輸入におけるIVA
- 自動車関連企業に係る一時輸入IVA
- 保税倉庫に係る一時輸入IVA
- 戦略的保税施設に係る一時輸入IVA
- メキシコに在庫を持つ外国企業からIMMEX適用企業への販売に係るIVA

上記からわかるようにIMMEX、マキラドーラに関するIVAの免除特典が大幅にカットされることとなりました。IMMEXについてはその適用要件および継続要件が複雑であるために、IMMEXを利用した場合に係る管理コストをしっかりと把握した上で利用するか否かの意思決定が必要となります。ただし、IVA免除についてメキシコ税務当局の承認を得るための条件を官報にて公示した日より1年以内にIMMEXの対象企業となった場合には、当該IMMEX企業に対する恩典はほとんどが継続して適用することができます。

関税

関税については大蔵公債省（SHCP：Secretaría de Hacienda y Crédito Público）、経済省（SE：Secretaría de Economía）の協議によって定められており、両省に設定権限があります。

原則は従価税（輸入金額に応じる課税）ですが、特定品目によっては従量税（輸入重量に応じる課税）であり、CIF価格（価格、保険料、運賃の3要素から構成される価格）に基づいて算定されます。税率については、HSコード（Harmonized System Code）に定められている税率に基づいて計算されます。

メキシコの関税制度は複雑であり、輸入を行う際には輸入業者登録を申請する必要があります。また、輸入申告は通関士によって行われなければなりません。この通関士はメキシコ国籍を持つ人しかなることができず、その数も限られているため、輸入を行う企業にとっては憂慮すべき事項となっています。

通常の輸入に関しては、HSコードに基づいて税率を算出するため、輸入品ごとにその税率が異なっています。また、関税だけではなく課税貨物の引取りに係るIVAや0.8%の通関手数料、通関士に対する謝礼金も必要となります。

IMMEXやPROSEC（Program of Sectorai Promotion：産業分野別生産促進プログラム）の対象企業は特恵関税制度を利用することができますが、2014年度の税制改正によりIMMEXの恩典を享受できる企業は、税務当局から認定を受けた企業のみとなりました。

また、その認定要件および継続要件は厳格化されています（IMMEXおよびPROSECの詳細については、II章「投資環境」を参照）。

■ その他の特恵関税

メキシコは、ラテンアメリカ統合連合（ALADI：Asociación Latinoamericana de Integración）においてさまざまな特恵貿易協定を締結しています。ALADIにおける協定はALADI経済補完協定（ACE：Economic Complementation Agreement）と呼ばれ、締結状況は以下のとおりとなります。

- ACE第6号（1987年1月、アルゼンチン）
- ACE第8号（1987年3月、ペルー）
- ACE第53号（2003年5月、ブラジル）
- ACE第55号（2003年1月、ブラジル、アルゼンチン、ウルグアイ、パラグアイ）

ACE第55号は自動車産業における特恵関税の枠組であり、特にブラジル、アルゼンチンとの間の貿易が盛んです。

また、FTA（自由貿易協定）およびEPA（経済連携協定）の締結状況は以下のとおりです。

【FTA・EPA 締結状況】

締結国	対象	発効日
アメリカ、カナダ	商品、サービス	1994 年 1 月 1 日
コスタリカ	商品、サービス	1995 年 1 月 1 日
コロンビア	商品、サービス	1995 年 1 月 1 日
ニカラグア	商品、サービス	1998 年 7 月 1 日
チリ	商品、サービス	1999 年 8 月 1 日
EU	商品、サービス	2000 年 7 月 1 日（商品） 2000 年 10 月 1 日（サービス）
イスラエル	商品	2000 年 7 月 1 日
エルサルバドル、グアテマラ、ホンジュラス	商品、サービス	2001 年 3 月 15 日（グアテマラ、エルサルバドル） 2001 年 6 月 1 日（ホンジュラス）
アイスランド、リヒテンシュタイン、ノルウェー、スイス	商品、サービス	2001 年 10 月 1 日（ノルウェー、スイス、アイスランド） 2001 年 11 月 1 日（リヒテンシュタイン）
ウルグアイ	商品、サービス	2004 年 7 月 15 日
日本	商品、サービス	2005 年 4 月 1 日
ペルー	商品、サービス	2012 年 2 月 1 日

PTU（労働者利益分配金）

メキシコ進出にあたり、気をつけなければならないことの1つにPTU制度があります。

PTUとは労働者への利益分配金をいい、会社の税引前当期純利益の10%を労働者に分配する制度となります。

PTUは、メキシコ特有の労働者保護の観点から労働法に盛り込まれました。その後、労働法の改正はたびたびありましたが、PTUについて大きく変更されることはありませんでした。

ところが、2012年12月の労働法の大改正により、初めてこの

PTUの部分が大きく改正されました。具体的には、PTUを受け取る労働者の範囲について、労働法の改正前までは直接雇用されている者に限定していたものが、改正後は、直接雇用されているとみなされる者にまで範囲が広げられました。つまり、労働者の派遣や出向という形を取っていても、派遣先企業において直接雇用しているとみなされる場合には、PTUを支払う可能性が出てきたのです。

そこで、メキシコではこのPTUを回避するために多くの企業があるスキームを利用しています。それは、新規で進出する際に、オペレーションを行う会社とは別に派遣会社を設立し、その派遣会社で雇用した者を、オペレーションを行う会社へと派遣するというスキームです。

「新規で進出する際に」と記載しましたが、進出して利益が生まれる体制となった後に派遣会社を設立すると労働組合等の反発を受けることになるため、進出の段階以外で派遣会社に籍を置かせることが難しくなっているからです。

しかし、2012年の労働法の改正は、今まで暗黙の了解とされていた上記のスキームを直撃する形となり、メキシコでは新規に進出する会社も含め、2015年時点でも混乱が続いています。このPTU対策をしていた内外の多くの企業がAMPAROという、法律改正に対する異議申立書を提出しているものと思われますが、今後の方向性が確立するまでに2年から3年の期間を要すると考えられます。

PTUの取扱については、現地の弁護士の中でもその解釈が分かれる部分であり、今後も注意深く見ていく必要があります。

■ 総支払額の計算

以下の算式により、PTUの総支払額（損金算入額）が計算されます。

[総支払額の計算]

税務上の課税所得※1 ± インフレ調整額 ± 配当所得・為替調整額※2

＝ PTU対象利益

PTU対象利益 × 10% ＝ 支払額（損金算入額※3）

※1 繰越欠損金控除前の税務上の課税所得
※2 実現したものに限り、インフレ調整前の金額
※3 2005年以降、PTUの損金算入が可能となった

PTUの計算の基礎となる数字は、税務上の課税所得の金額であり、その計算については、法人所得税計算と連動します。つまり、法人税率30%とPTUの10%を合計した40%がメキシコの法人所得税等の実効税率となります。

他の先進国においても実効税率40%の国はほとんど存在しません。実はメキシコは、世界有数の高税率国であるのです。

■ 分配方法

算定されたPTUの総支給額のうち、半分は従業員の勤務日数で按分し、残り半分については、従業員の給与に基づいて按分します。

なお、PTU配分についての留意事項は以下のとおりです。

- 従業員の給与に基づいて按分する場合、給与は基本給とする
- 取締役等はPTUの対象外とする
- 勤務日数が60日を超える従業員だけを対象とする
- 業務の怪我などの理由による欠勤日は勤務日数に含める

■ 分配額の計算

上記の計算により、PTUの総支払額が130万ペソ以上だった場合には、その総支払額を各従業員に対し、下記のように分配することになります。

［例：店員 1 の場合］

総支払額1,300,000 × 1 / 2 ＝ 650,000ペソ

勤務日数による按分

650,000 × 260 / 1,630日 ＝ 103,681ペソ

給与による按分

650,000 × 58,000 / 360,500ペソ ＝ 104,577ペソ

店員 1 への分配額

103,681ペソ ＋ 104,577ペソ ＝ 208,258ペソ

【可変資本株式会社】

（単位：ペソ）

労働者	勤務日数（日）	総支払額	勤務日数による按分	給与による按分	PTU
店員 1	260	58,000	103,681	104,577	208,258
店員 2	300	95,500	119,632	172,191	291,823
受付係	360	50,000	143,558	90,153	233,711
秘書	350	77,000	139,571	138,835	278,406
警備員	360	80,000	143,558	144,244	287,802
法令より PTU に該当しない CFO（最高税務責任者）	0	0	0	0	0
合計	1,630	360,500	650,000	650,000	1,300,000

<table>
<tr><th colspan="2">勤務日数による按分</th><th colspan="2">給与による按分</th></tr>
<tr><td rowspan="2">398.773</td><td>総 PTU の 50%
＝ 1,300,000 × 1/2
＝ 650,000 ペソ</td><td rowspan="2">1.803</td><td>総 PTU の 50%
＝ 650,000 ペソ</td></tr>
<tr><td>勤務日数の合計
（全労働者）
＝ 1,630</td><td>総支払額
（全労働者）
＝ 360,500</td></tr>
</table>

■ 支払免除対象

PTUの支払は企業にとって大きな負担となるため、特定の企業にはPTUの支払が免除されています。免除対象となる企業は以下のとおりです。

・設立1年以内の企業
・法律で認められた新製品を製造する新設企業（2年間の免除）
・天然資源開発に関する事業を営む新設企業（探鉱期間のみ）
・法令で認められた非営利団体
・経済省と労働省により認められた一定額以下の資本金の企業

■ 支払期限

雇用主は期末日から5カ月以内（申告納付期限からは2カ月以内）に従業員への分配を行う必要があります。

また、PTUが受け取られなかった場合、その額は翌年のPTUに加算されることになります。

■ 対策

2012年12月の労働法改正前のPTU対策については、前述したとおり、新規で進出する際にオペレーションを行う会社と派遣会社を設立し、その派遣会社で雇用した者を、オペレーションを行う会社へと派遣するというスキームを利用し、PTUの支払を避けていました。

ただし、労働法の改正により、当該スキームについての今後の是非が問われ、不透明な状態が続いています。2015年時点においても、PTU対策については未だ不透明な部分も多いですが、別資本の派遣会社を利用する、また、設立当初はすべての駐在員の名義を役員にして様子を見る等、今後の方向性が確定するまでの間は、何かしらの対策を考える必要があると思われます。

税務調査および税制改正等に対する不服申立手続

■ 税務調査に対する不服申立手続

税務調査の結果に対し不服の場合には、申告後45日以内に税務当局へ上申書の提出または税務訴訟を起こすことができます。

なお上申書の作成は基本的に弁護士、会計士がアドバイザリーとなり行います。上申書は書面にて作成し、客観的な根拠、証拠を明確にする必要があります。その際に税務当局の意見書を上申書に添付します。

申告後45日以内に税務当局へ上記の手続を行った場合には、税務当局より3カ月以内に反論の意見書が発行されます。この意見書に対して不服がある場合には税務訴訟を起こすことが可能となります。税務裁判を行い、納税者に不利な判決であった場合には、さらに45日以内に連邦裁判所へ上告することができ、この連邦裁判所の判決が最終的な結論となります。

■ 税制改正等に対する不服申立手続

税制改正がなされ当該税制改正が憲法に照らして違憲であると考えられる場合には、企業は裁判所で提訴することができます。当該手続においても、弁護士もしくは会計士がアドバイザリーとしてサポートすることとなります。

なお、不服申立手続は当該法律が施行されてから30営業日以内に行う必要があり、税制改正がなぜ違憲であるかを当該訴状において明らかにする必要があります。

マネーロンダリング関連法

メキシコのインフォーマル経済に対する法令には、2014年度の税制改正前までは、現金預金税（IDE）と呼ばれるものがありました。IDEとは一定額以上を銀行に預金する際に税金（源泉税）を課し、その発生経路が不明な現金に対して取り締まりを行おうというものでした。しかし、2014年度の税制改正によりIDEが廃止され、インフォーマル経済に対する法令はマネーロンダリング関連法へ一本化されました。

■ マネーロンダリング関連法の適用

マネーロンダリング関連法の適用を考える上で重要となるポイントは以下の4つです。

・対象取引
・業種
・取引金額
・脆弱性の判断

以下において、それぞれの項目について確認していきます。

［対象取引］

マネーロンダリング関連法の対象となる取引は、現金による取引だけではなく、銀行間取引、小切手の振出等を含んだすべての金融取引が対象となります。

[業種]

マネーロンダリング関連法17条において、対象となるすべての業種が列挙されています。日本企業に多い自動車等の製造流通販売業は、マネーロンダリング関連法の対象業種に該当します。

[取引金額]

マネーロンダリング関連法17条において、適用対象となる取引金額について業種と同様に列挙されています。金額の算出は最低賃金を前提とし、そこに何倍の倍率を乗じるかも、同17条にそれぞれ記載されています。

自動車等の製造流通販売業では、取引金額が次の金額を超える場合には、マネーロンダリング関連法の適用対象となります。

対象金額

64.76ペソ（最低賃金、2013年時点）×6,420倍（マーケティング業の倍率）＝415,759ペソ

したがって、当該41万5,759ペソを超える取引についてはマネーロンダリング関連法の適用対象となります。

[脆弱性の判断]

会社によってマネーロンダリングを行う可能性は異なるために、マネーロンダリング関連法においては、その異なる可能性を示す脆弱性の判断はSATが行うと定めています。そのためにSATから求められる資料の内容も会社によって違うものと考えられます。

■ 手続規定

マネーロンダリング関連法によると、インフォーマル経済に関与していないことを証するために、自身の登録資料（自身のアイデンティティを確認できる資料）および相手の登録資料（同様に相手のアイデンティティを確認できる資料）、アクティビティの情報、アクティビティにより経済的利益を享受する者の情報等の提出が求められます。ただし、現在は慣行として、当該資料等の保存を行い、SATからの要求があった場合にその資料等を遅滞なく提出するものとされています。これらの資料は、提出後5年間の保存が求められています。

また、2014年4月よりメキシコにて新規会社設立（駐在員事務所や支店を含む）を行う場合には、マネーロンダリング関連法により以下の書類を提出することが求められ、その内容が少しずつ明確に定められてきています（設立手続に関するマネーロンダリング関連法の詳細はⅢ章「設立」を参照）。

①親会社の登記簿謄本
②親会社の国税電子申告・納税システムの利用者識別番号
③新規メキシコ会社の株主となる個人の個人確定申告の利用者ID番号または当該年度の給与所得の源泉徴収票にある受給者番号
④新規メキシコ会社の株主となる個人の写真付き身分証明書（パスポートのコピー）
⑤新規メキシコ会社の株主となる個人の住民票および登記簿謄本

①により、親会社の登記上の住所および代表取締役が登記上の代表であることを証明します。

②は新設するメキシコ会社の株主となる親会社が海外で納税をしている会社であることを証明します。

③はメキシコ会社の株主となる外国人が海外で納税をしている個人

である事を証明します。

※ ②③は法人および個人のTAX-IDいわゆる納税者番号を証明するのみで、所得や納税額などは必要とされない

※ ④⑤は、個人を特定するための資料となる

連邦税と地方税

■ 連邦税

［生産サービス特別税］

生産サービス特別税（IEPS：Impuesto Especial de Productos y Servicios）とは、特定の品目に対し課税される付加価値税であり、課税対象品目については、以下のとおりとなっています。

【課税対象品目】

ガソリン、ディーゼル特別税	IEPS Gasolina y Diesel
アルコール飲料特別税	IEPS Bebidas alcohólicas
アルコール特別税	IEPS Cervezas y bebidas refrescantes
タバコ特別税	IEPS Tabacos labrados
ギャンブル・宝くじ特別税	IEPS Juegos y Sorteos
通信サービス特別税	IEPS Telecomunicaciones

上記品目の輸入・販売を行う際には、品目ごとの税率を取引価格に乗じて、課税額を算出します。また、輸入のみを行う際には、対象品目の価格に、関税と税関手数料を加算し、その上で品目ごとの税率を乗じて課税額を算出します。このように計算された税額を毎月納付しなければいけません。

■ 地方税

[給与税]

給与税は、従業員に対する給与総額に課される税金であり、多くの州で2%の税率が設定されています（2014年度の税制改正によりメキシコ・シティの給与税は3%に引き上げられた）。ただし、州によっては事業開始後一定期間の免税を認め、企業の誘致を図る場合があります。

[不動産取得税]

不動産取得税は、売買、贈与、相続等取得形態に係らず不動産を取得した者に課せられる税金です。課税標準の算定や税率は州によって若干異なりますが、取引価額、地籍上の価格、査定市価などのうち一番高いものに対して2%前後の税額が目安となっています。また、州によっては税額の全部または一部を免税するという投資インセンティブとしての優遇がある場合があります。

[不動産所有税]

不動産所有税は、所有している不動産に対して課される税金です。課税対象となる不動産の評価額の算出方法や税率などは市町村によって異なるため、個別に確認が必要です。

[宿泊税]

宿泊税はホテル等に宿泊した際、その宿泊料に対して課される税金です。税率は、多くの州で2%に設定されています。その他、州によって異なる税目等が存在するので、現地において確認する必要があります。

その他

■ その他の税制改正項目

ファストフードに対して8%の税金が課され、砂糖類を含むソフトドリンクについては1リットルにつき1ペソの税金が課されます。また主食以外の高カロリー食品（100グラムにつき275キロカロリー超）についても8%の課税となります。例としてチョコレートやカカオ、プリン等が挙げられます。

その他、化石燃料の輸入および販売、農薬殺虫剤の輸入および販売等においても新たに課税される範囲が定められています。

■ メールボックスの設定

税制改正により新たに納税者メールボックスが設定され、SATとのやりとりはすべてこのメールボックスを通じて行われるようになりました（詳細はVI章「会計」P.193以降参照）。

国際税務

世界各国では、国際的な取引に係る税制をそれぞれの国ごとに設けています。この税制は各国が自国の課税権を確保するために設けているものであり、国際間の取引が各国の税制に従って処理されることで、国際的な二重課税の問題等が発生します。そのため、この二重課税や国際間の租税問題を回避するために、二国間で租税条約が締結されています。

二国間で行われる取引について、当該二国間で取り決めた租税条約とそれぞれの国における税制を比較・検討することを総称して「国際税務」といいます。この「国際税務」が必要とされる理由は、大きく分けて次の2つです。

・国際間での二重課税の排除
・各国における課税権の確保（租税回避行為の防止）

以下、国際税務と呼ばれる中での個別の税務規定を見ていきます。

外国税額控除

税金は、それぞれヒト・モノ・カネの経営資源の移動または消費（以下、移動等）することに対して課されます。国際間における取引でも同様で、国際間において経営資源を移動等した場合に、それに伴う税金も国際間で発生し、そこに国際間での課税関係が生じることとなります。

ここで問題となってくるのが、その国際間での経営資源の移動等について課される税金が、それぞれの国の独自の考え（租税法）に基づいて課されるということです。つまり、各国の税金に対する考え方の違いにより、同一の取引において、2つの国でそれぞれ課税される可能性があります。

このような二重課税を排除するため、各国の租税法において「外国税額控除」の規定が定められています。

外国税額控除とは、国外で得た所得に対して納付した税額を居住地国の税額から控除することにより、国際的な所得の二重課税を調整するために定められた制度です。この場合に発生する外国税額は、たとえば、国内法人の駐在員事務所などが納付した外国法人税や、取引先との間のロイヤルティや受取利息、配当などの支払時に源泉徴収される所得税などが該当します。これらは居住地国と所得の源泉地国とで二重課税が起こるため、源泉地国で発生した税額を居住地国の税務申告において調整する必要があります。

メキシコが居住地国で二重課税となる場合は、外国税額控除の規定により二重部分の税額を、メキシコにおいて納付すべき法人所得税額として調整することになります。

過少資本税制

2005年にメキシコにおいても過少資本税制が導入されました。本来資本として計上すべきものを負債とすることにより、その負債から発生する利息等を費用として損金の額に算入させて、租税負担を軽減することです。その行為を規制するための税制が、過少資本税制です。

たとえば、国外の関連会社に対する負債総額が純資産額の3倍を超過する場合には、当該3倍を超える部分の金額に対応する支払利息が損金不算入額とされます。ただし、以下の場合には、過少資本税制の適用対象外となります。

・インフラストラクチャーの戦略的発展の建造・運営・維持に係る債務の場合
・金融機関の場合
・SATとの間で事前に価格の合意があった場合

■ 過少資本税制による損金不算入額の計算例

過少資本税制の適用対象となる国外の関連会社に対する負債総額が純資産額の3倍を超過する場合の損金算入額の算出方法は以下のようになります。

［負債枠の決定］

（単位：ペソ）

期首純資産額※	100
期末純資産額※	300
合計	400
年間平均純資産額	200
負債の純資産に対する限度比率	3
負債限度額	600

※ 会計上の純資産額のほか、税務上の純資産額（CUFIN：税務上の未処分利益とCUCA：資本金等の額の合計額）を用いることができる

[損金不算入額の計算]

負債金額1,000ペソ、国外関連者からの借入金額500ペソ、支払利息合計額が100ペソの場合

（単位：ペソ）

負債限度超過額	400
国外関連者からの借入金総額	500
超過額が国外関連者からの借入金に対して締める割合 ※	80%
支払利息合計	100
損金不算入支払利息	80

※ 超過額が国外関連者からの借入金に対して締める割合が、100%を超えた場合には支払利息の全額が損金不算入となる

PE認定課税

通常、海外に恒久的施設（PE：Permanent Establishment）を設けて事業活動を行う場合には、現地国において納税義務が発生することとなります。いいかえれば、現地国にPEが存在しなければ、現地国における納税義務が発生しないというのが国際課税の原則となっています。このPEの範囲については、各国の国内法および租税条約等でおおまかな例示がされています。

しかし、法的にPEを有していない場合であっても、実態として現地国において所得が発生しているとみなされる場合には、非居住者に対しても現地国側で課税権が発生することになります。この課税不在に基づいて現地国側で所得に対する課税が行われていることをPE認定課税といいます。しかし、納税者側では所得認識がない状況下で税務申告を行っているため、PE認定課税が行われると二重課税の問題が生じることになります。

このPEの範囲については具体的、かつ明確に定められてはおらず、各国税務当局の判断に基づくものとなります。そのため、最悪のケー

スにおいては、現地国側でPEとして認定され課税がされたにもかかわらず、日本側においてはPEとして認定されず、二重課税の調整ができないということも想定されるため注意が必要です。

■ PE認定課税の例

［ケース１］

日本と現地国との間の業務委託契約等に基づいて、日本から現地国へ人員を派遣し業務を行うにあたり、その期間が一定期間を超えると、税務当局よりPEが存在するという形で認定され課税が行われる。

［ケース２］

駐在員事務所を設置して活動を行っている場合において、本来は禁止されている営業活動を行うPE（外国法人の支店）として認定されると、発生したとみなされた利益に対して課税が行われる。

［ケース３］

日本企業が現地に子会社等の関係会社を有している場合において、その子会社等の業務が、実質的に親会社が行うべき行為（親会社名での契約代理行為など）となる場合に、子会社を独立した事業体ではなく日本親会社の一部（つまり支店を有しているもの）として現地において課税が行われる。

PEの定義については、それぞれの国の国内税法のみならず、日本とメキシコの間で締結されている租税条約において定められており、事業の管理の事務所、支店、事務所などのほか、以下のようなものもPEとして規定されています。

・工場、作業場

・農場または栽培場、鉱山、石油または天然ガスの坑井、採石場など
・建築工事現場または建築もしくは据付工事で、工事期間が6カ月を超える場合

ただし、これらの拠点等が経済協力または技術協力に関する両締結国の政府間の合意に基づいて提供される場合は、「恒久的施設」には該当しません。

租税条約

租税条約とは、二重課税の排除と脱税の防止の大きく2点を目的として締結される、成文による国家間の合意（条約）です。この条約については、国家間での約束事となるため、その適用に当たっては、それぞれの国が定めている国内法に優先して適用されることとなります。つまり、国内法において「課税」とされていても、租税条約において「非課税」とされている場合には、「非課税」として取扱うことができます。

しかし、租税条約を適用することにより、国内法より不利になってしまう場合には、国内法の規定を優先適用することが可能であり、これを、「プリザベーション・クローズ（Preservation Close）」といいます。

【プリザベーション・クローズの例】

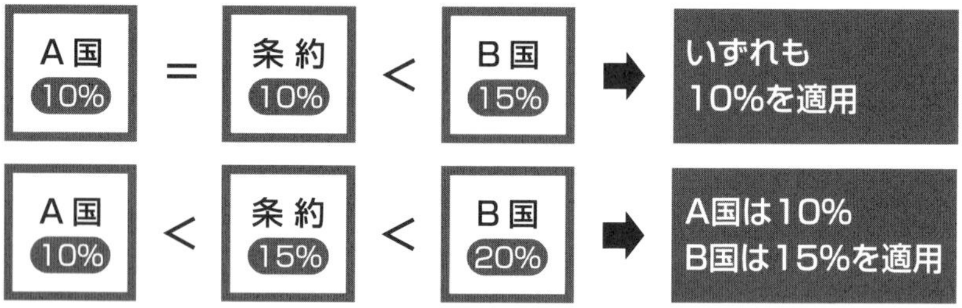

メキシコと日本との租税条約は1996年に公布されました。なお、租税条約以外の各種の条約でも、相手国に居住している日本人の日本における特定の税目上の扱いなどを別に定める場合があります。

【メキシコと租税条約を結んでいる国】

地域	国名
ヨーロッパ	スペイン、フランス、イタリア、ドイツ、ポーランド、チェコ、ルーマニア、ロシア
アジア	日本、中国、韓国、シンガポール、インドネシア
アフリカ・中東	バーレーン、南アフリカ
北米・南米	アメリカ、カナダ、ウルグアイ

移転価格税制

移転価格税制とは、関連会社間での取引における取引価格を通じて、その利益を国外に移転することを防止するために定められている税制です。

企業が海外の関係会社への、資産の売買、役務の提供などの取引価格（移転価格）を第三者に対する価格と異なる金額に設定すれば、国際間での利益移動を自由に行うことが可能となります。

【移転価格税制の概要図】

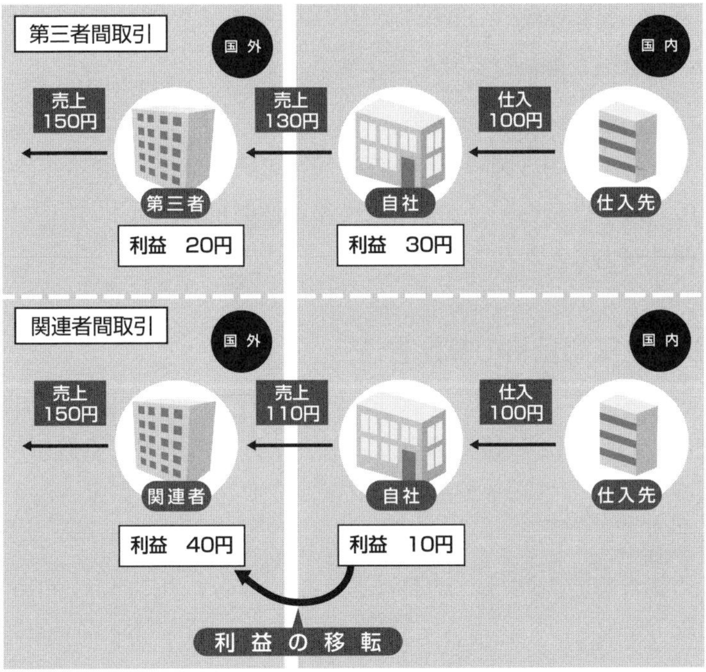

移転価格税制は、このような利益の移転を防止するために、その取引の移転価格を第三者が行う取引価格（独立企業間価格）に計算し直すことで、適正な国際課税を図ることを目的とするものです。

なお、実務上は納税者に租税回避の意図があったかどうかは問われず、国税当局の判断に基づき更正処分等が行われることになるため、移転価格の指摘に対する事前準備や、リスク対策をあらかじめ検討、実施しておくことが非常に重要になってきます。

■ 対象となる国外関連者

メキシコにおいて移転価格税制が適用される国外関連者については、以下のとおりとなります。

・直接または間接にマネジメントおよびコントロールしている（されている）企業
・直接または間接に持株関係にある企業

メキシコでは国外関連者に関する規定上、持株割合については規定されておらず、持株割合が低くても移転価格税制の適用対象法人となる可能性があるため注意が必要です。

■ 独立企業間価格の算定方法

メキシコでは、独立企業間価格（ALP：Arm's Length Price）の算定についてOECD移転価格ガイドラインを基準とするものの独自の制度を採用しているため、OECDや日本と異なる算定方法となっています。

具体的な算定方法は、以下のとおりとなります。なお、OECD移転価格ガイドラインに従ってはいるものの、ベストメソッドルールは採用しておらず、現状はいわゆる基本三法（独立価格比準法、再販売価格基準法、原価基準法）が優先適用されます。

[独立価格比準法]

独立価格比準法（CUP法：Comparable Uncontrolled Price Method）とは、対象となる国外関連取引とほぼ同様の条件の下、非関連者間で行われた取引（第三者間取引）の対価の額を、その国外関連取引のALPとする方法です。

比較対象となる取引が物品などの場合、取引条件が事業戦略や市況などの影響により変わるため、比較可能性の担保が困難になる場合があります。また、他のALPの算定に比べ、より高い同一性が求められています。そのために、この方法は取引条件の変動が少ない金利取引や相場のある商品に多く利用され、通常の物品取引にはあまり採用されていません。

[再販売価格基準法]

再販売価格基準法（RP法：Resale Price Method）とは、第三者への再販売価格から、その取引から通常得られるであろう利益の額を控除した金額を国外関連取引のALPとする方法です。

【再販売価格基準法】

再販売価格 − 通常の利潤の額 ＝ 独立企業間価格

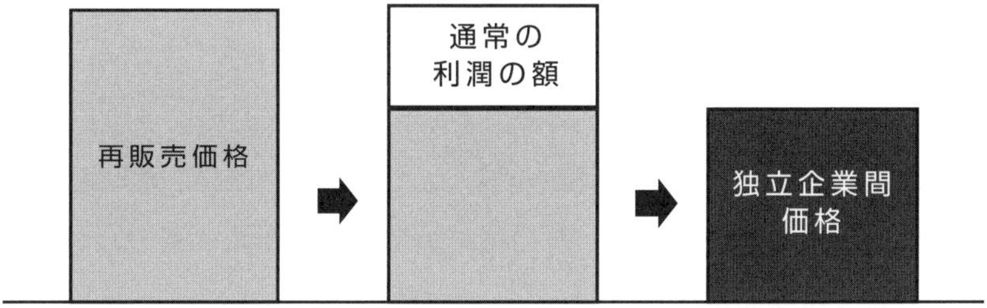

この方法は、国外関連取引が輸入取引である場合に多く使用されています（輸入取引の場合、比較対象となるデータが公開データから入手できる場合が多いため）。また、比較対象について、独立価格比準法ほどの厳密な類似性は必要とされていません。

[原価基準法]

原価基準法（CP法：Cost Plus Method）とは、対象となる国外関連取引によって発生した原価の額に、その取引から通常得られるであろう利益の額を加算した金額を、その国外関連取引のALPとする方法です。

【原価基準法】

取得原価の額 ＋ 通常の利潤の額 ＝ 独立企業間価格

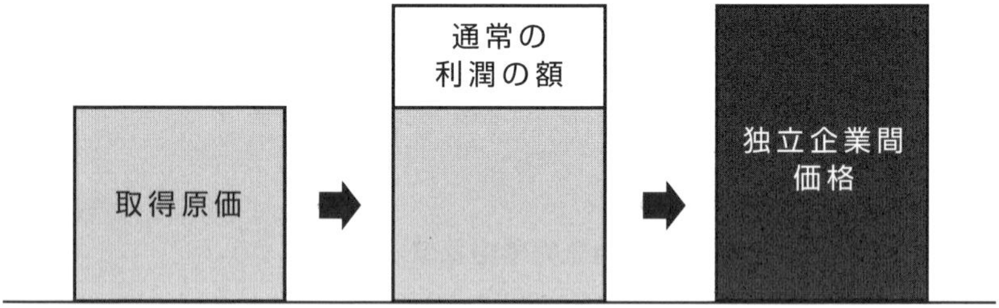

また原価に、製造に係る部分が含まれている場合は、第三者間取引の際の価格をベースとしてその原価を算定することになります。

たとえば、原材料を関連者から購入している場合には、原材料の購入価格は、第三者から購入した場合の価格に置き換えて製造原価を算定することになります。

この方法は、原材料の加工、輸出や役務提供取引などに採用されています。

［その他の方法］

ALPの算定にあたり、上記の方法を利用できない場合は、「利益分割法」、「取引単位営業利益法」などの方法を採用することもできます。

利益分割法

利益分割法（PS法：Profit Split Method）とは、国外関連取引によって実現した営業利益の合計額を、その営業利益の実現に寄与した程度により配分しALPを算定する方法です。

取引単位営業利益法

取引単位営業利益法（TNM法：Transactional Net Margin Method）とは、類似の独立企業と第三者との間で同様の取引において実現した売上総利益率、営業利益率、マークアップ率などをもとに、ALPを算定する方法です。

■ 移転価格税制にかかる更正リスク

移転価格税制は、関係会社を通じた価格調整による租税回避を防止するための税制であるため、以下のような事項に該当する企業は、他の企業に比べて移転価格調査を受けて所得に対して更正処分が行われるリスクが高いため、注意が必要です。

【更正リスク】

企業	リスク
毎期損失を計上している、または同業他社に比べて粗利が低い企業	損失計上の要因は、関係会社間取引での利益水準が低いためである、との指摘を受けやすい
取引内容自体に大きな内容の変化がないにもかかわらず、売上総利益率の変動が著しい企業	関係会社間での取引価格調整により、利益操作をしているのではないか、という指摘を受けやすい
無形資産の提供に対する対価（ロイヤルティ料率）の根拠が明確ではない企業	無形資産取引は、取引の性質上、売買取引と異なりSATからの指摘を受けやすい
法人税率の低い国にある関係会社と取引を行っている企業	利益確保の観点から、企業側が低税率国へ利益移転を行っていると推測され、税務調査を受けやすい
移転価格方針（ポリシー）を構築していない企業	世界各国に展開しているような企業の場合に、グループ間でのベースとなるルール設定をしていないと、SAT側の判断で更正を受けやすい

■ 文書化制度

移転価格税制の対象となる取引を行う場合には、国外関連者間との契約書や、価格表などの文書を作成しておくことが非常に重要です。また、移転価格の実務上においては、税務調査の際に移転価格ドキュメントの提出が要求されます。

企業側は将来の移転価格の調査に対応するため、移転価格の算定方法を開示するだけではなく、過年度を含めた移転価格の分析、第三者からみて合理的な価格・取引と判断できるだけの文書を作成し、移転価格リスクを可能な限り軽減する努力が必要となります。

日本においては、文書化義務は2010年度の税制改正により明確にされました。メキシコにおいては、年間収入が1,300万ペソ以上で、国外にある関連会社との取引を有する会社は、移転価格についての文書を作成し、保存する義務があります。その他の企業においても、移転価格文書を作成することで移転価格税制による所得更正を指摘された場合に、追徴税額の50%を軽減することが可能です。

■ 事前確認制度

事前確認制度（APA：Advance Pricing Agreement）とは、国外関連者との取引に係る移転価格やその算定方法の妥当性を、SATから事前に確認を受けるものです。事前確認は、企業にとって高コストになるリスクがある移転価格課税を未然に防ぐ効果があります。

日本においては既にAPAが導入されていますが、メキシコでは、APAが導入されているものの実績が十分とはいえない（審査に6カ月～1年必要）ため、独自に価格設定の根拠を用意しておくことが望ましいです。

■ 相互協議

日本とメキシコの関連会社間のビジネス取引において、一方の国で移転価格税制が適用され、独立企業間価格と実際の取引価格との差額分について課税が行われることになった場合、国際的な二重課税が生じることとなります。

このような二重課税を排除する目的で、租税条約の相互協議事項に従い、条約締結国の税務当局間で解決を図る協議のことを「相互協議」といいます。

「相互協議」の特徴は、取引当事国の税務当局間による直接協議であり、非公開協議となる点です。そのため、納税者は協議に必要な資料を提供するに留まり、直接協議に参加することはできません。また、相互協議は税務当局間同士の「合意努力義務」であり、必ずしも合意する義務はないことに留意する必要があります。

メキシコと日本の租税条約にも相互協議の規定があります。

また、メキシコと日本以外の国との取引の場合は、その国とメキシコとの間での租税条約の有無、内容を検討する必要があります。

タックス・ヘイブン対策税制

■ 第三国を経由しての設立の場合

近年のグローバル化は目を見張るものがあり、日本企業の海外進出件数も年々増加しています。広く全世界に拠点展開している日本企業の中には、日本からの直接投資ではなく、他の海外拠点からの投資の形態により、メキシコに進出するケースも出ています。

たとえば、ラテンアメリカ地域の複数国にわたって拠点展開している某企業は、各国の海外子会社を統括するため、チリに「地域統括本部（RHQ：Regional Head Quarters)」を設置しています。こうした企業は、その国からさらにラテンアメリカ地域に投資をするケースも考えられます。

たとえば、チリでは所得税法上、RHQのようなプラットフォーム事業会社は国外に所在する法人とみなされ、第三国投資で発生した所得に対してチリの所得税は課されないという優遇制度があります。

チリに地域統括本部を設置するといった形態を取るメリットはさまざまな要素が考えられますが、特に大きなメリットは、チリはタックス・ヘイブン（低税率国）と呼ばれ、所得に対する税負担が他の近隣諸国に比べて低く、これらの国に利益を集約させることにより、グループ全体の租税負担を大きく引き下げられるという点です。

しかし、そのような利益集約により得をするのは企業側だけであって、国側には利益の海外流出によって税収が減少するという深刻な問題が発生しました。そこで、この問題に対処するため、課税逃れを目的にチリなどの低税率国に子会社を設立し、利益を不当に海外に留保した場合に、日本側でその留保利益に対して課税するという制度ができました。これが、「タックス・ヘイブン対策税制」と呼ばれる制度です。

【タックス・ヘイブン対策税制の概要図】

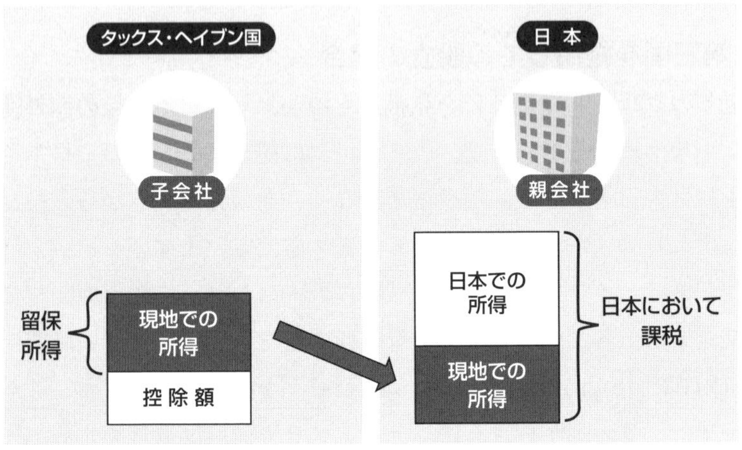

■ タックス・ヘイブン対策税制の概要

日本の法人税法に規定されているタックス・ヘイブン対策税制とは、日本の法人または個人が、低税率国に所在する関係会社を有する場合に、そこに一定額以上留保された所得に対して日本側で課税を行う、という制度です。

一般的に、タックス・ヘイブンは「租税回避地」という意味で用いられます。もともとは小さな島国などが、自国を貿易拠点とするために税制上の優遇規定を創設したのが始まりで、現在ではOECDにより、以下のとおり定義されています。

なお、OECDとは経済協力開発機構（Organisation for Economic Co-operation and Development）の通称であり、フランスのパリに本部を置き、先進国間の自由な意見交換・情報交換を通じて、経済成長、貿易自由化、発展途上国の支援を達成するために発足した組織です。

・金融、サービスなどの活動から生じる所得に対して無税としているまたは名目的にしか課税していないこと
・他国と実効的な情報交換を行っていないこと
・税制や税務執行につき透明性が欠如していること
・誘致される金融・サービスなどの活動について、自国・地域において実質的な活動がなされることを要求していないこと

■ 課税の対象範囲

日本におけるタックス・ヘイブン対策税制の対象は、次の3つの要件を満たす会社（特定外国子会社等）に対して、「特定外国子会社等」の株式を直接または間接に10％以上保有する内国法人または居住者となります。その場合に、「特定外国子会社等」の留保所得金額につき、適用を受けることとなります。

・法人の所得に対して課される税が存在しない会社
・事業年度の所得に対する租税負担割合が20％以下の国・地域に存在する会社

20％の判定については、現地国において定められている表面上の法人税率ではなく、以下の計算式で求めた割合により判定を行います。

$$\frac{\text{本店所在地国等の法人税額}}{\text{本店所在地国の法令に基づく所得金額}+\text{本店所在地国の非課税所得金額}} \leqq 20\%$$

・日本の居住者または内国法人によって直接または間接にその株式の50％超（議決権、配当請求権のない株式を除外して行う判定も併用する）を保有される会社

■ 適用除外規定

課税対象に該当する会社であっても、本来のタックス・ヘイブン対策税制の立法趣旨は、あくまで租税回避地を利用した国際的な租税回避行為について、規制を設けることです。そのため、すべての会社が適用を受ける訳ではなく、現地国においてしっかりとしたビジネス実

態がある場合などは、適用されません。

適用除外に該当するかどうかの判断基準としては、以下の規定があります。

【適用除外規定】

基準	内容
事業基準	事業内容が株式または債券の保有、ノウハウなどの権利の提供、航空機などの貸付事業以外となること
実体基準	事務所、店舗、工場などの固定施設を有していること
管理支配基準	所在地国において、自らが支配および運営を行っていること
非関連者基準	主たる事業を非関連者との間で行っていること
所在地国基準	主たる事業を本店所在地国で行っていること

これらの基準以外についても、持株会社等（統括会社）が2つ以上ある製造会社、販売会社等（被統括会社）に対し統括業務を行う場合に、一定の要件を満たせば上記の事業基準にかかわらずタックス・ヘイブン対策税制の適用除外になることになりました。また、統括会社と被統括会社との間の取引は関連者間取引として扱われず、適用除外基準における非関連者基準への該当が容易になりました。

一方で、メキシコにおいては、税制改正によってメキシコ国内法で定義されたタックス・ヘイブンに居住する者に対する支払は、移転価格文書によりサポートされる必要があり、サポートされていない場合は、メキシコにおいて損金算入が認められなくなりました。

その他

上記で個別に記載した税務規定以外でも、進出形態にかかわらず、国際間でヒト・モノ・カネが動く場合には、以下のような点に注意する必要があります。

■ 駐在員に係る給与課税問題

メキシコ国内でビジネスを行う場合、大半のケースがまず日本から駐在員が出向き、その上で現地ビジネスを拡大していくという形になります。このように、人員が国際間を行き来する場合に、日本からメキシコに駐在する者については、以下のような点に注意する必要があります。

[日本・メキシコ間での給与負担問題]

日本からメキシコへ出向する場合、給与の支払をどのように行うかも事前に決定すべき事項になります。メキシコへ出向などの形で駐在する場合、通常、出向については出向先が出向者の費用を負担するのが一般的ですが、メキシコと日本での給与格差などの理由から、全額をメキシコで負担することが難しいケースが考えられます。

このような、ビジネス上の合理的な理由がある場合に限り、出向元（日本）での給与負担が認められています。

ただし、この金額もあくまで「現地で同水準の人材採用を行った場合の相当額」とされ、過大な給与負担を日本側で行った場合には、日本の税務上、子会社に対する寄附金として取扱われます（海外子会社に対する寄附金は、全額が損金不算入となる）。

また、給与以外の現地での出向期間の滞在費用等については、現地側で負担すべき費用となりますので、仮に日本側で負担した場合には、子会社が負担すべき費用を負担したということで、これも上記と同様に寄附金として取扱われます。

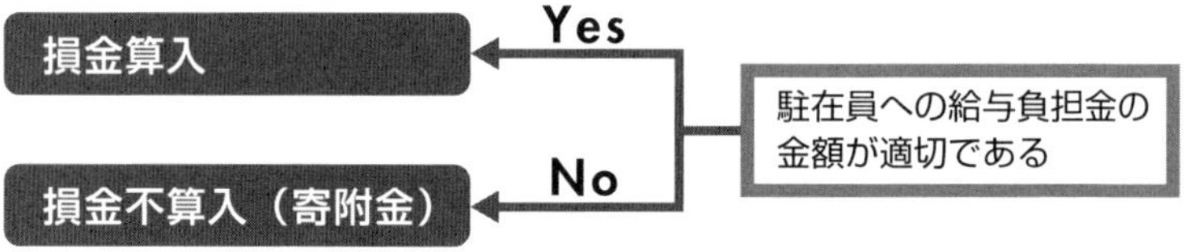

■ 関係会社間取引のケーススタディ

[資金貸付にかかる利息収入]

日本にある親会社からメキシコ子会社へ貸付を行って、その利子を支払う場合、まず気を付けなければいけないのが、貸付利率が適正に設定されているか、という点です。

これは、前述の「移転価格税制」により、親子会社間取引について、外部の第三者と同じ取引をした場合と同様の対価設定が必要になるため、本ケースにおいては、日本親会社側では「利率が低い」、メキシコ子会社側では「利率が高い」と指摘を受ける可能性があります。

このような場合に、特に国際間取引においては市場金利が一定しておらず、「一体どちらの国の貸出利率を基準にすればよいのか?」という問題が発生しますが、一般的に、貸出側（資金の提供元）の国における適正貸出利率をベースに移転価格を検証していく形になります。

また、直接親会社からの貸付ではなく、メキシコ子会社が外部の金融機関等から借入を行う際に、日本の親会社側が債務保証などを行うケースがあります。

この債務保証についても、役務提供に類似した行為として、移転価格税制の対象取引となるため、まず親子会社間で債務保証に対しての保証率を設定し、適切な対価の収受を行う必要があります。

その他、メキシコから海外への貸付利息の支払の際には、30%の税率で源泉徴収を行う必要がありますが、日墨租税条約においては10%の限度税率が適用されるため、実際には10%の源泉徴収を行った上で、親会社へ利息を支払うことになります。

利息に対する課税（日墨租税条約 11 条）

利子所得においても、配当と同様に税率が定められており、11条

2項において受益者が銀行または保険会社の場合、銀行との取引およびリース取引等については10%、それ以外の取引については15%の税率が適用されます。

[日本・メキシコ間での費用負担]

日本からメキシコへ会社立ち上げのために出張などで行く場合に、その経費負担をどのように決めるか、という点が問題になります。

一般的に、会社設立前の費用については、日本側で負担、会社設立後の費用についてはメキシコ側で負担というケースが多いですが、設立当初メキシコ子会社で赤字が続くような場合に、日本側で費用負担をしてしまうケースがあります。

メーカー等が製造子会社を立ち上げた際に、設立当初のサポート業務などを無償で子会社に対して行うようなケースもあります。

本来、日本で負担すべきでない（メキシコ側で負担すべき）費用を日本で負担した場合には、日本側において「寄附金課税」のリスクが発生します。

当該リスクに備えるためには、役務提供についてはしっかりと契約書を作成し、費用負担については一定の合理的な基準を設け、その基準に沿って各法人で負担させるといった規則正しい処理が効果的です。

ただし、当該取引についても関係会社間での取引となるため、前述の「移転価格税制」の対象取引となり、日本・メキシコそれぞれにおいて費用負担の合理性が問われることになります。

［参考資料・ウェブサイト］

・ 日本貿易振興機構（JETRO）「メキシコ進出に関する基本的なメキシコの制度 外資に関する奨励」

http://www.jetro.go.jp/world/cs_america/mx/invest_03/

・ Grant Thornton “Doing business in Mexico”

http://ssgt.com.mx/pdf/DBinMexico.pdf

VIII

労務

労働環境

■ 労働力人口

[産業別労働力人口]

メキシコの産業別労働力人口率は下記のとおり、日本に比べると第一次産業（農業）に従事している者の割合が多く、第三次産業（サービス業）の割合が少ないことがわかります。第二次産業（鉱業・工業）における従事の割合については日本とそれほど差がありません。

【産業別労働力人口率（2012 年）】

産業の種類	メキシコ	日本
第一次産業	13.4%	3.8%
第二次産業	23.6%	25.9%
第三次産業	63.0%	70.3%

出所：帝国書院「雇用労働者産業別割合」（2012年）

[業種別労働力人口]

メキシコの労働力人口は約4,386万人であり、業種別の就業人口については、卸売・小売業が約860万人、製造業が約715万人、農林水産業が約575万人、次いで建設業が約364万人となっています。

【業種別労働人口率（2013年）】

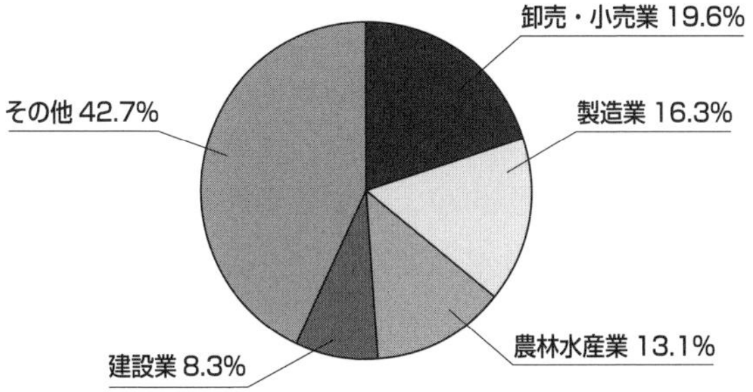

出所：INEGI

■ 失業率

メキシコの失業率は4.7%（IMFによる2014年10月時点の推計）であり、比較的低い数値で安定して推移しています。

ただし、非正規雇用比率が非常に高く、国立統計地理情報院（INEGI）が発表した統計データによると、非正規雇用比率は雇用全体の6割を超えており、2000年代半ばから改善されていません。これはPTU（労働者利益分配金）回避のための派遣会社を利用したスキーム（詳細は、Ⅶ章「税務」を参照）が主な原因で、メキシコでは大きな問題とされています。しかし、2012年12月の労働法の改正によって、派遣会社を利用したスキームは実質的に利用することが難しくなりました。今後は非正規雇用比率も改善していくものと思われます。

また、メキシコではインフォーマルセクター（麻薬組織、自営業、行商や靴磨きなど、納税しておらず社会保障を受けられない職）での労働者が約1,200万人いることも大きな問題となっています。特に北部の貧しい州においては一般の仕事がなく、インフォーマルセクターでしか働くことができない場合もあります。

カルデロン前政権時に起こった麻薬戦争において、北部地域で泥沼の戦いとなってしまったのは、麻薬や銃器を扱うインフォーマルセクターに従事する一般市民が原因といわれています。一般市民が生活を守るために戦争に関与せざるを得ない状況があったのです。

インフォーマルセクターに従事する労働者の数は、メキシコ全体では近年は減少傾向にありますが、減少する州と増加する州に顕著な差があり、最近は州間での貧富の差が問題となっています。

具体的には、2013年までの1年間に、インフォーマルセクターに従事している労働者数が減少した主な5つの州は、チワワ州（5.1%減）、ソノラ州（4.8%減）、ヌエボ・レオン州（3.2%減）、ケレタロ州（2.9%減）、バハ・カリフォルニア州（2.6%減）で、反対に、ミチョアカン州、ドゥランゴ州、ゲレロ州、キンタナ・ロー州、カンペチェ州、グアナフアト州、オアハカ州、コリマ州、モレロス州の9つの州では、0.6～1.8%の間で増加しています。

増加した各州においては治安の悪化も問題とされていて、特に日本企業が多く進出しているグアナフアト州などは置き引き等の犯罪件数が顕著に増えており、注意する必要があります。

■ 賃金水準

[都市別賃金水準]

メキシコでは、日系自動車メーカーを中心として、メキシコ中央高原地区（バヒオ地区）への日本企業の進出ブームが起こっており、同地域内における人材の枯渇が顕在化しています。次の表はメキシコの各地域での賃金水準の一覧を表したものです。なお、次表のケレタロ、グアナフアト、アグアスカリエンテスがバヒオ地区に含まれます。

【都市別・階層別賃金水準（2013 年）】

（単位：US ドル/月）

都市	労働者	中間技術者	管理職
メキシコ・シティ	285.50 ～ 431.95	910.25 ～ 2,063.02	2,892.25 ～ 5,102.74
ティファナ	331.75 ～ 551.65	1,209.05 ～ 2,496.38	2,055.81 ～ 4,363.70
ケレタロ	281.81 ～ 704.53	1,095.93 ～ 2,191.87	2,739.83 ～ 4,305.45
グアナフアト	273.98 ～ 712.36	978.51 ～ 1,957.02	2,348.43 ～ 4,305.45
アグアスカリエンテス	258.33 ～ 391.40	1,095.93 ～ 2,113.59	2,191.87 ～ 4,305.45
モンテレイ	284.32 ～ 445.42	1,080.36 ～ 2,125.25	3,169.05 ～ 5,431.21

出所：JETRO「投資コスト比較」

日本企業の進出ブームのあおりも受けて、バヒオ地区を中心とし、賃金水準が日増しに高騰しています。バヒオ地区においては通訳（特に実務がわかる通訳）も枯渇しており、当該地区では探すことを諦め、日本やその他のラテンアメリカ地域で探す会社も増えてきています。

［ 日本企業による従業員採用のコスト ］

2014年時点において、日本企業が実際に従業員を採用するに当たって、いくらぐらいのコストをかけているかを見てみましょう。

マネージャークラスの場合、人事マネージャーで年収500万～600万年、その他の管理マネージャーは年収350万～500万円程度で採用しています。

スタッフクラスの場合、管理人材に関しては、経理・総務・庶務・人事で会計ソフト等の社内管理用のソフトを利用したことがあるレベルならば、年収90万円ぐらいから採用することができます。

営業人材に関しては、販売管理ソフト等の管理ソフトを利用したことがあるレベルで、年収140万円ぐらいから探すことが可能です。

これらのスタッフクラスはともに英語が話せる人材の給与相場の下限です。ただし、人材が枯渇しているバヒオ地区においては、これらの金額より少し高くなることがあり、特に他の地域で採用してバヒオ地区で働いてもらう際などには、その傾向が強くなります。

［最低賃金］

メキシコの法定最低賃金は、連邦政府によ三地域（D.F.、バヒオ、その他地域）に区分けされ、法定最低賃金/日として1年に1度決定されます。2015年時点の三地域の最低賃金は約68ペソ（日額約500円、月額1万円程度）となっています。

メキシコでは高校卒業後、大学等で専門教育を受けた20代前半の者の月額平均賃金は約6,500ペソ（約5万円）ですが、労働者の多くは初等教育（小学校）を修了しておらず、この月額平均賃金に届いていません。

ちなみに、メキシコの教育制度は、日本と同様に小学校が6年、中学校と高等学校が各3年です。義務教育は中学校までですが、実際は小学校も満足に通えない者も多く、16歳までの平均就学期間は7.2年であり、平均就学期間が9.5年である日本と比べると短くなっています。

それではメキシコの最低賃金の推移を見てみましょう。

【最低賃金（日額）の推移】

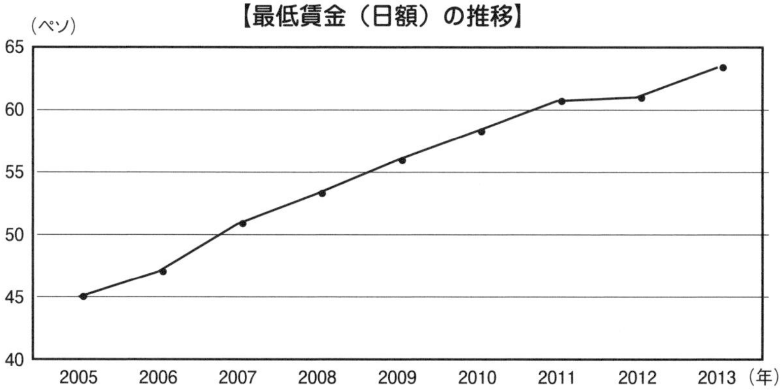

出所：INEGI

なお、連邦政府が決定した三地域における最低賃金(日額）の2009年からの推移は以下のようになります。

【3 地域における最低賃金の推移】

（単位：ペソ / 日）

	D.F.	バヒオ地区	その他地域	上昇率（全体）	インフレ率（全体）
2009 年	54.8	53.26	51.95	4.2%	3.57%
2010 年	57.46	55.84	54.47	4.9%	4.40%
2011 年	59.82	58.13	56.70	4.1%	3.82%
2012 年	62.33	60.57	59.08	4.2%	3.57%
2013 年	64.76	64.76	61.38	3.9%	—

[インフレ率と賃上げ率]

メキシコでは、最低賃金の上昇率を決定するに当たっての重要な指標がインフレ率であり、最低賃金は、このインフレ率の上昇幅に比例して上がります。

近年の最低賃金の上昇率とインフレ率は安定していますが、過去30年間の推移を見ると購買力は4分の1にまで低下しているので、最低賃金の上昇率の4倍のインフレーションがあったことがうかがえます。

また、余談ですが、メキシコにおける定期預金の金利は2～3%程度であり、インフレ率は4%前後で推移しています。銀行の定期預金口座にお金を預けていると、相対的にお金の価値が下がっていくという現象が起こっています。

■現地人採用時の留意点

［ワーカークラス］

ワーカークラス採用時に留意する点としては、現場の責任者をメキシコ人にし、そのメキシコ人責任者が技術面から日本企業での働き方等の理念面まで含めて指導する必要があります。これは、多くの工員が英語を話せず言葉がうまく伝わらないというのはもちろんのこと、インフォーマルセクターと密接にかかわっている者も少なくないからです。その中で、無駄な誤解を生まないためにも、日本人駐在員が直接工員とかかわることは控えた方が賢明です。また、工員と一緒に写真を撮るなどの行為も十分に注意する必要があります。メキシコでは、お金を持っている者をピンポイントで狙うので、このような顔写真を元に誘拐が発生したケースも多く存在します。

給料水準が低いワーカークラスは、預貯金を行う習慣があまりありません。そのために賃金の支払（給料日）を月4回とする工場も多くあります。月2回の支払にしていて、工員から月4回にするべきとの不満が出た工場もありますので、注意が必要です。

その他、工員のための食堂を用意する、PTUはしっかりと支払うなど、留意する項目は多岐にわたります。

[スタッフクラス]

スタッフクラス採用時に留意する点としては、英語の話せる人材にすることが必要です。スタッフクラスの多くは、管理部門か営業部門での採用になりますが、管理部門であれば基本的には女性を採用することが望ましいです。メキシコにおいても会社の小口現金の盗難やPCの盗難、その他横領などが起こることがありますが、その多くが男性従業員によるものだといわれているからです。そのため他国と同様に、貴重品の取扱には女性が向いていると考えられます。また、筆者の経験談としても女性の方がよく働きます（東南アジアと同じ気風があるように感じます)。

営業部門に関しては、メキシコは普通自動車の免許を即日で購入(3,000円程度、講習なし）することができるので、免許を持っていても車が運転できない者がいます。そのため、面接時に運転の可否も確認しなくてはなりません。

その他の専門的な知識が必要な採用（経理、会計、労務、法務など）についても、同様に面接時にしっかりと知識面を確認をする必要があります。その際、できるかという質問に対しては“できる”と必ず答えるのがメキシコ人ですので注意してください。

給料水準は工員より高く、月におおよそ10万～15万円程度ですが、スタッフクラスもあまり預貯金を行う習慣はありません。そのために給与に関しては、多くの企業が月2回の支払を行っています。

経験上、支払の回数を増やしてくれとはあまり言ってきませんが、中には金を貸してくれ、給与を前借りさせてくれという従業員もいるので、このような場合の対応策を事前に決めておくとよいでしょう。

[管理職クラス]

管理職クラスの採用時に留意する点としては、スタッフクラスと同様に英語の話せる人材にする必要があります。

管理職は、ワーカークラスやスタッフクラスと比べると給与水準がかなり高くなり、月30万～50万円程度支払う必要が出てきます。スタッフクラスに多い面接時の自己の過大評価は、管理職クラスになるとかなり少なくなりますが、面接の段階でしっかりと該当者の能力を見定めておかなければ、後で給与にあった働きではなかった等の手痛いしっぺ返しがくることにもなりかねません。そのため、面接は3回以上行うことが望ましいです。日本企業は一般的に、実際に現地に飛んで面接することが難しいために、テレビ電話やSkypeを使った面接を行うことが多くなっています。

日本企業で働く管理職といってもメキシコ人であり、日本企業の理念や働き方を理解できない者も多くいます。中には、上司である日本人駐在員の意見よりも、部下であるメキシコ人スタッフの意見を尊重する者もいるので注意が必要です。

また、メキシコ人管理職の中には業務を管理するだけではなく、業務も行う者（プレーイングマネージャー）も多いので、採用時に該当する管理職の働き方をしっかりと示す必要があります。

■ 労働組合

メキシコは労働者保護に対する意識が強く、労働組合が非常に力を持っています。従業員には労働組合を結成する権利が認められていて、さらに、一企業における労働組合ではなく、職種別、産業別ごとに連合を結成することも法律上認められています。

組合の結成に必要な人数はいずれも最低20人ですが、労働組合については連合で結成する場合には一企業における参加人数は20人未満でもかまいません。

[労働者保護]

1917年に制定されたメキシコ憲法の123条において、労使間での紛争の際には、解決のためのあっせん仲裁委員会を設けなければならないと定められています。このあっせん仲裁委員会は裁判官・使用者代表・労働者代表の三者構成となっており、正当な対話ができるように法的枠組みが整えられています。

あっせん仲裁委員会の中での労働組合は、国が押しつけようとする労働者に不利な経済政策の実施を阻止すること、また、労働者からの申立について有利な合意を得ることなどを役割としています。

メキシコの労働者保護については、労働組合によって成り立っているといっても過言ではなく、事実、このあっせん仲裁委員会（CTM関連）には、労働者からの申立が過去に1万7367件取り上げられており、その内88%は労働者に有利な決定がなされているのです。

[代表的な労働組合]

CTM

CTM（Confederación de Trabajadores de México）とは、メキシコ労働組合連盟のことを指し、多くの日本企業の労働者が参加している労働組合の1つです。

HP：http://ctmorganizacion.org.mx
役員名：Senor Lic. Joaquin Gamboa Pascoe（事務局長）
組合員数：約450万人（女性約140万人）
執行委員数：18人（女性4人）
加盟組織：32地方組織
加盟主要産業：電気、製糖、石油、自動車、石油化学、農業、商業、通信など
加盟国際組織：国際労働組合総連合（ITUC）、ITUC米州地域組織（ITUC-TUCA）、経済協力開発機構・労働組合諮問委員会（OECD-TUAC）

大会情報：5年に一度開催（次回2016年）

活動内容：・内部構造の組織化
・国際活動
・農業
・政治活動
・輸送業
・社会保険
・女性、青年運動
・社会福祉
・エコロジー活動
・貧困層への教育、経済活動
・通信、報道　など

（以上、2015年1月時点）

UNT

CTMの他に有名な労働組合といえば、UNTが挙げられます。UNT（Unión Nacional de Trabajadores）とは、労働者全国連合のことを指し、多くの日本企業の労働者が参加している労働組合の1つです。

HP：http://www.unt.org.mx

役員名：Senor. Francisco Hernandez Juarez（会長兼事務局長）

組合員数：約100万人（女性約40万人）

執行委員数：28人（女性5人）

加盟組織：305組織

加盟主要産業：電気通信、原子力産業、大学、自動車、航空宇宙など

加盟国際組織：国際労働組合総連合（ITUC）、ITUC米州地域組織（ITUC-TUCA）、経済協力開発機構・労働組合諮問

委員会（OECD-TUAC）

大会情報：1年に1回開催

活動内容：・人権と労働者の権利擁護と促進

・報道機関の民主化

・関係団体（農民運動団体、市民運動団体、社会運動団体、労働団体）との連携による運動推進　など

（以上、2015年1月時点）

［労働協約の締結］

労働組合は、労働者を代表して使用者側と労働協約（労働組合と使用者との間に結ばれた労働条件）を締結することが可能であり、その適用範囲を当該組合員に限定することも可能です。

なお、労働協約はその内容を2年ごと（賃金に関する条件については毎年）に見直す必要があります。

［ホワイトユニオン］

メキシコにおいて、労働組合は非常に力を持っており、労働組合主導で自由に労働協定を結ばれることを防ぐために、ホワイトユニオンといわれるスキームを利用する会社も数多くあります（特に欧米企業に多い）。

ホワイトユニオンとは、自社にコミットした人材を労働組合の長としておき、自社主導で労働組合をコントロールするスキームです。

■ 労働争議

メキシコでは法的にストライキを行うことができますが、一度ストライキが起きると、メキシコ特有の労働者保護の観点も相まって、解決に時間もお金も要してしまう現状があります。

そのため、メキシコの労働法にはストライキに関する規定がいくつか存在します。

[ストライキの詳細]

ストライキを行う場合には、会社または事務所全体の過半数の労働者の賛成を得ることが必要となり、過半数の参加がない場合には合法的なストライキを行うことはできません。もし、非合法のストライキを行った場合には、その責任者を懲戒処分にすることができます。

[ストライキ実行プロセス]

なお、ストライキの実行プロセスについては以下のとおりです。

・ストライキ責任者はストライキ予告書を調停仲裁委員会へ提出する
・当該委員会は48時間以内に会社側へその旨を通達する
・ストライキ責任者は当該通達から6日以降にストライキ予定日を設定する

会社側は、ストライキ予告書が提出されて以降は、財産処分、動産の占有移転ができなくなります。

[ストライキ不成立の条件]

なお、ストライキ実行プロセスが行われてもストライキが不成立となる場合があります。その条件は、参加者が過半数に満たないか、目的の不備、手続の不備のいずれかがあった場合などです。

［ストライク不成立後のプロセス］

ストライキが不成立となった後のプロセスは以下のとおりです。

・会社側はストライキ開始後72時間以内に、ストライキ不成立宣言請求を調停仲裁委員会に申請する
・ストライキ不成立が認められたら、労働者は24時間以内に職場に復帰する
・一般的慣習では、ストライキ中の未払賃金はストライキ終了後に半額支給する

ストライキの実行プロセスおよび不成立があった場合のプロセスを記載しましたが、実際のストライキの終結は、労使間の合意による場合が多いという現実があります。そのために労働争議を避けるために最も有効な対策は、良好な労使関係を築くことにあります。

［日本企業の対応］

メキシコでは、労働法923条に「特定の労働組合と労働協約を結んでいる会社に対しては、他の労働組合主導の労働協約締結目的であるストライキは行うことができない」とあります。そのため、自社の労働者で労働組合を結成（ホワイトユニオン）させるか、自社の労働者を外部の穏健な労働組合に加入させ、労働協約を締結しておくことが必要だと考えられます。

ただし、メキシコにおける日本企業は、給料・賞与・PTUを支払い、基本給の額もメキシコやその他の国の工場等に比べると格段に良いため、ストライキは必ずしも盛んに行われておらず、労働争議は個別の従業員との対立がほとんどです。

個別の従業員との対立（メキシコでは弁護士への手数料体系が成功

報酬型のために、直ぐに裁判を起こすことが可能）において、多くの日本企業は当該従業員ごとに都度の対応をし、法令に従った金額を当該従業員に支払い、示談としているところがほとんどです。これは、従業員と本気で戦おうとしても、裁判所からの度重なる代表者への出頭要請等により本業の時間が削られるうえ、現実的に裁判によって結論を出すことが難しい現状にあるためです。

労働法

メキシコの労働法は、メキシコ革命において制定された1917年憲法に依拠するものです。この1917年憲法は、労働者の基本的権利を定めた世界初の憲法であるといわれていて、労働および社会保障に関する規定が世界に先駆けて設けられました。

その後、メキシコでは労働法が州ごとに定められましたが、1931年には各州の労働法が廃止されて、統一の連邦労働法が制定されました。

1970年には、労働法の抜本的な改正が行われました。この改正は、当時の学生運動に労働者団体が参加しなかったこと対する恩恵という形で行われたために、労働法の内容はますます労働者保護に手厚いものとなりました。

以降、2012年12月に大規模な改正が行われているものの、従前の手厚い労働者保護の性格においては現在に至るまで引き継がれています。

このような歴史的な背景を持つメキシコの労働法は、諸外国と比しても非常に厳格なものとして知られており、その特徴として雇用形態、労働条件、労使関係、雇用契約などについて詳細に定めていることが挙げられます。

なお、2012年12月における労働法の改正においては、主にPTU（労働者利益分配金）に関連した派遣制度に関する規制強化（詳細はⅦ章「税務」を参照）、アルバイト・パートタイマーにおける最低賃金および社会保険の義務化などが制定されました。

■ 個別規定

[労働時間]

メキシコの労働時間は1日8時間までと定められています（夜勤の場合は1日7時間、夜勤と日勤の混合勤務の場合には1日7時間半まで)。また、1週間で48時間まで勤務できるとされています。

1週間で合計48時間まで勤務できるために、多くの日本企業が週5日で1日9時間勤務としています。しかし、1週間の合計勤務時間は45時間で規定の48時間以内に収まっているものの、1日当たりで見ると1時間の残業が発生するので、留意が必要です。

[休日]

メキシコの労働法には、連続する6日間の勤務を行った場合には、少なくとも1日の休日を付与しなければならないと記載されています。休日は日曜日でなくてもかまいませんが、多くの日本企業は土曜日と日曜日を休日にしています。

[休憩時間]

1日の労働時間のうち、少なくとも30分の休憩時間を与えなければなりません。バヒオ地区における日本企業では、休憩時間を30分としているところもありますが、それは工場内に食堂があり、すぐに食事を済ませることができるような場合であり、基本的な休憩時間は1時間としているところが多いようです。

[割増賃金]

メキシコの労働法によると、時間外労働は1日3時間まで、週に3日までの合計9時間までと定められています。この範囲内の割増賃金については、基本給の2倍、この範囲を超える場合の割増賃金については、基本給の3倍の支払が必要となります。

また、法定休日に出勤した場合においては、上記の時間にかかわらず、基本給の3倍の支払が必要となります。ただし、日曜日の勤務については、1.25倍の割増賃金の支払となります。

[年次有給休暇]

メキシコの労働法によると、勤続年数1年を経過した日において6日間の有給休暇が付与されます。その後は、勤続年数2年経過日において8日、3年経過日において10日、4年経過日において12日の有給休暇がそれぞれ付与されることとなり、5年経過日以降は、5年経過するごとに2日の有給休暇の加算があります。

なお、従業員が有給休暇を使用した場合には、通常の給与の支払の他に25%の有給休暇ボーナスが発生します。つまり、有給使用1日につき、基本給100%に加え割増の有給休暇ボーナス25%が支払われることになるのです。

また、試用期間や研修期間も、有給付与の基準年数の計算に含まれることになります。

[祝祭日]

メキシコの労働法に定められている祝祭日は以下のとおりとなります。

【祝祭日】

1月1日	新年
2月第1月曜日	憲法記念日
3月第3月曜日	ベニート・フアレスの生誕日
5月1日	メーデー
9月16日	独立記念日
11月第3月曜日	革命記念日
12月25日	クリスマス

また、慣例休日もあり、多くの企業は以下についても休日としています。

【慣例休日】

4月17日～18日	セマナ・サンタ
5月5日	対仏戦勝記念日
5月10日	母の日
9月15日	独立記念日前夜祭
11月2日	死者の日
12月12日	グアダルーペ聖母の日
12月31日	大晦日

[若年者保護]

メキシコでは、14歳から労働が可能です。ただし、メキシコ労働法では、14歳以上16歳未満の労働者は若年者保護の対象となり、労働監督署の要求に基づき、定期的に健康診断を受診し、診断結果の証明書を保持する必要があります。

また、労働時間は1日6時間（連続3時間ごとに休憩1時間が必要）までと定められ、それ以上の労働をさせることはできません。時間外労働も禁止されており、有給は年間最低18日付与しなければなりません。

日本企業において若年者を採用しているケースはほとんどありません。

[女性労働者保護]

メキシコの労働法では、女性労働者に対して出産前後に各6週間の有給休暇を与えています。この12週間を超えて休暇を取った場合には、最大60日までが有給休暇として認められ、給与の50%の支払が行われます。

　また、授乳期間中は授乳のために1日に2回、合計60分の特別時間休暇を取得することが可能です。企業は女性が職場に戻った際には、出産後1年以内に元の職位に戻さなければなりません。

　なお、2012年12月の改正により、男性にも出産休暇として5日間の有給休暇を与えており、会社はこれら休暇も勤続年数から算出しなければなりません。

［退職に関する規程］

解雇の場合

　正当な理由のない解雇の場合には、会社は当該従業員に対し、次の式によって計算された解雇補償金が支払う必要があります。

解雇補償金の計算

　　　　解雇補償金＝3カ月分の給与＋（勤続年数×日給20日分）

自己都合退職の場合

　労働者の自己都合退職の場合には、勤続年数に応じて以下の計算式によって計算された年功報奨金、年末ボーナスの日割り計算分、未消化の有給休暇の買い上げ部分（125%）の金額が支払われます。

年功報奨金の計算

　　　　勤続年数×日給12日分

［手当］

　労働法に記載されているメキシコ特有の手当は以下のとおりです。

- PTU（Ⅶ章「税務」参照）
- 有給休暇ボーナス（P.303「年次有給休暇」の項を参照）
- アギナルド

アギナルドは、クリスマスボーナスに該当するメキシコ特有の法定賞与です。事業者は、12月20日まで（基本的には12月15日の給与時）に従業員に対し、日給の15日分に相当するアギナルド（クリスマスボーナス）を支払わなければなりません。

[福利厚生]

福利厚生としては、食事補助、交通費補助、貯蓄基金、民間の医療保険・生命保険等が支給されることが多いです。

福利厚生のルールとしては、日本と同様に機会均等的なものでなければ認められないとされています。そのために就業規則等において、従業員全員に対する福利厚生として定めることができます。

また、2014年の税制改正により、非課税福利厚生費については一定の損金不算入（税務上の費用として認められず税金が課される）の制限ができたために、会社はその支給する福利厚生費が損金不算入項目となるかを確認しなければなりません。

[社会保険への登録・拠出]

会社は、従業員をメキシコ社会保険庁（IMSS）に登録し、各種社会保険料を支払わなければなりません（詳細は、後述の「社会保障制度」を参照）。

[トレーニング義務]

会社は、従業員に対してトレーニングのプログラムを提供しなければならないとされています。また、当該トレーニングプログラムについては、IMSSの承認と登録が必要とされています。

■ 日本とメキシコの労働基準

メキシコと日本の基準を比較すると次の表のようになります。

【日本とメキシコの労働法の比較】

	日本	メキシコ
労働時間	1日8時間 1週間40時間	1日8時間（夜間勤務の場合7時間、夜勤と日勤の混合勤務の場合7時間半） 1週間48時間
休憩時間	連続して6時間を超えて労働する場合には45分以上、8時間を超える場合には60分以上の休憩	1日の継続労働時間内で少なくとも30分の休憩
休日	週1日以上の休日	週1日以上の休日
割増賃金（基本給に対し）	時間外労働：1.25倍 ※月60時間を超えた時間分は1.5倍の例外あり 深夜労働：1.25倍 休日労働：1.35倍	時間外労働：2倍 ※時間外労働は1日に3時間まで、週に3日までの合計9時間までとされている。9時間を超えた場合には、割増賃金率は3倍となる 法定休日労働：3倍
年次有給休暇（勤続期間に対し）	6カ月以上：10日以上 1年6カ月以上：11日以上 2年6カ月以上：12日以上 3年6カ月以上：14日以上 4年6カ月以上：16日以上 5年6カ月以上：18日以上 6年6カ月以上：20日以上 ※上記期間の出勤日数要件あり 通常有給休暇の繰越は2年間	1年：6日 2年：8日 3年：10日 4年：12日 5年目以降は勤続5年おきに2日の有給の加算がある。 ※休暇期間中には、通常の賃金の他に賃金の25%の休暇ボーナスが発生する

■ 雇用契約書と就業規則

メキシコでは労働者保護への意識が非常に強いために、労働者が退職後に会社を提訴し、労働争議に発展することがたびたび発生します（メキシコの弁護士は成功報酬型であるうえ、労働争議に関しては労働者が非常に有利に取扱われるために、弁護士も労働者からの依頼を断らない傾向にある）。

そのために、有事の際の根拠資料として、雇用契約書および就業規則は重要となります。これらの書類は2部ずつ作成し、必ず両当事者のサインを入れ、適切に1部ずつ保管する必要があります。また、就業規則に関しては、全従業員が閲覧可能な状況にしておかなければ、その内容が認められない場合もあるので、全従業員が集まる食堂などにも掲げておく等の対応が必要となります。

［雇用契約書］

雇用契約の種類

メキシコにおける雇用契約書に関しては、原則として期間の定めのない契約（無期雇用契約）とみなされ、有期雇用契約については限定的な場合にのみ認められるとされています。

たとえば、プロジェクトベースのビジネスは基本的には、そのビジネス自体に期間の定めがありますが、雇用契約が無期雇用契約とされるのであれば、そのプロジェクト終了時において、当該従業員の解雇が認められるか、解雇補償金を支払わなければならないかなど、さまざまな問題を精査しなければなりません。もちろんこのような場合には有期雇用契約が認められるので、有期雇用契約にしておけば解雇補償金の支払は要しません。

有期雇用契約に該当する場合

提供業務の性質が有期であることが必要な場合には、有期雇用契約が認められますが、その他に有期雇用契約が認められる事由は以下のとおりです。

・正規の労働者が妊娠等のために、一時的に雇用される労働者である場合
・繁忙期や決算期の短期重要に対応するための労働者である場合
・試用期間（一般労働者30日、管理職等180日）中の試用契約で

ある場合
- 研修期間（一般労働者90日、管理職等180日）中の研修契約である場合

試用期間、研修期間中は適性を判断する期間であるために、適性がないと判断された場合には、会社は解雇補償金等を支払わずに、当該契約を終了させることができます。また、社会保障等の義務を果たさない場合には、無期雇用契約とみなされます。

雇用契約書の記載項目

雇用契約書には以下の項目が記載されます。

- 契約日
- 雇用主基礎情報
- 採用者基礎情報
- 職務内容
- 契約の期間
- 勤務時間
- 給与
- 賞与
- 支払口座情報
- 社会保険料
- 休日
- 時間外手当
- 有給
- 有給ボーナス
- アギナルド（クリスマスボーナス）
- 健康診断結果

・研修内容
・機密情報の取扱
・知的財産の取扱
・競業の禁止
・両当事者の署名

［就業規則］

就業規則と雇用契約の違い

就業規則は画一的に定められたルールであり、雇用契約は両当事者により定められたルールとなります。どちらも就業や雇用に関する条件を定めたものになりますので、その記載内容は同様の項目が多くなります。

また、就業規則と雇用契約の記載内容が違った場合には、会社の画一的なルールである就業規則が基本的には優先して適用されます。会社は従業員に何かしらの処分を行う際には、就業規則にその根拠を求めることとなります。

ただし、このような前提条件はあまり意味をなさず、メキシコでは就業規則であろうと雇用契約であろうと、基本的には従業員に有利なように判断されることが多いようです。

就業規則の記載項目

就業規則には以下の項目が記載されます。

・経営目的
・従業員の定義
・原則厳守の義務
・採用
・試用期間

- 正式採用
- 採用者提出書類
- 職務の任命等
- 勤務日
- 勤務時間
- 休憩時間
- 始業時間および終業時間
- 出張等旅費および勤務時間
- 時間外勤務、休日勤務
- 時間外勤務、休日勤務の手当計算方法
- 休日
- 振替休日
- 勤怠
- 欠勤の手続
- 早退、外出
- 休暇の種類
- 特別休暇
- 服務の基本原則
- 服務心得
- 懲戒処分
- 給与支払日および場所
- 賃金控除
- 昇給
- 賞与
- 退職
- 定年
- 退職手続
- 解雇

・解雇補償金
・年次健康診断
・身辺の移動の届出
・就業規則の変更
・施行日
・両当事者の署名

■ 労働法7条（外国人雇用比率）

メキシコ労働法7条に、原則として外国人駐在員1人に対して、メキシコ人を9人雇用しなければならない（役員および一定のステータスの管理職などに従事する者を除く）とあります。2012年までは特段罰則規定はなく、形骸化していましたが、2012年9月28日の移住法施行規則166条「雇用主登録」によって「被雇用者とその国籍リスト」の登録が求められることとなり、査察の実施が可能となっています。

現在ではビザ取得の段階において、「被雇用者とその国籍リスト」の確認をされることもあり、今後ビザの追加取得に影響が出ることも考えられます。

日本企業の具体的な対応としては、当該7条には役員および一定のステータスの管理職については除くとありますので、日本人駐在員については役員登録して、この規定の適用を受けないように調整している会社などがあります。ただし、多くの企業は未だに個別具体的な対応をしておらず、何かしらの対応をとる必要があります。

社会保障制度

メキシコにおける社会保障制度について、1943年に社会保険法(Ley de Seguro Social)が制定され、それに基づき民間組織労働者を対象としたメキシコ社会保険庁(IMSS：Instituto Mexicano de Seguro Social)が発足しました。

現在では、社会保険庁には、IMSSとは別にISSSTE(国家公務員社会保障公社)もありますが、本書では日本企業によりかかわりの深いIMSSおよび社会保険法を中心に解説します。

■ IMSS

メキシコ社会保険庁(IMSS)は、民間組織労働者を対象とした社会保険について管轄する公社のことをいい、メキシコに法人等を設立した日本企業は、従業員を雇う都度、当該従業員をIMSSに登録(雇用した日から5営業日以内、詳細は後述)しなければなりません。IMSSに登録された被保険者およびその家族(扶養家族)は、地域の該当する病院において無料で診察を受けることができます。

また、IMSS加入に伴う社会保険料の負担については、事業主負担が給与の37.99%であり、労働者負担分は2.935%です。これらの保険料を毎月負担して、下記の社会保険法に規定する事項に該当する場合には、各種保険金の給付を受けられることになります。

■ 社会保険法に規定する事項

社会保険法11条には当該社会保険の対象となる項目のサマリーが記載されています。さらに、その後の条項に各項目の説明が記されています。

なお、このサマリーには、各種項目の説明だけではなく、それに該当する保険料の支払等の内容も含まれています。

・労災（労災保険）
・病気および出産（医療保険等）
・障害および生命（障害者保険および生命保険）
・退職および失業（退職年金や失業保険）
・ケアサービスおよび社会福祉

また、社会保険法15条には、これらの社会保険に関しての雇用主の義務がそれぞれ記載されています。雇用主が従業員を雇っているにもかかわらず、これらの義務を遂行しない場合には、斡旋業者等（雇用主と従業員の間に入る者すべて）も、当該従業員に対し連帯責任を持つことになります。

・雇用した日から5営業日以内にIMSSに従業員を登録させ、保険額等の増減の通知、給与額の修正、その他の各項目を通知する
・雇用した日から、雇用主は給与や出勤日数、その他法律で定める事項を5年間保存する
・雇用主の拠出金額（基本給与額）とIMSSへの保険料の支払金額を決定する
・支払の内容等の詳細情報をIMSSへ申請する
・IMSSによる視察があった場合には対応する
・建設業の場合には、15日おきに書面による給与や勤続日数の通知を行う（基本的には、給与の支払に合わせて通知を行うことになる）

■ 各種保険金等の支払

[労災保険]

メキシコで、従業員に労働災害が起きた場合には、当該すべての従業員は、直接金銭的補償を受ける権利を持っています。具体的には、次に規定する金額を支払います。

・従業員に障害が永久に残る場合には、当該従業員に対し1,095日分の給与相当額を支払う
・業務上の事故で労働者が死亡した場合には、遺族に対して葬儀費用として給与の2カ月分、その他として730日分の給与相当額を支払う

[年金保険]

社会保険法162条において、定年退職者における年金制度が記載されています。定年退職者に関しては65歳超から年金の支給があります。

ただし、年金を受け取れる条件としては、在職中に合計1,250週以上にわたって、年金保険料を納めている必要があります。もし、1,250週に満たない場合は、それまでに支払った額に見合う金額が一時的に給付されます。

なお、早期退職者には60歳からの早期減額支給制度が別途、定められています。

[医療保険]

社会保険法107条において、医療保険について記載がされており、病気および出産の費用はすべて現金または現金同等物で給付されます。その財源は基本給与の1%相当額とされ、各負担者の負担割合は、雇用主が70%、被雇用者が25%、連邦政府が5%となっています。

また、当該医療保険の給付内容は次のとおりです。

給付内容

・被保険者には、出産後6カ月間、新生児用品（衣類や紙おむつ、ミルク等の生活必需品）が支給される
・被保険者には、当該被保険者の月収に相当する額が、出産の42日前と42日後の2回に渡ってそれぞれ支給される
・被保険者には、傷病手当として、傷病の発生から1年間、給与の60%が支払われる

日本人を駐在させる際の注意点

■ メキシコ赴任者への対応

メキシコへ進出が決まった会社は、まずメキシコ赴任者を選出します。その後、当該赴任者に対して、以下のような事項を1つずつ取り決めていくことになります。

・海外赴任の形態（在籍出向または転籍出向など）
・給与の設計
・海外赴任者規定、出向契約書等の整備
・パスポートやビザ等の渡航の準備
・住居や学校等の赴任後の生活の準備
・日本出国時の年末調整等
・社会保険の手続

それでは上記の項目から重要なものをピックアップして見ていきましょう。

■ 海外赴任の形態

海外赴任の形態には、出張形態、在籍出向形態、転籍出向形態の3つがあり、日本企業の多くはメキシコに法人を設立し、在籍出向の形で現地に駐在員を派遣しています。

[出張]

指揮命令系統は親会社が持ち、基本的には短期での海外赴任となります。メキシコでは入国カード（FMM：Forma Migratoria

Multiple）により、180日までの滞在が可能となっているため、入国カードのみで滞在することが多くなっています。

また、出張に係る費用はすべて親会社の経費となり、日本での確定申告時の費用に計上することが可能です。ただし、子会社が設立された後の経費については、子会社負担の可能性もありますので、源泉地がどちらかを確認する必要があります。

［在籍出向］

出向元企業（親会社とは限らない）との雇用関係は維持したまま、出向先企業の指揮命令系統に従います。つまり、出向元と出向先の2つの会社と労働契約関係がある状態となります。

二国間で労働契約関係があるためにどちらの国の労働法等に従うのかが問題となってきますが、税務の租税条約のように“二国間にわたる明文の規定”は存在しないので、その判断は非常に難しいものとなります。

したがって、この場合に判断の拠り所となるものが、海外赴任者規定と出向契約等のような会社と出向当事者間で個別に定めた規定となります。

また、この出向形態を採用した場合には、駐在員は基本的には日本の住民票を抜き、日本での住民税等の支払を回避しますが、日本国内企業から給与の一部を受け取り、雇用保険、健康保険、厚生年金保険等の各種社会保険等については、日本側で必ず継続して加入することとなります。

［転籍出向］

親会社との雇用関係をなくし、出向先企業と新たに雇用関係が結ばれるために、出向先企業の指揮命令系統に従います。出向先企業とのみ労働契約関係にあるため、当該出向者はメキシコの労働法等に従います。

また、この出向形式を採用した場合は、日本の住民票を抜くのはもちろんのこと、日本の社会保険等を継続することはできません。

■ グロスアップ計算

メキシコ赴任者の給与設計については、グロスアップ計算によって最終的な総支給額を決定します。メキシコと日本は税率も違えば、社会保険料の個人負担額も違います。そのためにメキシコ赴任者への給与を日本在職時の総支給額と合わせるように決定してしまっては、税金と社会保険料を差し引いた手取額が、日本で受け取っていた手取額よりも少なくなってしまうことも考えられます。

このような事象が起こらないように、最初に手取額を日本在職時と合わせるよう給与を決定します。手取額を決定した後に、税額と社会保険料の額を加算して総支給額を決めるのです。この手取額にグロスアップして給与の総支給額を決める手続を“グロスアップ計算”と呼びます。

■ その他給与の設計

メキシコ赴任者への給与を日本の親会社側が全額または一部負担している場合には、この負担金が日本の親会社からメキシコ子会社への寄附金とみなされて課税の対象となる可能性があるために注意が必要です。

ただし、日本において親会社の負担が認められるケースがいくつかあります。

・メキシコ子会社が経営不振等でその出向者に賞与を支給することができなかったために、日本親会社が当該出向者に対して給与を支給するケース

・メキシコ子会社が海外にあるために、日本親会社が留守宅手当を支給するケース
・メキシコと日本では給与水準が違うために、現地で同レベルの人材に対して支払う給与の額の超過分（格差補填金）を支給するケース

■ 在留許可の取得

メキシコにおいて、2012年11月9日より、在留許可手続の制度が改められました。それ以前の在留許可の取得は非常に簡単であり、メキシコ国内での手続が1カ月程度、また、入国カードから在留カード（テンポラリーレジデントカード：TRT）への切替えも国外の領事館等で面接をする必要などなく、メキシコ国内において行うことができました。

そのため、長くても2カ月あればTRTの取得ができましたが、改正以降は3～5カ月程度の期間が必要と考えられます。

新規進出企業の中には、1～2カ月でTRTの取得が終わった人がいるとの情報を耳にすることがあるかと思いますが、TRT取得の手続には、会社側の手続である雇用主登録と、TRT取得者側の手続である一時居住許可取得という2つの手続が存在します。1～2カ月でTRTの取得が終わった者は、おそらく雇用主登録が既に済んでいたケースであり、通常は3～5カ月の期間が必要です。

ビザの取得には外国人を雇用するための会社の資格および会社代表者の権限がそれぞれ必要となります。雇用主登録によりこれらの資格および権限が認められるため、一旦雇用主登録を行ってしまえば、その後は当該雇用主登録証を提示するだけでこれらの資格および権限を証明することができます。

また、在留許可取得の関連法規は以下のとおりです。

- 出入国管理法（Ley de Migración）
- 出入国管理法施行規則（Reglamento de la Ley de Migración）
- 入国査証発給ガイドライン（Lineamientos generales para la expedición de visas que emiten las Secretarías de Gobernación y de Relaciones Exteriores）
- 在留許可手続ガイドライン（Lineamientos para trámites y procedimientos migratorios）
- 在留許可証並びに国家移住庁宛手続書式および統計用書式に関する通達（Circular referente a los Documentos Migratorios y los Formatos de Solicitud de Trámite y Estadísticos del Instituto Nacional de Migración）
- メキシコ外交法（Ley del Servício Exterior Mexicano）

[該当する在留許可証の種類]

入国カード

メキシコへの渡航の際に機内で配布されるフォームが入国カード（FMM：Forma Migratoria Multiple）です。機内以外にも空港のカウンター等で入手することが可能であり、渡航者が必要情報を自身で記載します。一般には、この入国カードが旅行ビザと呼ばれています。

FMMの主な日本人対象者

- 滞留期間が180日を超過しない出張者
- 滞留期間が180日を超過しない旅行者
- 入国査証（正式にはこれがビザに該当）の発給を受けた後に入国する者
- TRT取得目的で入国する帯同家族

帯同家族については、旧制度と同様FMMからTRTへのステータス切替えが可能です。

上記の180日という期間は税務上の183日ルール（居住者の判定：詳細はⅦ章「税務」を参照）とは別物であり、下記のTRTおよびTRPについてもそれを所持しているために居住者と判定されるものではありません。居住者判定については、あくまでも税務上の規定に従って決定されることとなります。

テンポラリーレジデントカード

テンポラリーレジデントカード（TRT：Tarjeta de Residente Temporal）とはFMMの手続の後に取得できる在留カードで、日本の免許証とほぼ同じサイズです。TRTがなければ、各種契約、銀行口座の開設、免許の取得、メキシコで生活するための基礎条件がほとんど整わないため、納税者登録番号（RFC）の取得が済んだ段階で、早急に手続を開始する必要があります。新規取得の場合の有効期限は1年間であり、以後は最大3年まで更新が可能です。つまり、テンポラリーレジデントカードのステータスでは最大4年の滞在が可能となります。TRTの主な日本人対象者は次のとおりです。

- 在留期間が180日を超過する出向者（メキシコで所得を得る者）
- 在留期間が180日を超過する長期出張者（メキシコで所得を得ない者）
- 出向者および長期出張者の帯同家族
- その他メキシコにおいてサイナーとなる者　　等

TRTは、一般的に旧制度呼称のFM3で呼ばれることが多いです。この章ではTRTとしていますが、それ以外の章では、通称のFM3を使用しています。

また、メキシコではTRTのステータス以上を保持している者でなければ、サイナーとしてメキシコで契約書等にサインをすることができません。

パーマネントレジデントカード

パーマネントレジデントカード（TRP：Tarjeta de Residente Permanente）とは永住権であり、アメリカのグリーンカードに相当します。TRTにより4年の滞在をして、さらにメキシコへの滞在を希望する場合に取得することができます。従事できる活動に制限はなくメキシコ人と同様の扱いを受けられます。TRPの主な日本人対象者は次のとおりです。

・TRTの有効期間4年が経過した出向者およびその帯同家族
・TRPを保持する出向者の帯同家族

[入国査証（ビザ）]

ビザはあくまでも「パスポートの有効性を認め、入国を許可する」という旨を国外の領事館が認めたものであり、その証拠としてパスポートにステッカー等を貼られます。

しかも、上述のとおり、日本とメキシコには相互査証免除措置があり、180日以内での渡航の場合には、当該国外の領事館においてビザを発行してもらう必要はありません。

したがって、正式にはビザは入国するための許可で、TRTは在留するための許可であり、その性質は全くの別物です。ただし、よく混同されるもので、日本人駐在員による「ビザ所得できました？」などの質問は、おそらくTRTを取得できたかどうかを聞いているものですので臨機応変な対応が必要となります。

［雇用主登録］

雇用主登録とは、外国人を雇用する会社が国家移住庁（INM：Instituto Nacional de Migración）に対して申請し、取得しなければならない登録です。これがなければ、次のインテルナシオン手続に移行することができません。

この雇用主登録により、会社に対して雇用主としての資格、会社代表者としての権限が認められることとなります（在留許可手続に関しての資格および権限）。そのため、雇用主登録を取得した後は、在留許可手続において、当該雇用主登録証を提示すればこれらの資格および権限を証明することができます。

［インテルナシオン手続］

メキシコ現地法人が日本人等の外国人スタッフをメキシコに招聘することについて、国家移住庁の認可を得る手続をいいます。留意点として、雇用主登録が終わっていなければこの手続に移ることができません。

なお、この手続は以下の3つの項目からなります。

基本認可取得

現地法人が会社の納税者登録番号の住所を置く州の国家移住庁にて申請を行い、認可証の発給を受けます。

在外公館での面接および入国査証（ビザ）取得

上記の認可証の取得より15営業日以内に、本人がメキシコ国外の最寄りの在外公館（大使館または総領事館、アメリカやその他の国の公館も含まれる）に面接の予約を入れ、指定日に面接を受ければ、同日中に入国査証（ビザ）が取得できます。なお、15営業日以内に予約を入れれば、面接は認可証の取得から180日以内で自由に設定できます。

FMMおよび入国査証（ビザ）からTRTへの切替え

上記の入国査証（ビザ）およびFMMでメキシコへ入国し、30日以内に本人の居住地の国家移住庁においてTRTへの切替申請を行います。

当該申請による書類審査が終了した段階で、申請者は国家移住庁に赴き、指紋の採取および本人データ登録表へのサインを行います。その後、約2週間でTRTを入手することができます。

[在留許可取得の具体的スケジュール]

メキシコにおける在留許可を取得するためのスケジュールにおいて大切な項目は、上記の雇用主登録およびインテルナシオン手続の2つです。

[必要期間]

次頁スケジュールより、雇用主登録（1～2カ月）および一時居住許可の取得申請（1カ月半）、在外公館での面接および入国査証（ビザ）取得（2週間）、INMにおいてTRTの発給（2カ月）の期間が必要となります。

[その他の場合の各種手続]

次頁スケジュールの各項目については、メキシコで所得を得る通常の出向者に対して適用されるものであり、その他の場合には各種手続を行うこととなります（P.328以降参照）。

TRT 取得スケジュール

No.	作業内容	目安時間 （平均必要月数）
TRT 取得		
1	雇用主登録	約 2 カ月
	（必要書類） ・現地法人の定款（設立公正証書）コピー / 原本 ・現地法人代表の ID/ パスポートコピー ・現地法人の公共料金利用明細 ・納税者登録番号のコピー	
2	一時居住許可の取得申請	約 1 カ月半
	（必要書類） ・入国査証（ビザ）取得者のパスポートコピー ・入国査証（ビザ）取得者の情報（役職、滞在期間、年収等） ・委任状	
3	面接および入国査証（ビザ）発給	約 2 週間
	（必要書類） ・パスポートコピーおよび原本 ・背景白のパスポートサイズの顔写真 ・ビザ申請用紙 ・身分証 ・申請するビザの種類に応じて必要とされる情報	
4	INM（国家移住庁）において TRT の発給	約 2 週間
	（必要書類） ・メキシコに規定される TRT サイズの顔写真 ・TRT 申請用紙 ・申請する TRT の種類に応じて必要とされる情報	

1カ月目				2カ月目				3カ月目				4カ月目				5カ月目			
1週	2週	3週	4週	1週	2週	3週	4週	1週	2週	3週	4週	1週	2週	3週	4週	1週	2週	3週	4週

技術派遣等メキシコで所得を得ない者（180日超）を派遣する場合

在外公館の認可取得

外国人本人の派遣元企業が最寄りの在外公館に対して申請し、取得することになります。その際に派遣先企業の経済能力を証明する書類やインビテーションレター（招聘状）などの提出が必要となります。

在外公館での面接および入国査証（ビザ）取得

上記、認可の取得に続き、本人が在外公館において面接を受け、同日中に入国査証（ビザ）を取得します。

FMMからTRTへの切替え

上記の入国査証（ビザ）およびFMMでメキシコへ入国し、30日以内に本人の居住地の国家移住庁においてTRTへの切替え申請を行います。

当該申請による書類審査が終了した段階で、申請者は国家移住庁に赴き、指紋の採取および本人データ登録表へのサインを行います。その後、約2週間でTRTを入手することができます。

出向者等の帯同家族を派遣する場合

FMMによる入国

FMMを利用して旅行者として入国します。

FMMからTRTへの切替え

FMMでメキシコへ入国し、有効期間（180日）内に世帯主の居住地の国家移住庁において、当該世帯主の扶養家族として、TRTへの切替え申請を行います。

当該申請による書類審査が終了した段階で、申請者は国家移住庁に赴き、指紋の採取および本人データ登録表へのサインを行います。その後、約2週間でTRTを入手することができます。

[在留許可取得のための必要書類]

在留許可取得のためには以下の書類がそれぞれ必要となります。

雇用主登録およびインテルナシオン手続における基本認可取得申請

- 現地法人の定款（設立公正証書）コピー / 原本確認
- 現地法人代表のID / パスポートのコピー
- 現地法人の公共料金利用明細（例：光熱費明細）
- 納税者登録番号のコピー
- ビザ取得者のパスポートのコピー
- ビザ取得者の情報（役職、滞在期間、年収等）
- 委任状
- その他当局から要求された資料

一時居住許可の取得申請における在外公館での面接

- パスポートおよびパスポートのコピー
- 背景白のパスポートサイズの顔写真
- 査証申請用紙
- 身分証
- 申請するビザの種類に応じて必要とされる情報

[TRT 更新手続]

当初取得するTRTの有効期間は1年となっており、引き続きメキシコに滞在するためにはTRTの更新手続が必要となります。更新手続は、有効期限の30日前から満了日までの間に申請を行わなければなりません。更新期間は、更新者が1年、2年、3年から選ぶことができ、更新の都度、新しいTRTが発給されます。

多くの日本人駐在員については、更新期間を３年として更新手続を行っています。また、更新期間の３年を経過した後は、TRPの申請を行わなければなりません。

■ 海外赴任の準備

[予防接種]

赴任前の健康診断とともに、予防接種が必要になります。メキシコで必要になる予防接種はＡ型肝炎、Ｂ型肝炎、破傷風、狂犬病（任意）などがあります。事前に会社は必要な予防接種を調べ、赴任者と帯同家族に対してアナウンスをしなければなりません。

[海外旅行保険の加入]

赴任先での病気や怪我の治療費、入院費や持ち物の破損や盗難まで対象としている海外旅行保険があります。特にメキシコではFM3（TRT）の取得が長期間に渡ることがあり、その間はメキシコでの社会保険に加入することができないので、海外旅行保険の加入を考える必要があります。

■ 日本出国時の年末調整等

赴任者（非居住者となる場合）が海外に出国する日までに、当該赴任者の年末調整を行わなければなりません。対象となる給与は、出国の日までに確定した給与であり、社会保険料等の控除は出国する日までに支払われたものだけを対象とします。扶養控除および配偶者控除等は出国時に控除の対象となる者の控除額を控除することができます。

[参考資料・ウェブサイト]

・ 日本貿易振興機構（JETRO）

メキシコ事務所「人口 1 億人、若年層の多さが強みも所得格差が大ー活況を呈する中南米の消費市場（2）ー（メキシコ）」2013 年 1 月 16 日

http://www.jetro.go.jp/world/cs_america/mx/biznews/50f4b540c4c70

中南米課「労働市場の 6 割が非正規労働者ー国立統計地理情報院が新分類を発表ー（メキシコ）」2013 年 1 月 8 日

http://www.jetro.go.jp/world/cs_america/mx/biznews/50e699903cca8

メキシコ事務所「2013 年の最低賃金を 3.9% 引き上げ（メキシコ）」2012 年 12 月 27 日

http://www.jetro.go.jp/world/cs_america/mx/biznews/50dab7e0dea80

・ 公益財団法人 国際労働財団「2011 年 メキシコの労働事情」2011 年 12 月 9 日講演録

http://www.jilaf.or.jp/rodojijyo/latin_america/central_america/mexico2011.html

・ OVTA「雇用労働事象」2008 年 9 月 16 日

http://www.ovta.or.jp/info/southamerica/mexico/06labor.html

・ WEB 金融新聞「世界各国の平均年収（月収）」

http://www.777money.com/torivia/torivia4_4.htm

・ World Salaries ‘Mexico Average Salaries & Expenditures’

http://www.worldsalaries.org/mexico.shtml

・ Pay Scale ‘Salary Data & Career Research Center（Mexico）’

http://www.payscale.com/research/MX/Country=Mexico/Salary

付録

アルゼンチン、コロンビア、チリ、ペルーの投資環境

基礎知識

■ 民族・言語・宗教

南アメリカ（南米）は、約1,784万km^2の面積に、約3.8億人の人口を擁します。面積、人口ともに北アメリカの約7割強で、12カ国(アルゼンチン、エクアドル、ガイアナ、コロンビア、スリナム、チリ、パラグアイ、ブラジル、ペルー、ベネズエラ、ボリビア、ウルグアイ）と英仏領があります。なかでもアルゼンチン、コロンビア、チリ、ペルーの4カ国はいずれも緩やかに人口が増加していて、合計で約1.4億人になります。

南米のほとんどの国は、かつてスペインやポルトガルの植民地でした。西暦1500年頃、スペインとポルトガルは世界でも突出した航海技術を持っていました。両国は競うように世界に領土を広げていて、その支配は南米大陸にも及びました。しかし、両国ともカトリック教国であったため、カトリック教国同士で競合しないようにと、当時のローマ法王の裁定のもと、トルデシリャス条約が結ばれました。

この条約を基に、南米大陸において、右半分がポルトガル領、左半分がスペイン領と定められたのです。

そうした歴史から、ポルトガルの植民地であったブラジルではポルトガル語、その他の多くの国はスペイン語を公用語としています。今回の付録のテーマ国であるアルゼンチン、コロンビア、チリ、ペルーの公用語もスペイン語となっています。

民族は、先住民、スペインやポルトガルなどを起源とする白人、植民地時代にアフリカから奴隷として連れてこられた黒人、メスティーソと呼ばれる先住民と白人の混血、ムラートと呼ばれる黒人と白人の混血、19世紀末以降に移住してきた日本人などの新移民など多種多様です。民族構成はその国の歴史的背景によって大きく異なり、アルゼンチン、チリには白人系が多く、コロンビア、ペルーにはメスティーソなどの先住民系が多数を占めます。

宗教はカトリック教徒が多数を占めているのが特徴で、一部では、先住民の土着信仰との融合も見られます。

【アルゼンチン、コロンビア、チリ、ペルーの人口と増加率】

国名	人口（100万人）（2013年）	年平均増加率（%）（2010～2015年）	合計特殊出生率（%）（2010～2015年）
アルゼンチン	41.8	0.9	2.2
コロンビア	48.9	1.3	2.3
チリ	17.8	0.9	1.8
ペルー	30.8	1.3	2.4

出所：国連人口基金「世界人口白書2014」

【民族割合】

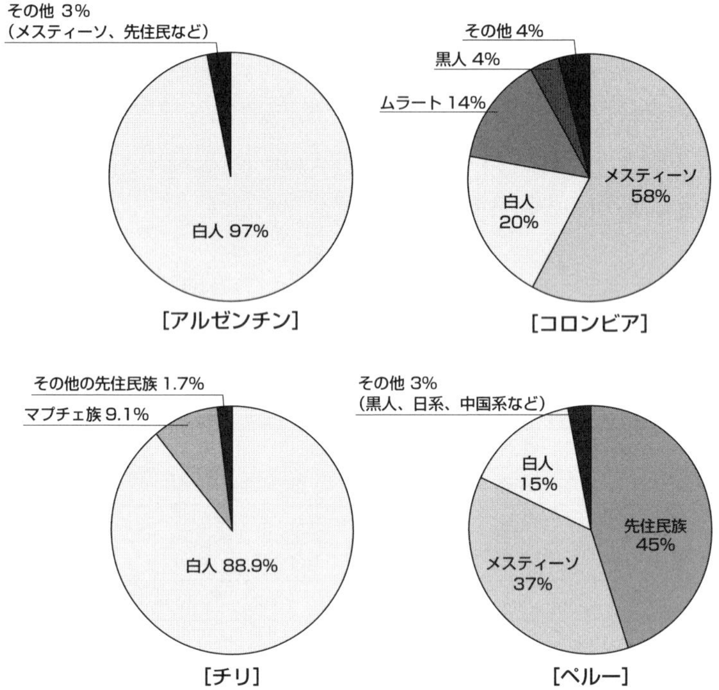

出所：CIA‘The World Factbook’

■ 政治・外交

南アメリカの多くの国が、20世紀後半に軍政から民政移管の歴史をたどっています。コロンビアでは1958年、ペルーでは1980年、アルゼンチンでが1983年、チリでは1990年に民政移管が行われました。その後は、4カ国ともに大統領を元首として議会を擁する立憲共和政体制をとっています。しかし、最も早く民政移管したコロンビアで長年にわたり非合法武装勢力が一定の支配力を維持しているなど、民政移管を果たした後の課題が未だに数多くあることも事実です。

これら4カ国の外交・通商政策は、総じて南米諸国の地域同盟を強めるとともに、グローバルな自由貿易を推し進める方向にあります。4カ国とも自由貿易協定（FTA）、経済連携協定（EPA）などの二国間協定締結に積極的であり、それぞれ数種のラテンアメリカ地域の共同体（アンデス共同体：コロンビア、ペルー、エクアドル、ボリビア、太平洋同盟：メキシコ、コロンビア、ペルー、チリ、メルコスール：アルゼンチン、ブラジル、ウルグアイ、パラグアイ、ベネズエラ、ボリビアなど）に加盟していることが特徴的です。また、アジア地域との連携を重視していることにおいても共通しており、特にチリは環太平洋パートナーシップ（TPP）協定の原始加盟国で、ペルーも第1回目の拡大交渉会合から参加しています。

経済動向

南アメリカの国々の多くは、20世紀後半に経済危機があり、多額の対外債務とハイパーインフレに苦しんできました。しかし、1980年代頃から経済の自由化とともに危機的状態から抜け出し、21世紀に入ってからは、総じて高い成長を遂げるようになりました。

最もダイナミックに成長を遂げたのが、BRICSの1カ国であるブラジルで、それに次いで、アルゼンチン、コロンビア、チリ、ペルーが高い成長率で伸びていて世界的に注目を浴びています。

■ GDPとGDP成長率

次に、アルゼンチン、コロンビア、チリ、ペルーの4カ国と、ブラジル、メキシコのGDPの推移をまとめました。いずれも2003年頃から数パーセントの高成長を遂げており、2009年には世界金融危機の影響を受け落ち込んだものの、翌年にはV時回復しています。2012年は、ブラジル経済の影響が強いアルゼンチンはGDP成長率1.9%と低調に終わりましたが、他の3カ国は堅調に推移しています。

コロンビアおよびチリ、ペルーの3カ国は地下資源を豊富に有する国で、資源輸出を牽引力として経済成長を続け、さらには、好調な経済を背景として中間層が拡大して内需が伸びるというという成長サイクルに入っていると見られています。

【アルゼンチンの名目 GDP と実質 GDP 成長率の推移】

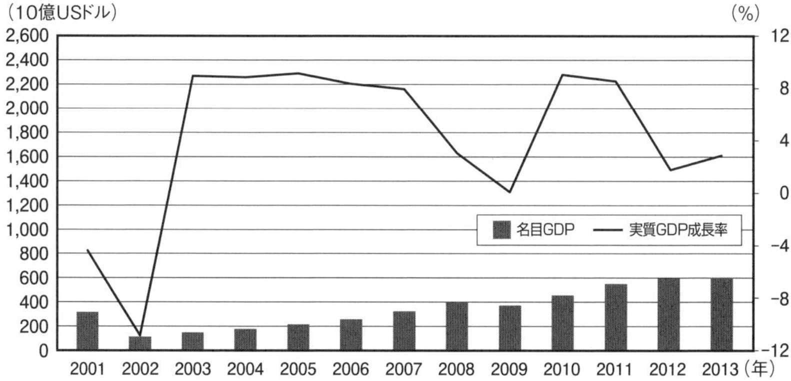

出所：IMF ʻWorld Economic Outlook Database, April 2014ʼ

【コロンビアの名目 GDP と実質 GDP 成長率の推移】

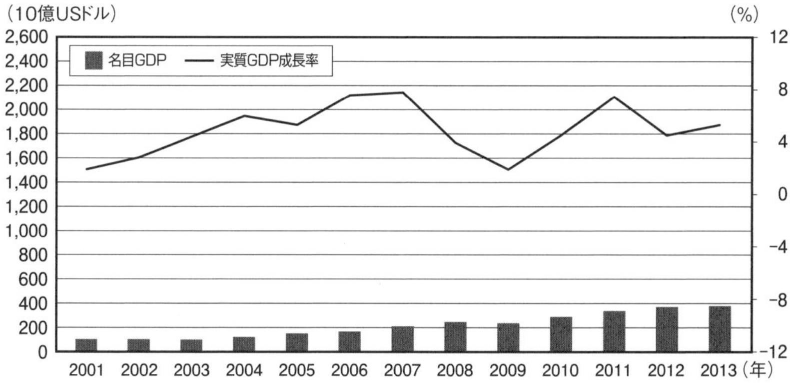

出所：IMF ʻWorld Economic Outlook Database, April 2014ʼ

【チリの名目 GDP と実質 GDP 成長率の推移】

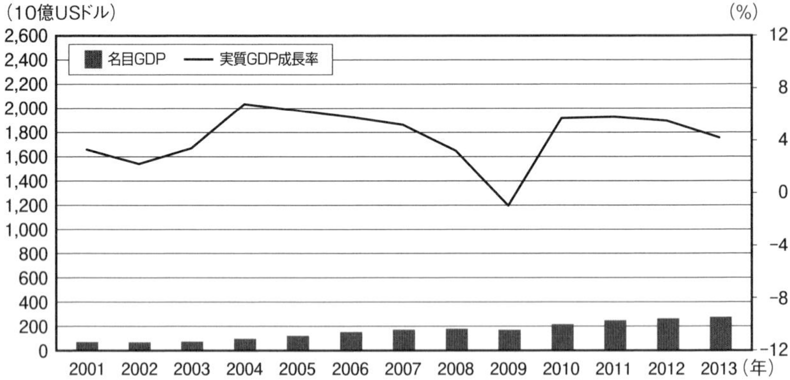

出所：IMF 'World Economic Outlook Database, April 2014'

【ペルーの名目 GDP と実質 GDP 成長率の推移】

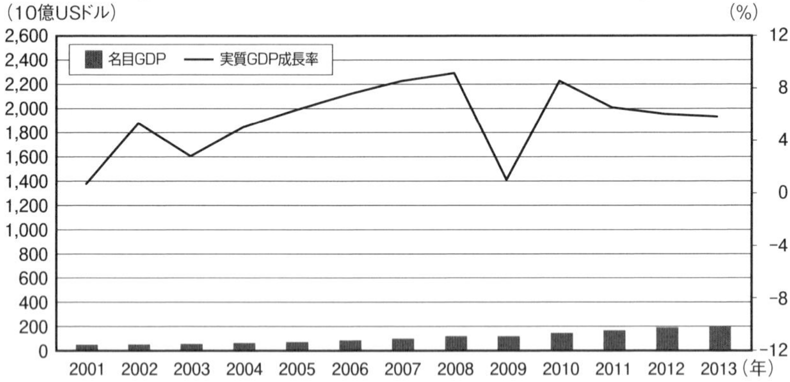

出所：IMF 'World Economic Outlook Database, April 2014'

【ブラジルの名目 GDP と実質 GDP 成長率の推移】

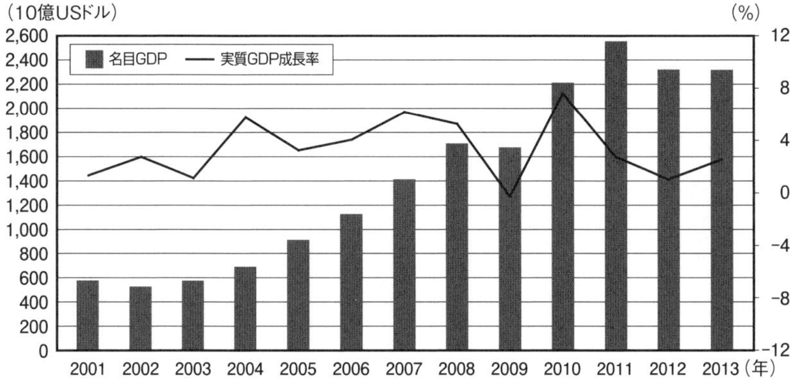

出所：IMF ‘World Economic Outlook Database, April 2014’

【メキシコの名目 GDP と実質 GDP 成長率の推移】

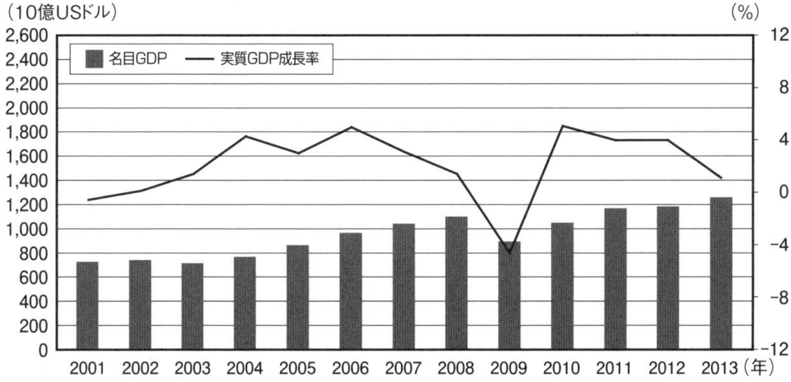

出所：IMF ‘World Economic Outlook Database, April 2014’

【アルゼンチンの１人当たりの名目GDPの推移】

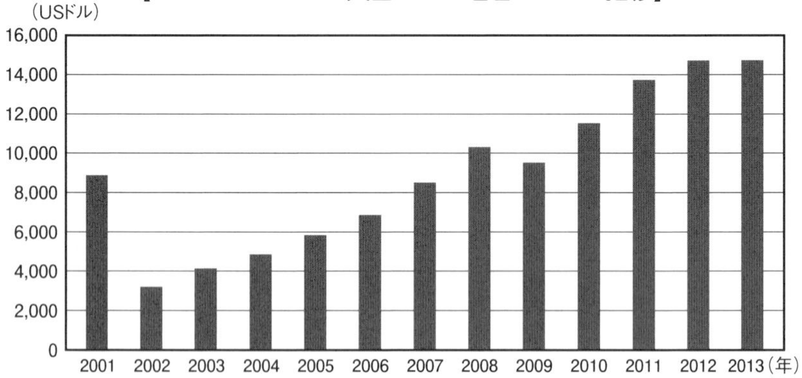

出所: IMF 'World Economic Outlook Database, April 2014'

【コロンビアの１人当たりの名目GDPの推移】

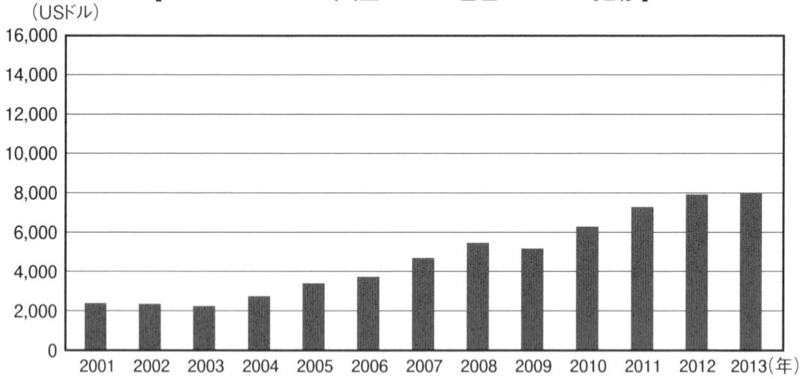

出所: IMF 'World Economic Outlook Database, April 2014'

【チリの1人当たりの名目GDPの推移】

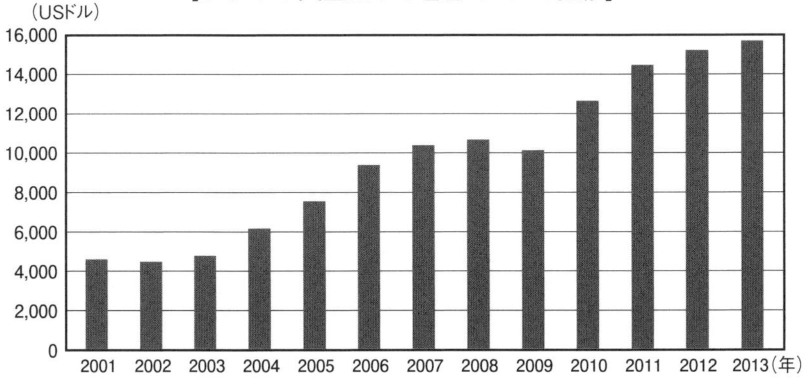

出所: IMF 'World Economic Outlook Database, April 2014'

【ペルーの1人当たりの名目GDPの推移】

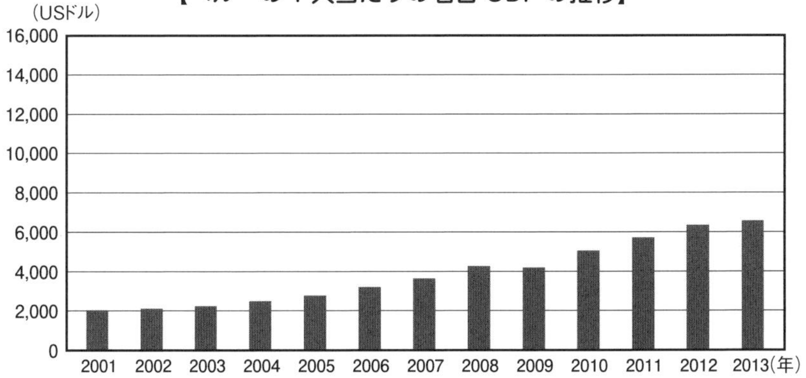

出所: IMF 'World Economic Outlook Database, April 2014'

【ブラジルの１人当たりの名目GDPの推移】

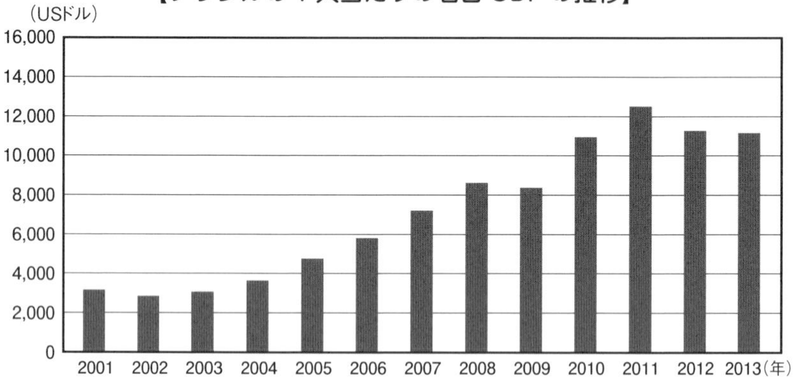

出所: IMF 'World Economic Outlook Database, April 2014'

【メキシコの１人当たりの名目GDPの推移】

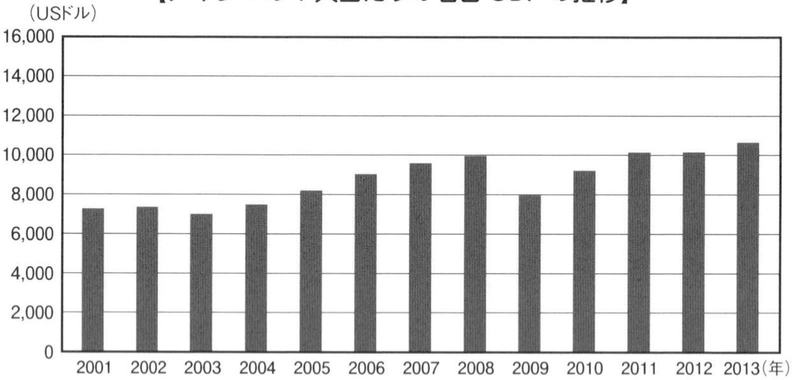

出所: IMF 'World Economic Outlook Database, April 2014'

■ 財政と対外債務

南アメリカ経済には、財政赤字、ハイパーインフレ、過剰な対外債務といったイメージがつきまといます。1980年代から1990年代には多くの国がそういった状況に陥っていましたが、その後の、経済開放政策と適切な財政運営によって、多くの国が21世紀には安定した経済基盤を手に入れているのが現状です。

中でも、コロンビア、チリ、ペルーは南アメリカ経済の優等生といわれており、好調な資源輸出に支えられて財政は健全で、外貨準備残高が高く、対外債務残高比率は低く抑えられているため総じて良好です。これらの指標を受けて、アメリカの大手格付け各社によるソブリン債の格付けは、1990年代に比べ改善され、アルゼンチン以外は投資適格となっています。

【アルゼンチンの歳入 / 歳出 対 GDP 比率】

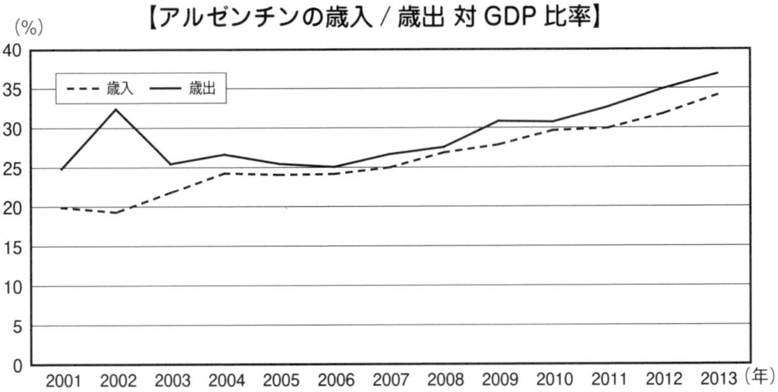

出所: IMF ‘World Economic Outlook Database, April 2014’

【コロンビアの歳入 / 歳出 対 GDP 比率】

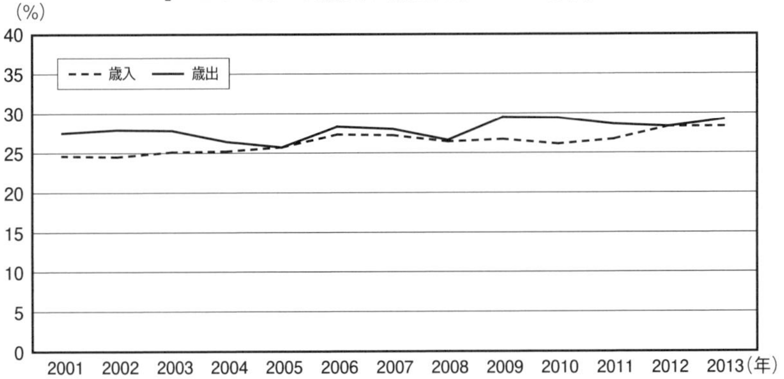

出所: IMF ‘World Economic Outlook Database, April 2014’

【チリの歳入／歳出 対 GDP 比率】

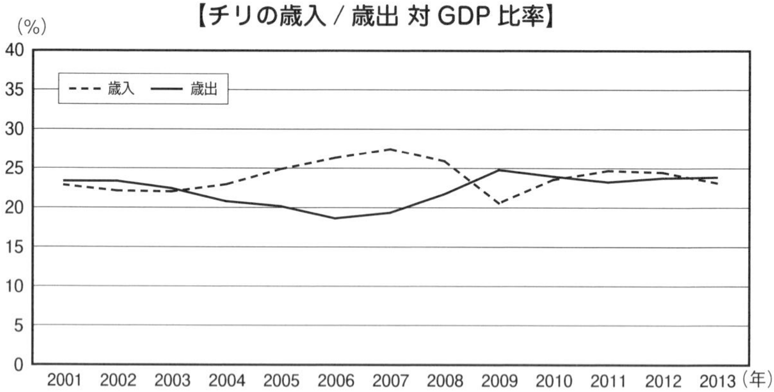

出所: IMF 'World Economic Outlook Database, April 2014'

【ペルーの歳入／歳出 対 GDP 比率】

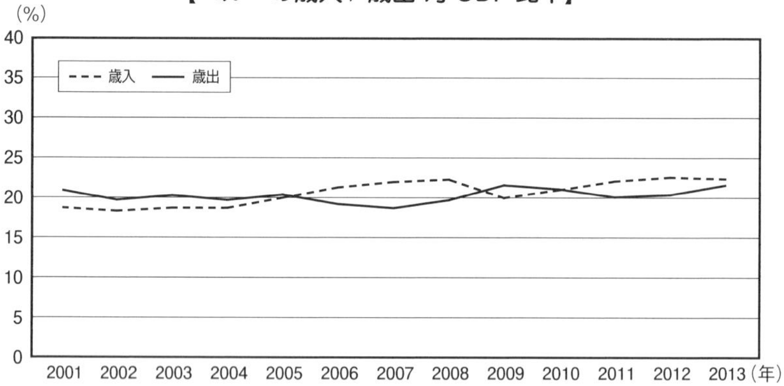

出所: IMF 'World Economic Outlook Database, April 2014'

【ソブリン債格付け】

国名	Moody's	S&P	Fitch
アルゼンチン	CAA1	SD	RD
コロンビア	Baa2	BBB	BBB
チリ	Aa3	AA-	A+
ペルー	A3	BBB+	BBB+

出所：'Trading Economics 3/10/2015'

■ 貿易

アルゼンチン、コロンビア、チリ、ペルーの輸出入額と貿易収支の推移をまとめました。これら4カ国は、いずれも貿易の自由化に積極的で、この10年間に貿易額を数倍に伸ばしています。輸出入ともに2009年は世界金融危機の影響を受けて後退しましたが、その翌年には大きく回復しています。

アルゼンチン、チリは常に輸出が輸入を上回っており、貿易収支は黒字が続いています。コロンビアについては、従来貿易赤字が続いていましたが、2011年、2012年に輸出額が過去最高を記録して貿易収支は黒字に転じました。しかし2013年はわずかに輸入が輸出を上回り貿易赤字となりました。

【アルゼンチンの輸出入額推移】

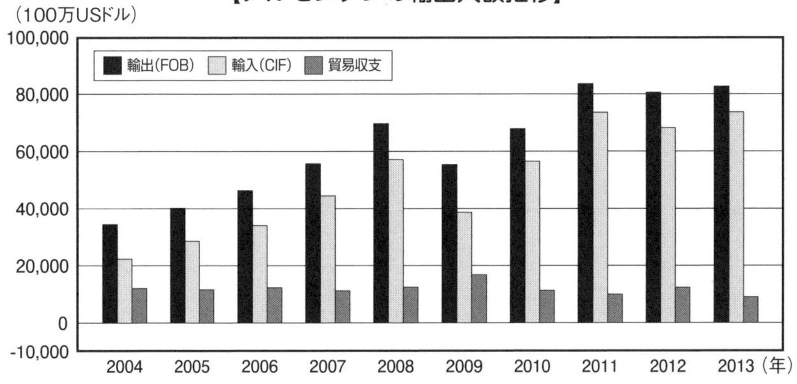

出所：JETRO

【コロンビアの輸出入額推移】

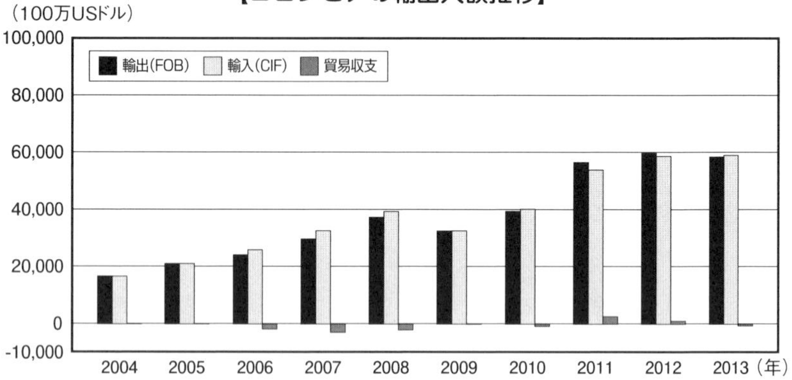

出所：JETRO

【チリの輸出入額推移】

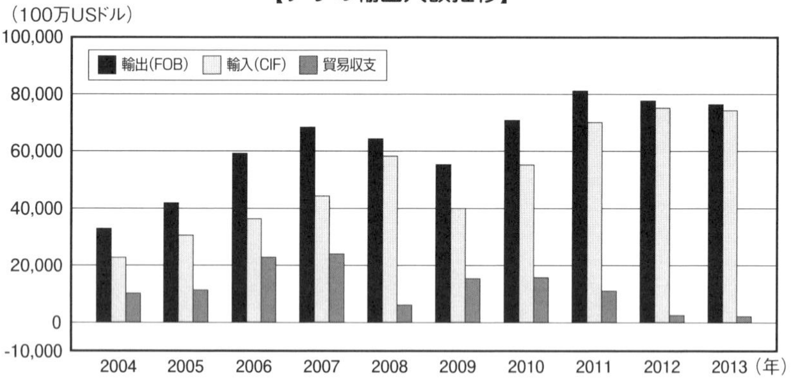

出所：JETRO

【ペルーの輸出入額推移】

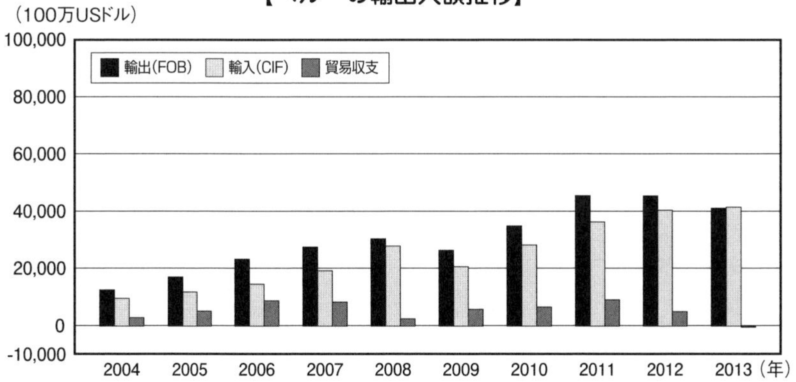

出所：JETRO

［品目別輸出］

次に、アルゼンチン、コロンビア、チリ、ペルーの品目別輸出割合をまとめました。輸出品目の傾向が国によって異なることがわかります。

コロンビア、チリ、ペルーの3カ国は、輸出品に占める鉱物品等の割合が大きく、コロンビア67.9%、チリ58.5%、ペルー50.0%となっています。その内訳は、チリは5割以上が銅（世界一の銅の生産国）、ペルーも5割以上が銅や亜鉛などの金属鉱、コロンビアは5割以上を石油が占めています。

一方、アルゼンチンは鉱物品等の輸出が少なく、牛肉や大豆などの農産品の比率が輸出額の59.4%、工業品の比率が34.2%を占めています。

【アルゼンチンの品目別輸出】

（単位：100万USドル）

	2012年	2013年		
	金額	金額	構成比（%）	伸び率（%）
一次産品	19,050	19,302	23.2	1.3
穀物	9,530	8,977	10.8	−5.8
油糧種子	3,796	5,051	6.1	33.1
農畜産物加工品	27,474	30,059	36.2	9.4
食品産業残留物	11,669	13,355	16.1	14.4
食物油脂	5,929	5,757	6.9	−2.9
工業製品	27,520	28,413	34.2	3.2
陸上輸送機器	9,568	11,385	13.7	19.0
化学製品	5,640	5,580	6.7	−1.1
金属・同製品	2,835	2,796	3.4	−1.4
機械・電気機器	2,369	2,522	3.0	6.5
燃料・エネルギー	6,883	5,252	6.3	−23.7
原油	2,608	1,729	2.1	−33.7
輸出総額（FOB）	80,927	83,026	100.0	2.6

出所：JETRO

【コロンビアの品目別輸出】

（単位：100万USドル）

	2012年	2013年		
	金額	金額	構成比（%）	伸び率（%）
農林水産食料品	6,629	6,680	11.4	0.8
コーヒー	2,289	2,270	3.9	−0.8
豆類・果実	942	895	1.5	−4.9
工業製品	9,954	9,945	16.9	−0.1
原料プラスチック	978	1,023	1.7	4.6
自動車	579	861	1.5	48.8
鉄鋼・同製品	1,155	854	1.5	−26
エッセンシャルオイル	681	748	1.3	9.8
鉱物性燃料	40,116	39,921	67.9	−0.5
石油・同調製品	31,098	32,027	54.4	3.0
石炭	7,805	6,688	11.4	−14.3

その他製品	3,426	2,275	3.9	−33.6
金（マネタリーゴールドを除く）	3,404	2,256	3.8	−33.7
輸出合計（FOB）	60,125	58,822	100.0	−2.2

出所：JETRO

【チリの品目別輸出】

（単位：100万USドル）

	2012年	2013年		
	金額	金額	構成比（%）	伸び率（%）
農林水産物	5,111	5,858	7.6	14.6
果物	4,289	4,887	6.3	14.0
林産物	44	43	0.1	−1.1
水産物	101	145	0.2	43.3
鉱産物	48,287	45,274	58.5	−6.2
銅・鉄	43,130	41,115	53.1	−4.7
その他鉱産品	5,157	4,159	5.4	−19.4
工業製品	24,879	26,235	33.9	5.4
加工食品類・飲料・アルコール類・たばこ	9,877	10,656	13.8	7.9
木材・木製家具・セルロース・製紙	5,357	5,738	7.4	7.1
基礎化学製品・石油派生品・ゴム・プラスチック	4,046	3,892	5.0	−3.8
金属製品・機械・機器類、電気機器類、輸送機器	2,878	3,060	4.0	6.3
その他	1	1	0.0	80.0
輸出総額（FOB）	78,277	77,368	100.0	−1.2

出所：JETRO

【ペルーの品目別輸出】

（単位：100万USドル）

	2012年	2013年		
	金額	金額	構成比（%）	伸び率（%）
伝統産品	34,825	30,954	73.4	－11.1
銅（地金・精鉱）	10,731	9,813	23.3	－8.6
金	9,702	8,061	19.1	－16.9
原油・同製品	3,665	3,834	9.1	4.6
鉛（地金・精鉱）	2,575	1,759	4.2	－31.7
亜鉛（地金・精鉱）	1,352	1,413	3.4	4.5
天然ガス	1,331	1,372	3.3	3.1
魚粉	1,770	1,364	3.2	－22.9
非伝統産品	11,197	10,985	26.0	－1.9
農産品	3,083	3,434	8.1	11.4
野菜	1,044	1,078	2.6	3.2
繊維製品	2,177	1,926	4.6	－11.5
衣料品	1,641	1,416	3.4	－13.7
化学品	1,636	1,503	3.6	－8.2
金属製品	1,301	1,258	3.0	－3.3
銅線	451	438	1.0	－2.9
水産品	1,017	1,028	2.4	1.1
冷凍した甲殻類および軟体動物	423	566	1.3	33.7
木材・紙	438	426	1.0	－2.8
その他	345	238	0.6	－31.0
輸出総額（FOB）	46,367	42,177	100.0	－9.0

出所：JETRO

［国・地域別輸出］

国別の輸出の状況もまた特徴的です。EU各国への輸出が総じて同程度ありますが、対米輸出額には大きな差があります。地理的に有利なことやFTAを締結していることなどから、コロンビアは対米輸出が全輸出額の30%以上ありますが、地理的に不利なチリおよびペルーは約13～18%、アルゼンチンに至っての対米輸出率は約5%にすぎません。

一方で、アルゼンチンはメルコスールの域内輸出が約30%にも上り、中でもブラジルへの輸出が約20%と多く、他の3カ国と大きく異なります。また、チリ、ペルーはアジア地域への輸出が他の2カ国よりも大きな比重を占めており、中でもチリは、中国への輸出が約25%、日本への輸出が約10%となっており、アジアがきわめて重要な輸出先であることがわかります。

国・地域別の輸出は次のとおりとなります。

【アルゼンチンの国・地域別輸出】

（単位：100万USドル）

	2012年	2013年		
	金額	金額	構成比（%）	伸び率（%）
メルコスール	22,155	23,829	28.7	7.6
ブラジル	16,495	17,895	21.6	8.5
チリ	5,067	4,160	5.0	−17.9
その他のラテンアメリカ統合連合（ALADI）	5,658	4,974	6.0	−12.1
北米自由貿易協定（NAFTA）	7,216	7,361	8.9	2.0
アメリカ	4,089	4,285	5.2	4.8
EU27	11,881	10,733	12.9	−9.7
東南アジア諸国連合（ASEAN）	4,667	5,601	6.7	20.0
中国（香港・マカオ含む）	5,336	6,358	7.7	19.2
韓国	1,379	1,083	1.3	−21.5
日本	1,223	1,508	1.8	23.3
インド	1,183	1,220	1.5	3.1
中東	3,239	4,005	4.8	23.6
マグレブ諸国およびエジプト	3,349	4,020	4.8	20.0
その他	8,575	8,174	9.8	−4.7
輸出合計（FOB）	80,927	83,026	100.0	2.6

出所：JETRO

【コロンビアの国・地域別輸出】

（単位：100万USドル）

	2012年	2013年		
	金額	金額	構成比（%）	伸び率（%）
NAFTA	23,135	19,713	33.5	−14.8
アメリカ	21,833	18,459	31.4	−15.5
メキシコ	835	864	1.5	3.4
カナダ	467	390	0.7	−16.5
ALADI（メキシコ除く）	12,924	12,650	21.5	−2.1
アンデス共同体	3,618	3,392	5.8	−6.2
エクアドル	1,910	1,975	3.4	3.4
ペルー	1,582	1,274	2.2	−19.5
その他ALADI（メキシコ除く）	9,307	9,258	15.7	−0.5
パナマ	2,916	3,329	5.7	14.2
ベネズエラ	2,556	2,256	3.8	−11.7
ブラジル	1,291	1,591	2.7	23.2
チリ	2,189	1,572	2.7	−28.2
アルゼンチン	288	433	0.7	50.2
EU27	9,051	9,230	15.7	2.0
スペイン	2,940	2,879	4.9	−2.1
オランダ	2,503	2,273	3.9	−9.2
イギリス	1,129	1,116	1.9	−1.1
ドイツ	395	780	1.3	97.5
イタリア	468	465	0.8	−0.7
フランス	277	327	0.6	18.0
中国	3,343	5,102	8.7	52.6
インド	1,363	2,993	5.1	119.6
日本	360	388	0.7	7.7
その他	9,949	8,746	14.8	−12
輸出合計（FOB）	60,125	58,822	100.0	−2.2

出所：JETRO

【チリの国・地域別輸出】

（単位：100万USドル）

	2012年	2013年		
	金額	金額	構成比（%）	伸び率（%）
中国	18,218	19,219	24.8	5.5
アメリカ	9,580	9,756	12.6	1.8
日本	8,384	7,661	9.9	−8.6
EU27	11,970	11,278	14.6	−5.8
オランダ	2,739	2,542	3.3	−7.2
イタリア	2,013	1,658	2.1	−17.7
フランス	1,222	1,109	1.4	−9.2
韓国	4,552	4,272	5.5	−6.1
メルコスール	6,053	6,160	8.0	1.8
ブラジル	4,294	4,434	5.7	3.3
メキシコ	1,346	1,321	1.7	−1.8
台湾	1,818	1,646	2.1	−9.5
その他	16,356	16,055	20.8	−1.8
輸出総額（FOB）	78,277	77,368	100.0	−1.2

出所：JETRO

【ペルーの国・地域別輸出】

（単位：100万USドル）

	2012年	2013年		
	金額	金額	構成比（%）	伸び率（%）
NAFTA	10,037	10,507	25.3	4.7
アメリカ	6,176	7,306	17.6	18.3
カナダ	3,445	2,693	6.5	−21.8
メキシコ	416	508	1.2	22.1
EU27	7,869	6,756	16.3	−14.1
スペイン	1,843	1,567	3.8	−15.0
ドイツ	1,866	1,164	2.8	−37.6
イタリア	1,021	1,017	2.5	−0.4
オランダ	682	777	1.9	14.0
スイス	5,074	2,967	7.1	−41.5
アンデス共同体	2,405	2,361	5.7	−1.8

エクアドル	927	938	2.3	1.3
コロンビア	918	838	2.0	−8.7
ボリビア	560	585	1.4	4.4
チリ	2,028	1,667	4.0	−17.8
メルコスール	1,641	1,902	4.6	15.9
ブラジル	1,403	1,693	4.1	20.6
アルゼンチン	194	162	0.4	−16.3
中国	7,849	7,331	17.7	−6.6
日本	2,575	2,227	5.4	−13.5
韓国	1,545	1,536	3.7	−0.6
その他	4,921	4,256	10.3	−13.5
輸出総額（FOB）	45,944	41,510	100.0	−9.7

出所：JETRO

［国・地域別輸入］

国・地域別の輸入についても次にまとめています。総輸入額に占める割合は、アルゼンチン、コロンビア、チリ、ペルーの4カ国ともEU各国から輸入割合が10～18%程を占め、中国、日本、韓国の3カ国からの輸入割合が約20～25%となっています。アメリカからの輸入割合は、輸出と同様にコロンビアが最も高く約27.5%、アルゼンチンが最も低く約10%です。

一方、ブラジルからの輸入割合は、アルゼンチンが最も高く約26.3%にもなりますが、他の3カ国については一桁台の割合であり、コロンビアにいたっては約4～6%に留まっています。

【アルゼンチンの国・地域別輸入】

（単位：100万USドル）

	2012年	2013年		
	金額	金額	構成比（%）	伸び率（%）
メルコスール	19,080	20,586	27.8	7.9
ブラジル	18,035	19,499	26.3	8.1
チリ	1,011	972	1.3	−3.9
その他のラテンアメリカ統合連合（ALADI）	2,183	2,621	3.5	20.1
北米自由貿易協定（NAFTA）	11,253	10,778	14.6	−4.2
アメリカ	8,388	8,063	10.9	−3.9
EU27	12,271	13,596	18.4	10.8
ASEAN	2,080	2,277	3.1	9.5
中国（香港・マカオ含む）	9,984	11,391	15.4	14.1
韓国	1,140	1,243	1.7	9.0
日本	1,509	1,522	2.1	0.9
インド	656	779	1.1	18.8
中東	731	1,291	1.7	76.6
マグレブ諸国およびエジプト	171	192	0.3	12.3
その他	6,440	6,754	9.1	4.9
輸入総額（CIF）	68,508	74,003	100.0	8.0

出所：JETRO

【コロンビアの国・地域別輸入】

（単位：100万USドル）

	2012年	2013年		
	金額	金額	構成比（%）	伸び率（%）
NAFTA	21,837	22,834	38.4	4.6
アメリカ	14,242	16,337	27.5	14.7
メキシコ	6,453	5,496	9.3	−14.8
カナダ	1,142	1,001	1.7	−12.3
ALADI（メキシコ除く）	9,326	8,198	13.8	−12.1
アンデス共同体	2,301	2,300	3.9	−0.1
エクアドル	1,090	882	1.5	−19.1
ペルー	929	870	1.5	−6.3

その他 ALADI（メキシコ除く）	7,024	5,898	9.9	−16.0
パナマ	75	59	0.1	−20.6
ベネズエラ	533	431	0.7	−19.1
ブラジル	2,851	2,590	4.4	−9.1
チリ	966	904	1.5	−6.4
アルゼンチン	2,396	1,734	2.9	−27.7
EU27	7,358	7,941	13.4	7.9
スペイン	789	963	1.6	22.1
オランダ	279	327	0.6	17.0
イギリス	568	511	0.9	−10.0
ドイツ	2,267	2,207	3.7	−2.6
イタリア	961	1,011	1.7	5.1
フランス	1,129	1,433	2.4	26.9
中国	9,822	10,363	17.4	5.5
インド	1,146	1,144	1.9	−0.2
日本	1,677	1,479	2.5	−11.8
その他	7,945	7,438	12.6	−6.9
輸入総額（CIF）	59,111	59,397	100.0	0.5

出所：JETRO

【チリの国・地域別輸入】

（単位：100万USドル）

	2012年	2013年		
	金額	金額	構成比（%）	伸び率（%）
アメリカ	18,188	16,088	20.2	−11.5
中国	14,432	15,702	19.7	8.8
メルコスール	10,952	9,823	12.3	−10.3
アルゼンチン	5,283	3,934	4.9	−25.5
ブラジル	5,186	5,111	6.4	−1.5
韓国	2,604	2,771	3.5	6.4
コロンビア	2,185	1,721	2.2	−21.2
日本	2,596	2,495	3.1	−3.9
EU27	10,635	13,187	16.6	24.0
ドイツ	2,862	3,202	4.0	11.9

イギリス	892	1,468	1.8	64.6
メキシコ	2,608	2,543	3.2	−2.5
その他	15,268	15,291	19.2	0.2
輸入総額（CIF）	79,468	79,621	100.0	0.2

出所：JETRO

【ペルーの国・地域別輸入】

（単位：100万USドル）

	2012年	2013年		
	金額	金額	構成比（%）	伸び率（%）
NAFTA	10,179	11,217	25.9	10.2
アメリカ	7,916	8,783	20.3	11.0
カナダ	588	616	1.4	4.7
メキシコ	1,674	1,818	4.2	8.6
EU27	5,003	5,197	12.0	3.9
スペイン	798	879	2.0	10.0
ドイツ	1,365	1,384	3.2	1.4
イタリア	693	707	1.6	2.1
オランダ	181	155	0.4	−14.1
スイス	154	158	0.4	2.8
アンデス共同体	4,079	3,966	9.2	−2.8
エクアドル	2,012	1,929	4.5	−4.2
コロンビア	1,563	1,466	3.4	−6.2
ボリビア	504	571	1.3	13.5
チリ	1,244	1,327	3.1	6.6
メルコスール	4,911	4,284	9.9	−12.8
ブラジル	2,579	2,323	5.4	−9.9
アルゼンチン	1,951	1,565	3.6	−19.8
中国	7,803	8,380	19.4	7.4
日本	1,500	1,433	3.3	−4.4
韓国	1,648	1,588	3.8	−3.6
その他	5,631	5,722	13.2	1.6
輸入総額（CIF）	42,152	43,272	100.0	2.7

出所：JETRO

■ 産業別動向

アルゼンチン、コロンビア、チリ、ペルーの主要産業を分けてみると、アルゼンチンを筆頭にする農林水産業、次にチリやペルーなどの主要産業である鉱業、最後に4カ国に共通の課題とされる製造業、これらの3つに分けることができます。

この3つの産業のGDP構成を下記にまとめました。ただし、これらは内需向けの生産額についても加算しているため、輸出品目構成ほど国際競争力の強い産業が浮き彫りにはなりませんので留意が必要です。

【アルゼンチンの産業別動向】

（単位：100万アルゼンチンペソ）

産業		GDP 構成額		
		2011 年	2012 年	2013 年
農林水産品・加工品	農業、林業、畜産業	189,809	177,068	195,967
	漁業	6,987	7,024	8,621
鉱物品・燃料・エネルギー	鉱業	103,781	100,406	98,532
	電気、ガス、水道	44,983	46,337	47,665
工業製品	工業	699,019	687,940	689,472
合計※		3,347,555	3,379,230	3,478,521

※ 合計値はこの表に記載されている以外の産業も含む

出所：アルゼンチン国家統計人口調査研究所

【コロンビアの産業別動向】

（単位：10億コロンビアペソ）

産業		GDP 構成額		
		2011 年	2012 年	2013 年
農林水産品・加工品	農業、林業、畜産業 漁業	28,295	28,995	30,581
鉱物品・燃料・エネルギー	鉱業	34,147	36,043	37,827
	電気、ガス、水道	16,376	16,724	17,543
工業製品	工業	56,631	55,994	55,453
合計※		452,578	470,903	492,932

※ 合計値はこの表に記載されている以外の産業も含む

出所：コロンビア中央銀行

【チリの産業別動向】

（単位：10億チリペソ）

産業		GDP構成額		
		2011年	2012年	2013年
農林水産品・加工品	農業、林業、畜産業	2,873	2,823	2,956
	漁業	420	442	389
鉱物品・燃料・エネルギー	鉱業	12,525	12,986	13,812
	電気、ガス、水道	3,458	3,708	3,988
工業製品	工業	11,080	11,491	11,533
合計※		103,854	109,518	114,080

※ 合計値はこの表に記載されている以外の産業も含む

出所：チリ中央銀行

【ペルーの産業別動向】

（単位：100万ヌエボソル）

産業		GDP構成額		
		2011年	2012年	2013年
農林水産品・加工品	農業、林業、畜産業	22,658	23,991	24,332
	漁業	2,892	1,960	2,315
鉱物品・燃料・エネルギー	鉱業	51,043	52,473	55,027
	電気、ガス、水道	6,994	7,401	7,811
工業製品	工業	64,330	65,265	68,988
合計※		407,052	431,273	456,382

※ 合計値はこの表に記載されている以外の産業も含む

出所：ペルー中央銀行

[農林水産業]

アルゼンチンのGDP構成における農・林・畜産・漁業の占める割合は全体の一割以下と目立たないものの、同国は世界有数の農業国です。パンパと呼ばれる肥沃な草原地帯がラ・プラタ川流域に広がり、湿潤パンパではトウモロコシ栽培や牛の放牧、乾燥パンパでは羊の放牧、中間地域では小麦栽培が行われています。土地の肥沃さとともに同国の食物増産に拍車を掛けたのが、遺伝子組換作物（GMO）の導入です。大豆、トウモロコシなど飼料にもなる穀物や、綿花などで、モンサント社の開発種など複数のGMO種が認可され、使用割合は既に90%超の水準になっています。

また、チリの農林水産業においては、ワイン等の製造のため、ぶどうの生産が大きな割合を占めるのが特徴的です。コロンビア、ペルーでは、米、砂糖キビ、コーヒー等が農作物の上位にランクインしています。

[鉱業]

次にチリやペルーなどの主要産業である鉱業を見てみましょう。

チリは銅の産出で知られますが、鉱業のGDP構成比は全体の10%強程度です。ペルーでも、銅や亜鉛生産のGDP比は特別大きくありません。両国とも資源の輸出に依存する「モノカルチャー」型の経済構造ではありますが、資源収入が中間層を生み、内需が拡大したことで、国内向け製造業などの産業も発展している状況です。

今後も、鉱業以外の産業をいかに発展させるかがポイントとなります。

[製造業]

最後に4カ国に共通する課題である製造業を見てみましょう。

アルゼンチンのGDP構成で強いインパクトを与えるのが、全GDPの約20%を占める製造業です。同国では、自動車関連の本体や部品の製造が盛んで、本体生産はゼネラル・モーターズ、フォード・モーター、プジョー、フォルクスワーゲン等の外資企業が中心に行っています。これらの完成車等の一部はブラジルなどの近隣諸国に輸出されますが、主には内需向けの生産となっています。

チリは製造業が全体の10%強を占めますが、自動車の国内生産は行っていません。国内で重工業の発達はあまり見られず、木材加工や食品加工が中心となっています。

コロンビアは、南米の自動車の部品生産から、組み立て、販売に至る一大拠点となっており、重工業がGDPを下支えしています。ゼネラル・モーターズ、マツダ、日野自動車、ルノー系列の子会社等が現地生産を行っています。その他に、石油精製品、化学品、ゴム・プラスチック製品など、石油資源関連製品の割合も高くなっています。

ペルーの製造業も全体の15%ほどありますが、繊維製品や化学品など軽工業が中心です。

■ ビジネス環境の現状2015

世界銀行と国際金融公社（IFC）が、「ビジネス環境の現状2015」を共同で発表しており、このアンケートから世界の4カ国への評価をみることができます。

コロンビア、チリ、ペルーの3カ国は総合順位30～40位台で健闘しています。これらの国は、投資家保護の面で共通して評価が高く、また、それぞれの強みを活かした外資誘致政策が一定の効果を挙げているといえます。

一方、アルゼンチンは総合124位と大きく出遅れています。隣国ブラジルが同じ調査で総合116位ですので、既得権益層の主張が強い保護主義的な経済社会で、小回りの利いた改革が行き届いていないといえます。

【ビジネスの行いやすい国】

（単位：順位）

内容	アルゼンチン	コロンビア	チリ	ペルー	日本
総合順位	124	34	41	35	29
事業の開始	146	84	59	89	83
建設許可手続	181	61	62	87	83
電力調達	104	92	49	86	28
資産の登録	119	42	45	26	73
資金調達	71	2	71	12	71
投資家の保護	62	10	56	40	35
税金の支払	170	146	29	57	122
クロスボーダー取引	128	93	40	55	20
契約の履行	63	168	64	100	26
事業の撤退	83	30	73	76	2

出所：世界銀行「ビジネス環境の現状2015」

■ 直接金融（株式）市場・為替

［証券取引所］

これら4カ国はそれぞれ、国を代表する証券取引所を、政府機能の所在地である首都において開設しています。

アルゼンチンのブエノスアイレス証券取引所（BCBA）は1854年開設で、2012年末で107社が上場しています。しかし、同年の取引価額が22億USドル、時価総額が343億USドルと小ぶりな印象が否めません。

一方、チリのサンチアゴ証券取引所（SSE)、コロンビアのコロンビア証券取引所（所在地ボゴタ、BVC）は、2012年度の取引価額がそれぞれ456億USドル、394億USドルに上り、時価総額も3,133億USドル、2,621億USドルとブラジルを除く南米諸国では最大規模です。ただし、上場企業数では、2012年末でサンチアゴ証券取引所が245社、コロンビア証券取引所は82社と大きな差があります。

ペルーのリマ証券取引所（BVL）は1971年設立と比較的新しく、

2012年末で277社が上場しています。取引価額61億USドル、時価総額1,026億USドルと、市場規模は同じ資源国のチリSSEやコロンビアBVCを下回るものの、アルゼンチンBCBAと比べれば3倍近い規模があります。

また、各市場の代表的な株価指数として、BCBAのメルバル指数、BVCのコロンビアIGBC指数、SSEのチリIPSA指数、BVLのリマ総合株価指数（IGBVL）があり、これらの指数については、2014年9月までは総じて堅調に推移していましたが、9月以降は下落しています。

[通貨]

通貨は、ペルーが「ヌエボソル」と呼ばれる通貨を採用している以外は、3国とも「ペソ」（頭に国名を付けて呼ぶ）となります。

中でもアルゼンチンペソは、21世紀初頭の世界経済危機を引き起こした要因となったことで知られています。90年代末に世界を席巻した通貨危機において隣国ブラジルがUSドルとのペッグ制をいち早く解消して通貨切り下げを行ったのに対し、アルゼンチンは決断が遅れたために経済危機を引き起こし、国の輸出力が大きく低迷しました。

その他の通貨も、歴史的に、基軸通貨との固定レートから変動レートへの転換を経験してきました。そのうち、ヌエボソルは、変動レート制ではありますが為替安定度が比較的高い通貨といわれています。

■ 外国直接投資（FDI）額

[外国投資受入額の推移]

4カ国にブラジルを加えた南米5カ国とメキシコ、中央アメリカ、カリブ諸国の対内における外国直接投資（FDI：Foreign Direct Investment）額の2012～2013年の比較を下図に示しました。

【南米5カ国および周辺国の対内FDI額、2012～2013年】

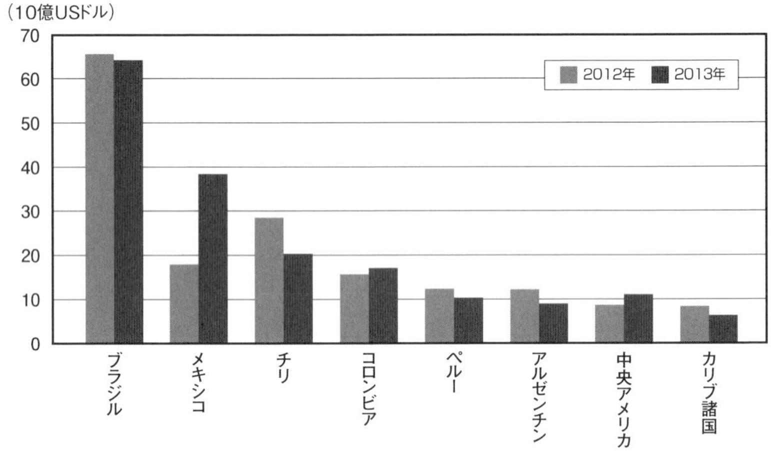

出所 ：UN - Economic Commission for Latin America and the Caribbean（ECLAC）
'Foreign Direct Investment in Latin America and the Caribbean 2013'

［業種別外国投資受入額］

FDIについては、額だけでなく投資先の業種を見ることで、雇用など国内経済にどれだけ影響を及ぼしているかがわかるといわれます。コロンビア、チリ、ペルーへのFDIは、大半が資源開発に向けられ、あまり雇用創出等につながらない構造となっています。

一方、アルゼンチンへのFDIは、製造業向けが比較的大きな割合を占めているため、雇用の他、国内の裾野産業への経済波及効果も見込めます。

【アルゼンチンの業種別外国投資受入額※】

（単位：100万USドル）

	2012年	2013年		
	金額	金額	構成比（%）	伸び率（%）
石油・天然ガス採掘	4,358	4,308	16.8	−1.1
電力・ガス・水道	2,860	3,047	11.9	6.6
鉱業	4,343	2,957	11.6	−31.9
農畜産業	376	774	3.0	105.5
製造業	7,861	6,118	24.0	−22.0
金属	721	918	3.6	27.3
自動車・同部品	716	852	3.3	19.1
食品・飲料	2,005	1,174	4.6	−41.5
電気機器	323	199	0.8	−38.3
プラスチック・ゴム	354	321	1.3	−9.2
化学	1,275	1,114	4.4	−12.6
製紙	471	110	0.4	−76.5
非金属鉱物	552	296	1.2	−46.3
繊維	52	48	0.2	−8.3
石油製品	1,392	1,086	4.2	−22.0
建設	2,364	1,747	6.8	−26.1
通信・郵便	3,028	3,698	14.4	22.1
商業	1,354	307	1.2	−77.3
金融	210	318	1.2	51.7
運輸・倉庫	730	464	1.8	−36.5
ホテル・レストラン	899	390	1.5	−56.6
その他	1,621	1,473	5.8	−9.1
合計	30,004	25,601	100.0	−14.7

※ 発表ベース、フロー

出所：JETRO

【コロンビアの業種別外国投資受入額※】

（単位：100万USドル）

	2012年	2013年		
	金額	金額	構成比（%）	伸び率（%）
石油	5,416	4,909	29.3	−9.4
鉱業（石炭含む）	2,316	2,916	17.4	25.9
製造業	1,755	2,659	15.9	51.5
運輸・倉庫・情報通信	1,783	1,740	10.4	−2.4
商業・外食・ホテル	1,388	1,584	9.4	14.1
金融	1,500	1,578	9.4	5.2
電力・ガス・水道	699	471	2.8	−32.5
建設	290	316	1.9	9.2
農林水産	75	278	1.7	269.2
その他	307	321	1.8	4.6
合計	15,529	16,772	100.0	8.0

※ 国際収支ベース、ネット、フロー

出所：JETRO

【チリの業種別外国投資受入額※】

（単位：100万USドル）

	2012年	2013年		
	金額	金額	構成比（%）	伸び率（%）
農業	50	10	0.1	−79.6
林業	17	51	0.7	195.5
漁業・養殖	—	—	—	—
鉱業	4,007	3,901	52.9	−2.6
製造業	1,180	682	9.3	−42.2
食品	448	634	8.6	41.7
木材・製紙	84	27	0.4	−67.9
化学	606	19	0.3	−96.9
その他	42	2	0.0	−96.4
電気・ガス・水道	904	284	3.9	−68.6
建設	5	23	0.3	343.1
商業	49	178	2.4	260.5
輸送・倉庫	1,295	0.36	0.0	−100.0

通信	256	249	3.4	−2.8
金融サービス	2,612	627	8.5	−76.0
保険	405	1,262	17.1	211.6
法人向けサービス	97	77	1.0	−20.6
衛生・同関連サービス	—	—	—	—
その他サービス	—	23	0.3	全増
合計	10,877	7,367	100.0	−32.3

※ 実行ベース、外国投資規定（DL）600号によるもののみ

出所：JETRO

【ペルーの業種別外国投資受入額※】

（単位：100万USドル）

	2012年	2013年		
	金額	金額	構成比（%）	伸び率（%）
炭化水素	1,228	844	9.1	−31.3
鉱業	7,112	4,555	49.0	−36.0
金融	1,420	915	9.8	−35.6
サービス（非金融）	1,037	2,505	26.9	141.6
製造業	422	65	0.7	−84.6
エネルギー・その他	698	414	4.5	−40.7
合計	11,917	9,298	100.0	−22.0

※ 国際収支ベース

出所：JETRO

［国・地域別外国投資受入額］

FDIを投資国・地域別に見ると、投資実施国が世界に広く分散していることがわかります。特にチリは環太平洋パートナーシップ（TPP）の原始加盟国であり、その他アメリカ、カナダ、メキシコ、EU、中国、韓国等とも自由貿易協定（FTA）を結んでいます。これにより世界のどの地域とも資本や財の移動を容易に行えるのです。

これら4カ国中、日本が二国間の経済連携協定（EPA）を結んでいるのはチリとペルーです。日本からペルーへのEPA額は、全体に比べてそれほど大きな割合を占めませんが、今後TPPが進展し、ペル

ーの産業多角化が進行する中で日本からより大きな投資が行われることが期待されます。

【アルゼンチンの国・地域別外国投資受入額※】

（単位：100万USドル）

	2012年	2013年		
	金額	金額	構成比（%）	伸び率（%）
欧州	7,037	6,049	23.5	−14.0
スペイン	2,764	1,801	7.0	−34.8
イタリア	853	1,571	6.1	84.2
イギリス	1,544	1,224	4.8	−20.7
ドイツ	835	518	2.0	−38.0
フランス	688	518	2.0	−24.8
オランダ	153	255	1.0	67.2
スイス	200	162	0.6	−19.3
北米	4,837	5,977	23.3	−23.6
アメリカ	2,373	2,288	8.9	−3.6
カナダ	1,441	2,127	8.3	47.6
メキシコ	1,023	1,562	6.1	52.7
南米	4,834	1,462	5.7	−69.8
ブラジル	3,478	1,176	4.6	−66.2
チリ	1,354	152	0.6	−88.8
ベネズエラ	2	84	0.3	4115.5
ペルー	—	50	0.2	全増
日本	186	503	2.0	170.9
中国	539	389	1.5	−27.7
韓国	2	2	0.0	0.0
その他	797	653	2.5	−18.1
小計	18,232	15,035	58.5	−17.5
アルゼンチン	11,772	10,567	41.3	−10.2
合計	30,004	25,602	100.0	−14.7

※ 発表ベース、フロー

出所：JETRO

【コロンビアの国・地域別外国投資受入額※】

（単位：100万USドル）

	2012年	2013年		
	金額	金額	構成比（%）	伸び率（%）
NAFTA	3,656	3,956	23.6	8.2
アメリカ	2,516	2,981	17.8	18.5
メキシコ	849	705	4.2	−17.0
カナダ	291	269	1.6	−7.4
欧州	2,411	6,232	37.2	158.4
スイス	698	2,073	12.4	197.0
イギリス	1,350	1,368	8.2	1.4
スペイン	626	1,002	6.0	60.1
オランダ	−1,792	669	4.0	—
カリブ島しょ地域	2,793	3,305	19.7	18.3
バミューダ諸島	747	938	5.6	25.5
アンギラ（英）	614	856	5.1	39.3
中米	2,402	2,118	12.6	−11.8
パナマ	2,379	2,105	12.6	−11.5
南米	3,992	892	5.3	−77.7
チリ	3,150	323	1.9	−89.7
ブラジル	382	271	1.6	−29.0
ペルー	159	74	0.4	−53.3
アジア・大洋州	164	141	0.8	−13.8
日本	61	80	0.5	31.4
オーストラリア	16	21	0.1	31.5
韓国	43	16	0.1	−63.2
中国	35	10	0.1	−72.1
その他	110	128	0.8	16.4
合計	15,528	16,772	100.0	8.0

※ 国際収支ベース、ネット、フロー

出所：JETRO

【チリの国・地域別外国投資受入額※】

（単位：100万USドル）

	2012年	2013年		
	金額	金額	構成比（%）	伸び率（%）
日本	2,534	2,525	34.3	−0.4
アメリカ	1,886	1,916	26.0	1.5
カナダ	2,686	983	13.3	−63.4
コロンビア	—	629	8.5	全増
オーストラリア	152	562	7.6	269.7
イギリス	19	425	5.8	2116.2
ブラジル	667	83	1.1	−87.6
スペイン	1,939	51	0.7	−97.4
パナマ	5	49	0.7	836.7
オーストリア	—	45	0.6	全増
その他	988	100	1.4	−89.9
合計	10,877	7,367	100.0	−32.3

※ 実行ベース、外国投資規定（DL）600号によるもののみ

出所：JETRO

【ペルーの国・地域別外国投資受入額】

（単位：100万USドル）

	2012年	2013年		
	金額	金額	構成比（%）	伸び率（%）
スペイン	308	26	12.7	−91.7
イギリス	—	—	—	—
アメリカ	—	1	0.4	全増
オランダ	—	—	—	—
チリ	22	16	8.0	−28.0
ブラジル	5	23	11.2	350.0
コロンビア	−86	14	6.8	—
パナマ	1	1	0.4	−18.7
カナダ	8	—	—	全減
メキシコ	12	—	—	全減
スイス	18	—	—	全減
シンガポール	—	—	—	—

ルクセンブルク	—	—	—	—
日本	4	—	—	全減
フランス	—	—	—	—
中国	60	—	—	全減
その他	66	122	60.6	85.8
合計	420	201	100.0	−52.0

出所：JETRO

■ インフラ状況

世界経済フォーラムが行う、インフラ等の世界競争力を調査する「国際競争力レポート（Global Competitiveness Report）2013-2014」によると、これら4カ国のインフラレベルは、ランクが高い順に、チリ（調査対象の全148カ国中34位）、ペルー（同61位）、コロンビア（同69位）、アルゼンチン（同104位）となっています。

それぞれの項目別の特徴は以下のとおりとなります。

	内容
道路	南北アメリカ大陸を縦に貫くパンアメリカンハイウェイが、4カ国すべてを通過。全般に南米はモータリゼーションが進み、アルゼンチンなどでは自動車がほぼ独占的な交通輸送機関となっている。道路整備は国内外の連携の下、広範に行われている
鉄道	国土が広大なアルゼンチン、長大なチリでは一時期栄華を誇った鉄道輸送も、今では空運や海運に押され、一部の大都市近郊路線を除いて衰退傾向にある
港湾	チリ北部のアリカ港は、一部の管理運営権がペルーに譲渡され、また全取扱量のうち隣国ボリビアの貨物が大きな割合を占めるという特色ある港である。アルゼンチンは首都のブエノスアイレス港が依然として国内最大級の港であり、またコロンビアはカルタヘナという大港湾都市を抱えている
空港	アルゼンチンのエセイサ国際空港、コロンビアのエルドラド国際空港、チリのアルトゥーロ・メリノ・ベニテス国際空港、ペルーのホルヘ・チャベス国際空港がそれぞれ主要な空港であり、エルドラド国際空港はアビアンカ航空の、アルトゥーロ・メリノ・ベニテス国際空港はラン航空のハブ空港となっている

[交通インフラ]

南米諸国におけるインフラレベルはそこまで高くなく、特に交通インフラについては、国際競争力レポートの調査対象の他の地域の国から大きく出遅れている印象があります。そのため中南米各国では、企業間の国際競争力を維持するために、物流を効率化させる交通関連のインフラを充実させる取組を行っています。

まずは現状を認識するために、物流コストの対GDP比率を確認してみましょう。

【物流コスト対 GDP 比率】

国名	物流コスト対 GDP 比率（%）
ペルー	32.0
アルゼンチン	27.0
コロンビア	23.0
チリ	18.0
メキシコ	20.0
アメリカ	9.5
OECD 加盟国平均諸国	9.0

出所：内多允「国際競争力強化を目指す 中南米の交通インフラ投資」
季刊 国際貿易と投資、Winter 2010/No.82

南米諸国では、ペルーの32%を筆頭に、輸送や流通にかかわる物流コストの高さが昔から指摘されています。南米諸国を縦断するアンデス山脈等の影響もありますが、インフラ整備が不十分なことが主な原因です。

そのため、商品や製品が上手く流れず、企業が保有する在庫も増加する結果をもたらしています。アメリカと比較した各国の在庫水準を確認してみましょう。

【在庫水準（対アメリカ比）】

国名	在庫水準（対アメリカ比）
ペルー	4.19倍
コロンビア	2.22倍
チリ	2.17倍
アルゼンチン	データなし
メキシコ	1.58倍

出所：内多允「国際競争力強化を目指す 中南米の交通インフラ投資」
季刊 国際貿易と投資、Winter 2010/No.82

こちらもペルーの対アメリカ比4.19倍を筆頭にそれぞれがかなり高い水準となっていることがわかります。ただし、これらは原料に関する数値であり、製品については1.5～2倍の在庫水準で推移しています。

OECDの各国と比べてもその水準は軒並み2倍以上となっていますので、交通インフラの未発達により、企業が在庫管理および物流のために費やすコストは相応に高額になっています。

このためラテンアメリカ諸国では、輸送効率向上とコストの低減を進めようと国境を越えて近隣諸国と連携した共同投資が多く行われています。特に南米においては、1990年代からこの共同体制の強化が見られ、2000年9月にはブラジリアで南米12カ国の大統領が南米インフラ統合計画（IIRSA：Initiative for the Integration of Regional Infrastructure in South America）に合意する等の共同投資があります。しかし、依然として交通インフラ投資の遅れを取り戻すものとはなっていないようです。

南米市場の実態

基礎知識と経済動向については記載したとおりですが、この項からは具体的な日本企業やその他外資企業の進出状況等も踏まえて4カ国の市場について強みと留意点を見ていくことにします。

■ 各国市場概況

[アルゼンチン]

アルゼンチン市場の強みとして、所得水準の向上、サプライチェーンの簡素化、治安の改善など、ビジネス環境の整備が進んでいる点などが挙げられます。

しかし一方で、脆弱な交通などの基礎インフラに難がある点や、内需向け生産、低いGDP成長率などが弱みとして投資の懸念事項となっています。

今後、留意すべき点としては、国際金融公社（IFC）の評価、ソブリン債の格付けが軒並み低調であり依然として経済が不安定な状態が続いていることが挙げられます。

[コロンビア]

コロンビア市場の強みとして、経済の安定、所得水準の向上、物価の安定、治安の改善などのビジネス環境の整備が進んでいる点や、女性の社会進出および女性向けの市場の拡大など、新たなマーケットの開拓が進んでいる点などが挙げられます。

しかし一方で、都市部から主要港までの交通インフラの未発達や、消費活動に消極的な国民性、地方都市での治安などが引き続きの投資の懸念事項となっています。

今後、留意すべき点としては、外国企業（特に韓国企業）からのコロンビア投資に対する対応が挙げられます。

[チリ]

チリ市場の強みとして、1人当たりのGDPの高さ、コロンビア同様に女性の社会進出および女性向けの市場の拡大など、新たなマーケットの開拓が進んでいる点、各国との貿易協定の締結、国内物流の安定などが挙げられます。

しかし一方で、南北にのびた国土であり、都市部以外の交通インフラの未整備、製造業の未発達などが投資の懸念事項となっています。

今後、留意すべき点としては、資源産業に依存した産業構造、外国企業投資と国内産業の育成のバランスが挙げられます。

[ペルー]

ペルー市場の強みとして、高いGDP成長率、安価な労働力、治安の良さなど、その他の南米近隣諸国とは異なった点が挙げられます。

しかし一方で、国内物流が未発達、低い教育水準を原因とした優秀な人材確保の困難さや、人材育成コストの肥大化などが投資の懸念事項となっています。

今後、留意すべき点としては、国内の流通体制が未発達なため、外国企業の新規市場参入が困難であることが挙げられます。

全体的な特徴としては、既に韓国および中国企業が新たな投資先として、これらの南米諸国に目をつけており、近年は投資額を年々増加させています。その具体的な進出状況を次の項で確認してみます。

■ 他国・地域の南米への進出状況

日本以外の各競合国の南米諸国への進出状況については、次のように整理することができます。

<table>
<tr><th>出資国・地域</th><th colspan="2">主な進出企業</th></tr>
<tr><td rowspan="4">アメリカ</td><td colspan="2">南米全体における既存市場規模およびブラジル北部等の開発と成長による市場の拡大を見込んでいる</td></tr>
<tr><td>主な投資先</td><td>ブラジル、チリ</td></tr>
<tr><td rowspan="2">主な進出企業</td><td>自動車産業：GM、Ford</td></tr>
<tr><td>電子機器・家電産業：Whirlpool、Kenmore、GE、Apple、RCA、Carrier</td></tr>
<tr><td rowspan="4">欧州</td><td colspan="2">自動車産業を中心とした既存シェア率の確保</td></tr>
<tr><td>主な投資先</td><td>ブラジル</td></tr>
<tr><td rowspan="2">主な進出企業</td><td>自動車産業：FIAT、VW、RENAULT</td></tr>
<tr><td>電子機器・家電産業：Electrolux、Bosch、THOMAS、Philips</td></tr>
<tr><td rowspan="4">韓国</td><td colspan="2">自動車、電子機器、家電等、総合的な分野で南米市場に投資を急激に拡大</td></tr>
<tr><td>主な投資先</td><td>ブラジル、チリ、コロンビア</td></tr>
<tr><td rowspan="2">主な進出企業</td><td>自動車産業：Hyundai</td></tr>
<tr><td>電子機器・家電産業：LG、SAMSUNG、Daewoo</td></tr>
<tr><td rowspan="4">中国</td><td colspan="2">製造業に投資を拡大、南米でも他大陸同様のスキームを使用。重工業、インフラ事業、エネルギー産業への投資も積極的</td></tr>
<tr><td>主な投資先</td><td>ブラジル、チリ、アルゼンチン</td></tr>
<tr><td rowspan="2">主な進出企業</td><td>自動車産業：奇瑞汽車、江淮汽車、比亜迪汽車</td></tr>
<tr><td>電子機器・家電産業：広東美的電器、海爾集団</td></tr>
</table>

特に韓国の家電メーカー各社、中国・韓国の自動車メーカー各社の進出動向については、日本企業の海外展開において大きな障壁となる可能性が考えられるため、今後も注視していく必要があります。

韓国・中国メーカーに若干先行されている状況ではありますが、日本企業も南米への投資を行っています。次の項において日本企業の南米への進出動向について説明します。

日本企業の進出動向

アルゼンチン、コロンビア、チリ、ペルーの日本企業の進出動向をみると、2013年末の段階において、チリ76社、アルゼンチン51社、コロンビア44社、ペルー35社（これらの数字は日本企業による投資であり、現地在住の日本人が設立した法人は含まない）であり、同年における日本からの直接投資額は、チリ23億1,686万USドル、アルゼンチン5億300万USドル、コロンビア8,030万USドルとなっています。

チリが他の各国を抑えて進出企業数および直接投資額で断トツであり、ペルーに至っては2013年の直接投資はありませんでした。

メルコスールや太平洋同盟等が話題となり、メキシコ進出ラッシュが進む現状において、日本ではメキシコで自動車を生産し、FTA等を利用してラテンアメリカ各国に販売していくという考えがよく聞かれますが、実際に行動をしている日本企業は意外と少ないのが現状です。

このような現状ではありますが、この4カ国およびメキシコに進出している企業に、ラテンアメリカ市場における成功要因、今後新規ビジネスを考えている国をそれぞれヒアリングしたところ、以下のような状況となっています。

【成功要因】

新規参入時	オペレーション開始後
・現地進出企業を参考とするプロジェクト実現可能性の調査（FS）の作成（特に附随コストの把握） ・日系クライアントの確保 ・日本人ネットワークの活用 ・人事マネージャーの確保 ・買収等による新規参入 ・現地ビジネスパートナーの確保	・予実分析 ・ローカルクライアントの確保 ・現地人ネットワークの活用 ・有能な生産管理マネージャーの確保 ・技術協力等による技術力の開示 ・自社管理でのサプライチェーンの構築 ・従業員の教育体制の構築 ・サービスレベルの維持

メキシコに進出している企業に、ラテンアメリカ地域における今後の進出の見通しをヒアリングした結果、次に投資するとしたらコロンビア（具体的に動いている企業はほとんどなし）という回答が最も多く、その他の南米諸国の名前はブラジルおよびペルーが若干数挙がっただけでした。

コロンビアは、メキシコからも地理的に近く、今後の経済発展も見込めます。最大の懸念事項であった治安についても、近年は著しい回復を見せており、今後日本企業が投資する下地ができつつあります。

近年の日本企業の進出数を見ても、毎年着実にその数を伸ばしており、既に進出した企業も古河電気工業、日清食品、富士フイルム、いすゞ自動車、日本電気、スズキなど多岐にわたります。

そのために以下では、今後日本企業が多く進出する可能性があるコロンビアへの新規進出にかかる規定を簡単に説明します。

■ コロンビアにおける会社設立

[恒常的ビジネス]

外国企業がコロンビアに進出し、以下の活動を行う場合には、当該外国企業については、コロンビアにおいて恒常的ビジネスを行う者として支店または子会社を設立しなければなりません（商法8条、474

条)。

・コロンビア国内にPE（恒久的施設）の開設
・資産の譲渡または役務の提供、資産の貸付
・民間銀行等のマネジメント業務
・採掘業に関連する業務
・国家ビジネスに参加する場合
・議決権の保有、株主総会、取締役会、理事会などを通じ意思決定を行う場合

[進出形態]

コロンビアにおいて新規に事業活動を行う際に選択される進出形態には、単純株式資本会社、有限会社、株式会社、支店、合名会社、合資会社、個人企業、匿名会社の８つの形態があります。

コロンビアの法規によって進出形態が定められており、それぞれの進出形態ごとに資本金額、共同経営者数、組織構成等が定義されています。まず前提としてコロンビアにおける会社設立は、株主やパートナーによる一種の契約行為であり、公証人によって会社設立契約を内容とする公正証書を作成し、公証人立会の下で株主等が公正証書に署名することによって設立されます。具体的には、中央銀行での外資登録や公証役場での資本金払込証明および定款の承認などの各種手続が必要です。

その後に、商業会議所への工業・商業登録、労災管理会社の安全証明書取得、操業に係る基本的条件の市役所または計画局からの承認、衛生局による衛生登録などを行った後に操業が開始されます。

日本企業が選択する設立形態は、単純株式資本会社、有限会社、株式会社、支店のいずれかであると考えられます。以下においてこれら４つの形態を解説します。

単純株式資本会社（S.A.S.：Sociedad por Acciones Simplificada）

単純株式資本会社は、2008年の法令第1258号により新たに創設された会社形態です。これは公正証書を作成する必要がなく、片務契約等によって会社設立を行うことができる、最も簡易的な会社形態であり、多くの企業が採用しています。

この会社形態では株式上場をすることができませんが、1人以上の株主での設立およびさまざまな種類株式の発行が可能などといった、デメリットを上回るメリットがあります。

取締役会に関する規定は明文化されていないため、この会社形態において取締役会の設置は義務ではないと解釈されていますが、一定以上の資本金額または収入額がある場合は、監査役を設置しなければなりません。株主の責任範囲については、この会社形態は簡易的な株式会社であるため、株式会社と同様に出資額までの有限責任とされています。

また、メキシコのS.A. de C.V.（可変資本株式会社）などと同様に、社名に続けてSociedad por Acciones Simplificada、またはS.A.S.と付与し、それをもって正式名称としなければなりません。

会計報告については、企業会計原則に準拠したコロンビアGAAP（会計基準）が認められており、子会社はコロンビアペソ建ておよびスペイン語による財務諸表を作成します。作成する財務諸表は、一般的に貸借対照表、損益計算書、株主資本等変動計算書、利益剰余金の明細、キャッシュフロー計算書などです。この会計報告の形式については、以下、「株式会社」においても同様です。

有限会社（S.R.L.：Sociedad de Responsabilidad Limitada）

有限会社は、2～25人の出資者（1人では認められない）から成り立ち、設立時等には、資本金の100%を払込む必要があります。メキシコにおける合同会社、アメリカにおける合同会社と同様の形態ですが、メキシコ同様にアメリカ親会社に対してのパススルー課税はありません（メキシコ合同会社におけるパススルー課税の有無に関する詳細は、Ⅲ章「設立」参照)。

出資者の責任範囲については、原則的に出資した金額までの有限責任ですが、出資者の行動により問題が生じた場合には、税金と労務に関する責任は無限に負う必要があります。

また、S.A.S.と同様に登録の際には、末尾にLimitadaまたはLtdaを付与し、それをもって正式名称としなければなりません。

株式会社（S.A.：Sociedad Anónima）

コロンビアで株式会社を設立する場合は、最低5人の株主が必要（上限は定められていない）であり、いかなる株主も94.99％超の株式を保有することは認められていません（増資の際も同様)。株主の責任範囲については、単純株式資本会社と同様に、その出資額を限度とします。

また、会社設立時に授権資本（定款に定める発行可能株式）の50％以上の株式を発行し、引受資本金の3分の1以上の払込が必要となります。ただし、最低資本金の規定はありませんので、株式の割り振りをどのようにするかは検討する必要がある項目となります。

最高意思決定機関は株主総会（過半数の賛成により決議）であり、その他取締役会および法定代理人、監査役などを選定しなければなりません。

メキシコにおける株式会社（S.A.：Sociedad Anónima）と同様に、社名の最後にSociedad Anónima、または、S.A.を付与し、それをもって正式名称としなければなりません。

支店（Sucursal）

外国企業がコロンビア国内で商業活動を行える旨が商法471条に

記載されています。そのための手続として、本社の登記簿、定款、支店開設に係る取締役会議事録、代表者証明等の書類を公証し、企業監督局または銀行監督局に営業許可を取る必要があります。

支店は株式会社と違い、所有と経営が分離していませんのでコロンビアにおいては無限責任となり、裁判等の問題が発生した場合には、本社資産に影響を及ぼすリスクがありますので注意が必要です。

また、駐在員事務所については、コロンビアではその概念が存在しないため、外国企業の支店として納税義務があります。よって会社と同様に商業会議所にて商業登記を行わなければなりませんし、納税のために統一税務登録（RUT）の申請が必要となります。メキシコでは駐在員事務所の定義が明確ではなく、商業登記（RPPC）および納税者登録番号（RFC）の取得をしなければならないと考えられていますが、コロンビアにおいてもメキシコと同様にRPPCおよびRFCの取得が必要と考えられています。このようにラテンアメリカ各国では、未だに駐在員事務所の定義が明確でない国も多いために、進出前に十分に検討する必要があります。

会計報告については、単純株式資本会社等と同様に、企業会計原則に準拠したコロンビアGAAPが認められており、子会社はコロンビアペソ建ておよびスペイン語による財務諸表を作成します。ただし、これらは外部報告用の財務諸表となり、本支店における内部管理用の数字とは異なる可能性があることに注意が必要です。

[設立公正証書記載情報]

コロンビアにおける会社設立のために必要な情報（設立公正証書に記載される情報）は以下のとおりです。

・ 商号
・ 会社の種類

・会社の目的（活動内容）
・資本金
・経営者等（代理人含む、以下同じ）の氏名
・経営者等の住所
・経営者等の権限の範囲
・経営形態
・株主総会の招集形態
・会社の住所
・監査役の権限の範囲
・期間の範囲を定める場合には、期間、解散事由、清算方法など
・その他一定の情報

公証人はこれらの情報が記載された設立公正証書を公証役場にて、公証を行い法的に設立が完了します。

なお、支店開設のために必要な情報（公正証書に記載される情報）は以下のとおりです。

支店の場合

・商号（支店名）
・支店開設住所
・本店定款および修正事項
・支店開設における本社決議書
・本社指定の資本額
・支店代表者の個人情報証明書類
・コロンビア会計監査人※の個人情報証明書類

※ コロンビアに外国企業の支店を開設する場合、コロンビア会計監査人を選定する必要がある

[統一税務登録（RUT）]

所得税申告を行う自然人のRUTについては、国税庁（DIAN）のウェブサイトを通じて行い、当該自然人の基礎情報を登録することとなります。

会社に関しては、DIANによりシステム化されており、会社設立が終わった段階で商業会議所がDIANに登録手続を行うシステムとなっています。

このRUTによりDIANは、所得税の報告単位の個人や団体を特定します。また、RUTを行った自然人は、それぞれ2004年政令第2788号4条に規定するNIT（九桁の納税者番号であり、RUTに紐付く番号）を持つことになります。

■ 日コロンビア投資協定

日本とコロンビアは投資の自由化、促進および保護を目的とし、日コロンビア投資協定を結んでいます。この協定は平成23年9月12日に東京で署名され、平成25年11月22日に国会で承認されました。

その冒頭は次のような文言で始まっています。

「日本国及びコロンビア共和国（以下、両締約国）は、

両締約国間の経済関係を強化するために投資を更に促進することを希望し、

締約国の投資家による他方の締約国の区域内における投資を拡大するための安定した、衡平な、良好なかつ透明性のある条件を更に作り出すことを意図し、

両締約国において投資家の発意を促し、並びに繁栄及び双法にとって好ましい事業活動を促進する上で投資の漸進的な自由化を図ることが一層重要になっていることを認識し、

一般に適用される健康上、安全上及び環境上の措置を緩和することなしに、これらの目的及び持続可能な開発の促進を達成することが可

能であることを認識し、

両締約国間の投資を促進する上で労働者と使用者との間の協調的な関係が重要であることを認識し、

この協定が外国投資に関する国際的な規則の発展についての国際的な協力の強化に寄与することを希望し、

この協定が両締約国間の新たな経済上の連携の起点となることを信じて、次のとおり協定した。」

つまり両国の投資および投資家は、この協定により保護され、不利な条件を与えられないようにされています。

［第２章「投資」について］

この投資協定第2章2条に「内国民待遇」の規定があります。

「一方の締約国は、自国の区域内において、投資活動に関し、他方の締約国の投資家及びその投資財産に対し、同様の状況において自国の投資家及びその投資財産に与える待遇よりも不利でない待遇を与える。」

この内国民待遇および3条の「最恵国待遇」の規定により、コロンビアにおいて不当に財産を没収されたり、ビジネスを制限されたりすることがないとされています。

また、この投資協定の第2章は投資に関してまとめられている章であり、主に5条「特定措置の履行要求」（自由競争の容認について）、6条「適合しない措置」（国によって維持されるものなど）、9条「入国、滞在および居住」、１０条「経営幹部及び取締役会」、１４条「資金の移転」（内国民待遇に次ぐ重要な項目であり、「増資や利益、融資等の返済、投資財産の生産によって得られる収入等の資金の移転について、遅滞なく、かつ、自由に行われることを確保する」とされている）のような条項がありますが、これらの条項は個別具体的な規定を定めるものではなく、日本企業がコロンビアでビジネスを行ったとしても、自国の内国法人と全く変わりなく自由競争をさせることを定めた（たとえば、10条には「自国の企業であって他方の締約国の投資家の投資財産と認められるものに対し、特定の国籍を有する自然人を経営幹部に任命することを要求することができない」とあります。つまり、自由競争に基づきこのような前提条件は自由に定めることができる）投資協定となります。

[その他の章について]

その後、第3章「両締約国間の紛争の解決」、第4章「一方の締約国と他方の締約国の投資家との間の投資紛争の解決」、第5章「最終規定」と続きます。

ただし、これらの章においても個別具体的な規定を定めるものではなく、日本企業がコロンビアにおいて滞りなくビジネスが行えるための前提条件を定めたものであるために、個別具体的な規定はコロンビアの国内法に委ねられることになります。

■ コロンビアにおける規制業種

規制業種については、国防事業・治安事業、メディア事業、有害物質・放射能物質の処理・廃棄事業が対象となります。メディア事業に関しては、コンセッションのテレビ事業は出資割合が40%までに制限されており、全国区向けのテレビ事業はコロンビア国籍の株式会社にのみ選択が可能となっています。その他、金融事業、鉱業・エネルギー事業については、それぞれの担当省庁より認可を受ける必要があります。また、天然資源や周辺の環境に影響を及ぼす可能性のある開発事業に関しては、環境ライセンスを事前に取得する必要があります。

■ コロンビアにおけるインセンティブ（奨励業種等）

コロンビアへの投資については、上記規制業種を除き、基本的に外資100%での設立が可能となります。コロンビア政府は外資の受入れを積極的に行っており、2005年7月には、法制度の改変リスクから投資家を保護する目的で「法的安定性確保法（963号）」を制定しました。この法律は課税基準単位以上の新規投資が対象で、保証料は毎年の投資額1%（非生産期間は0.5%）が対象となります。保証料の支払とその対象期間については、政府が各企業から提出された申請内容を基に計算、決定します。その他、コロンビアと日本の間におけるEPAの締結に向けての共同研究も開始されていますので、今後はますます投資環境が整っていくことが考えられます。

その他、個別インセンティブの具体例には、投資促進分野への投資（外資に限る奨励ではなく、国内産業の発展のために力を入れている分野となる）および各種優遇措置、その他優遇税制などが定められています。

［具体的な投資促進分野］

・電力
・河川運輸
・環境
・科学技術
・ホテル
・公益事業
・不動産
・家庭用天然ガス配給
・出版
・植林
・作物（フルーツ、カカオ、ゴム、パーム油など）

これらの投資促進分野に対する投資を行った場合には、所得税の免除、所得控除の範囲拡大、付加価値税（IVA）の免除などの各種優遇を受けることが可能です。

また、上記の投資促進分野への投資以外にも下記のような各種優遇措置が存在します。これらについても外資に対する奨励ではなく、自国の産業発展を目的として定められているものとなります。

[各種優遇措置]

①フリートレードゾーン
②輸出経済特区
③観光フリーゾーン
④一時的輸入
⑤大規模輸出者（Altex）
⑥国際販売会社（C.I.）
⑦その他税制優遇措置

これらの各種優遇措置に該当する場合には、次のインセンティブが受けられることになります。

[フリートレードゾーン]……①

コロンビアにあるフリートレードゾーン（FTZ）は保税地区を意味し、ボゴタ、リオネグロ、パシフィコ、ラ・カンデラリア、サンタ・マルタ、バランキージャ、カルタヘナ、パルケ・セントラル、パルマセカ、アルメニアなどがあります。これらのFTZは、常設FTZと一時的FTZに分類されます。

なお、FTZに該当するためには、最低投資額や創出雇用数などの条件が規定されていますが、会社が行う事業によってその詳細は異なるために個別に確認する必要があります。

常設 FTZ

工業利用（製造および工員等の技術発展のためのサービス）および商業利用（国内外の市場に向けての各種役務提供）を行うことを目的とするFTZは常設FTZに該当します。

また、常設FTZについては、さらに常設FTZと特別常設FTZに細分化できます。特別常設FTZは、国の発展に貢献する一定の法人に限られ、保税地域外であってもFTZの特定を受けることができます。

常設FTZ（特別常設FTZを含む）の特典として次のようなものがあります。

- 通常は25%の所得税率を15%に軽減
- FTZにて利用目的の輸入物品（機械等を含む）の関税およびIVAの免除
- FTZにおいては、外貨での支払、所有、取引が可能
- コロンビア国内および国外の銀行（当座預金口座）に外貨を保有可能
- その他一定の特典

なお、常設FTZにおいて生産された製品（または製造に係る原材料等）については、国内製品化することも可能となりますが、その際には輸入手続（関税およびIVAの支払など）が必要となります。

一時的 FTZ

経済活動や貿易のために重要なフェア、展示会、会合、セミナー等の一時的な活動を行うFTZは一時的FTZに該当します。

一時的FTZの特典としては次のようなものがあります。

・サンプル品、印刷物、カタログ等の関税およびIVAの免除
・ブースの装飾やメンテナンスに必要な物品の関税およびIVAの免除
・その他一定の特典

［輸出経済特区］……②

コロンビアにおいては、輸出を主たる目的とした投資の促進（雇用創出、技術移転、地方開発等）のために、2001年8月に輸出経済特区法が公布されました。

この輸出経済特区法では、コロンビア国内の特定の場所を輸出経済特区とし、その特区内において製品やサービスの80%以上を輸出する場合には、当該輸出に関連する輸入物品に係る輸入関税、IVA、所得税の免除および柔軟な労働契約を認めています。

現在、輸出経済特区は各地に指定されていますが、適用に当たっては商工観光省との事前契約が必要であり、適用期間は5年から20年となっています。

［観光フリーゾーン］……③

観光フリーゾーンに関しては、上記①のフリートレードゾーンの一形態であり、常設フリートレードゾーンと類似の取扱となります。

バルー・ビーチ（カルタヘナ）、ティエラ・カリベ（カルタヘナ）、ポソス・コロラドス（サンタ・マルタ）、エル・カンディル（トリマ）、エウロカリベ・デ・インディアス（ボリバル）、サン・アンドレスが環境フリーゾーンとなっています。

［一時的輸入］……④

メキシコにおけるIMMEX（輸出向け製造・マキラドーラ・サービス産業）と類似の制度になり、一定期間内に再輸出される輸入物品に

対しては輸入関税やIVAの優遇を受けることができるというものです。

ただし、IMMEXと同様に各種要件が定められています。

- 対象となる輸入物品については、個別に管理し、一時的輸入の対象であることを明確にしなければならない
- 対象となる輸入物品に係る再輸出期限を満たさない場合に、諸税を支払う旨を確約しなければならない
- その他一定の要件

[大規模輸出者（Altex）］ …… ⑤

以下の要件を満たす場合に、大規模輸出者に該当します。

- 前年度輸出額が200万USドル以上（FOB価格ベース）
- 総販売額の30％以上を輸出

ただし、これらを満たしていなくても2,100万USドル以上を輸出していることを証明できる場合には、大規模輸出者に該当します。

大規模輸出者に該当する場合には、以下の優遇を受けることができます。

- 国内調達できない物品の輸入において関税およびIVAが免除される
- DIANに対する手続が簡略化される
- 輸出入物品に関する税関での現物検査が免除される

[国際販売会社（C.I.）］ …… ⑥

コロンビアの内国法人で海外において製品を販売することを主目的とする会社については、輸出向け製品に係る国内でのIVAの免除、輸

出業者への支払に課される源泉税（3.5%）の免除等の優遇措置が与えられています。

これらの優遇措置の対象となるためには、DIANの登記管理部門において、輸出計画に沿ってビジネスを行っているなど、国際販売会社（C.I.）としての要件を満たしている旨の登記を行わなければなりません。

［その他税制優遇措置］……⑦

コロンビアにおいては、上記優遇制度の他に各種優遇税制が定められています。

具体的には、以下の項目などがあります。

所得控除

・設備投資額の40%相当額は、課税所得から控除することができる
・固定資産税等として支払われた金額は、課税所得から控除することができる
・革新的な科学技術等への投資については、投資額の175%相当額を課税所得から控除することができる（ただし、所得金額の40%を上限とする）
・医療、宗教、教育、環境保護等の振興を目的とする非営利機関に対して行われた寄附金の額の175%相当額を課税所得から控除することができる（ただし、所得金額の40%を上限とする）
・障害者雇用をした場合について、当該障害者へ支払われた給与等の200%相当額を、課税所得から控除することができる

税額控除

・海外で支払われた税金については、所得税額から控除することが

できる

・基礎工業用に購入された重機に係るIVAは、所得税額から控除することができる

・農牧業に対する株式投資をした者（2年間維持）は、自身の所得金額の1%の金額を、所得税額から控除することができる

■ コロンビアにおける税制度

コロンビアでは、税項目を国税・地方税に分類しています。基本的な税の種類および税率については以下のとおりです。

【基本的な税の種類および税率】

税	定義	税率
所得税 ISR：Impuesto Sobre la Renta	法人所得税および個人所得税については、所得税法に規定されている。 法人所得税の税率は基本的には25%だが、保税地域内の企業に関しては15%となる。 また、個人所得税については0～33%の累進税率により課税される	法人所得税率：25% 個人所得税率：0～33%
公平税※ CREE：Impuesto Sobre la Renta para la Equidad	財産所得に対する所得税となる。 課税年度の純資産の増加額に対して、9%の税率で課税が行われる	税率：9% （2016年以降は8%）
付加価値税 IVA：Impuesto Valor Agregado	メキシコと同様に基本的には16%の税率で課税される。ただし、特定の品目（食品や飲料など）においては4%、8%の優遇税率が設けられている	税率：4～16%
金融取引税 Gravamen a los Movimientos Financieros	金融機関における金融取引、金融サービスが課税の対象となる	税率：0.4%
工業・商業税 Impuesto de Industria y Comercio	製造業・サービス業などの事業活動における収益が課税対象となり、計算根拠は前年の収益額となる。税率は各地域により異なり、通常は0.2～1%となる	税率：0.2～1%

※ 公平税は、従業員の利益および雇用創出、政府による社会投資のために企業に課された国税

また、法人および支店については、財務諸表の作成が義務付けられており、毎年6月30日までにDIANへの申告を行い、選任している監査人の税務監査を行う必要があります。会計年度は暦年（1～12月）となります。

■ コロンビアにおける会計制度

コロンビアにおいては、2015年より現在の自国の会計制度（コロンビアGAAP）に変わり、下記企業に対し国際財務報告基準（IFRS）のアドプション（全面適用）が開始されます。

IFRSの対象となる企業は、上場企業、公営事業体、親会社がIFRSを適用している支店、売上の50%以上を輸出している企業であり、2015年の確定申告（2014年度活動分）からIFRSにて申告を行う必要があります。

上記に該当する企業以外の中小企業については、2016年の確定申告（2015年度活動分）からIFRSにより申告を行う必要があります。

■ コロンビアにおける労働法

［労働法一般情報］

労働支援法（Código Sustantivo del Trabajo）がコロンビアにおける労働法の法源とされています。外国人駐在員等についてもこの法律が適用されます。

労働法において、労働者の就労時間は8時間/日、48時間/週と定められており、雇用契約や就業規則により土曜日も就業させることが可能です。定時就業時間外の残業手当に関しては基本給の25%を手当として支給します。

夜10時より朝6時までの就業は夜間就業とされ、基本給の35%を手当として支給しなければなりません。また、夜間就業の残業手当および日曜日の就業に関しては基本給の75%を手当として支給する必要があります。

有給休暇は年間15日となり、労働者は最低でも6日間の有給休暇を使用する権利を有します。また付与後4年間は繰越が可能です。

［給与関連情報］

給与については最低賃金を下回らない額を支給する必要があります。2014年度の最低賃金は月額61万6,000コロンビアペソ（日本円で月額3万2,500円程度）で2013年度の最低賃金から4.5%上昇しています。

社会保険料の企業負担は、30～38%ほどとなります。また、健康保険料については企業負担が8.5%、労働者負担が4%、統合年金保険料については企業負担が12%、労働者負担が4%、職業保険料については企業負担が約0.5%を納付する必要があります。

■ コロンビアにおける外国為替規制

コロンビアでは原則として海外送金は可能であり、送金税もありません。その他利益の送金については、配当、利子、ロイヤルティ等があり、コロンビアの国内法等においてそれぞれ源泉税が発生します。

■ コロンビアにおける輸入ライセンス

輸入販売事業の開始に当たり、国税関税局の貿易手続のオンラインシステム（VUCE：Ventanilla Única de Comercio Exterior）にてライセンス登録を行う必要があります。登録においてはNIT（TAX ID No.）を含む企業の基本情報に加え、輸入業者の企業情報、輸入品に関する情報を入力する必要があります。

なお、コロンビアへの輸入が禁止されている品目には、環境を汚染しうる有害物質、ポルノ商品、疫病感染の疑いがある品目、人体に影響を及ぼす可能性がある品目などがあります。

[参考資料・ウェブサイト]

・ 外務省「国・地域情勢～基礎データ」

チリ

http://www.mofa.go.jp/mofaj/area/chile/data.html

ペルー

http://www.mofa.go.jp/mofaj/area/peru/data.html

アルゼンチン

http://www.mofa.go.jp/mofaj/area/argentine/index.html

コロンビア

http://www.mofa.go.jp/mofaj/area/colombia/index.html

・ 日本貿易振興機構（JETRO）

「国・地域別情報（J-FILE）第2部 国・地域別編 Ⅲ中南米」

チリ

http://www.jetro.go.jp/world/gtir/2012/pdf/2012-cl.pdf

ペルー

http://www.jetro.go.jp/world/gtir/2012/pdf/2012-pe.pdf

アルゼンチン

http://www.jetro.go.jp/world/gtir/2012/pdf/2012-ar.pdf

コロンビア

http://www.jetro.go.jp/world/gtir/2012/pdf/2012-co.pdf

サンパウロ・センター二宮康史「自動車産業の動向（メルスコール）」2005年4月

https://www.jetro.go.jp/jfile/report/05000922/05000922_002_BUP_0.pdf

海外調査部「2012年 世界主要国の自動車生産・販売動向」2013年4月

http://www.jetro.go.jp/jfile/report/07001311/automobile_2012.pdf

・ 立命館大学教授 小池洋一「地図にみる現代世界 一次産品輸出で成長するラテンアメリカ」図説地理資料 世界の諸地域 NOW 2011 http://www.teikokushoin.co.jp/journals/geography/pdf/201101gs/03_hsggbl_2011_01gs_p03_p06.pdf

- 三菱ＵＦＪリサーチ＆コンサルティング調査部 堀江正人「ペルー経済の現状と今後の展望 ～南米屈指の高成長・健全性が注目されるペルー経済～」三菱UFJリサーチ＆コンサルティング調査レポート、2012年1月20日
http://www.murc.jp/thinktank/economy/analysis/research/er_120120.pdf
- 馬場範雪「平成22年度カントリーレポート：アルゼンチン、インド 第1章 カントリーレポート：アルゼンチン」農林水産政策研究所、2011年3月
http://www.maff.go.jp/primaff/koho/seika/project/pdf/cr22-1-1.pdff
- アルゼンチントヨタ 勝田富雄「アルゼンチンのクルマ事情について――モータリゼーションの再来を期待して」JAMAGAZINE、2003年12月号
http://www.jama.or.jp/lib/jamagazine/200312/08.html

さくいん

欧字

あ行

か行

さ行

た行

な行

は行

ま行

ら行

地域統括会社を活用したアジア戦略のすべて！

シンガポール・香港 地域統括会社の設立と活用

公認会計士 久野康成 監修
久野康成公認会計士事務所 著
株式会社東京コンサルティングファーム 著

TCG出版 発行

これまでシンガポールと香港における、地域統括会社の設置国の優位点として、周辺国へのアクセスの利便性や低税率が挙げられてきました。しかし他国と比較した場合、絶対的なものではなくなりつつあります。

それにもかかわらず、なぜ今もなおシンガポールと香港が注目され続けているのか。そこには両国の今日まで培われ、今もなお進歩している国際ビジネスインフラに依拠するところがあります。

シンガポールは、1965年にマレーシアから独立した当初より外国企業の参入を奨励し、また、多くの優遇税制を敷くことで、国際社会の中での競争力を磨き、現在の揺るぎない地位を築いてきました。アジアのハブ港、ハブ空港のみならず、グローバルな金融拠点としての機能も有しています。シンガポールから他国へ投資を行う日本企業の数は年々増加の傾向にあり、今後も続いていくものと考えられます。

香港もまた、イギリス植民地時代より金融・流通の拠点として成長を遂げてきました。香港経済の基盤は、金融、貿易を中心としたサービス産業であり、GDP比率の90%以上を占めています。また、世界の外国直接投資（FDI）流入額では第３位にランクされ、香港経由での海外投資が大規模に行われています。

本書では、投資制度の活用方法をはじめ、進出に係る法務・税務・労務といった専門情報を体系的にまとめています。本書が、今後のアジア戦略を優位に進めるための一助となれば幸いです。

体裁：A5 判　並製　472 ページ
定価：本体 4,500 円 + 税
ISBN 978-4-88338-535-5

南アジア諸国への進出は今こそがチャンス！

バングラデシュ・パキスタン・スリランカの
投資・会社法・会計税務・労務

公認会計士 久野康成 監修
久野康成公認会計士事務所 著
株式会社東京コンサルティングファーム 著
KS International 著
TCG出版 発行

第二次大戦終結後、南アジア諸国は植民地支配からの独立を果たしたものの、経済成長からは大きく取り残されてきました。「貧困」や「後進国」、最近では「テロ」といったイメージがあります。しかし今、事態は快方に向かっています。

いち早く兆しが見えたのはバングラデシュです。メイン産業である繊維産業を中心に外資誘致に成功しました。その好調な経済を反映するように、2012年、2013年度は6.0～7.2%の経済成長率が見込まれています。

スリランカは、四半世紀に及んだ内戦が2009年にようやく終結しました。「東洋に浮かぶ真珠」と称されたように、とても美しい島国で資源も豊富です。観光産業など中心に発展が進んでいくと予想されます。

パキスタンは、治安の面では依然として不安定ですが、今年に入ってインドと経済面で連携強化の動きを見せており、今後の動向次第では急速な進展を見せる可能性を秘めています。

TPPやFTAのような国際的な市場開放の流れは、今後益々拡大していくことが確実です。インドを中心とする南アジア圏は、やがて16億人規模の一大市場となります。

本書で取り上げた3カ国は、法制度やインフラという面では不十分な環境です。企業の注目度もそこまで高くありません。しかし、それが故に中国やASEANで起こっている激しい市場競争や賃金上昇といった問題も大きくありません。奪い合いが始まる前の今こそが、チャンスであるといえます。

体裁：A5判　並製　636ページ
定価：本体6,500円＋税
ISBN 978-4-88338-457-0

オリンピックを控えるブラジルに世界が注目！

ブラジルの投資・M&A・会社法・会計税務・労務

公認会計士 久野康成 監修
久野康成公認会計士事務所 著
株式会社東京コンサルティングファーム 著
KS International 著
TCG 出版 発行

「2014 年サッカー W 杯ブラジル大会」、「2016 年リオデジャネイロ・オリンピック」、ビッグイベントが控えるブラジルは、経済面でも大きな注目を集めています。いまや南半球及びラテンアメリカ地域において最大の経済規模を誇り、GDP は世界第 6 位、将来的な順位の上昇も見込まれる大国にまで成長しています。インフレ抑制に成功し、貿易拡大、財政収支の改善などにより経済は安定し、1990 年代までの重債務国の面影はなく、対外債権国へと変貌を遂げつつあります。

ブラジルの経済成長を支えている要因の一つが、巨大な国内市場です。現在人口は 1.9 億人を超え、所得水準の向上により中間層の拡大が続いています。2011 年の自動車販売台数は、過去最高の約 363 万台（世界 4 位）を記録しています。また、今後の国際的なイベントによる国内消費の拡大と特需が見込まれており、アメリカ、中国をはじめ、世界各国からブラジルへの投資が活発になっています。

一方で治安に対する不安も多いかもしれません。この点は、2003 年に「地域警察制度」を導入し、「州軍警察」と「文民警察」の二つの組織により、国家威信をかけた治安改善への取り組みが行われています。

また、ブラジルの税務は世界一複雑といわれており、税法だけではなく、法律の改正自体が頻繁に行われる点、公表される政府情報のほとんどがポルトガル語である点から、外国企業にとって最新情報の把握は困難といえます。しかし、近年では情報提供機関や進出外国企業の功労により、改善が見られているといえます。

本書は、投資、法務、税務、労務、M&A といった専門情報を体系的にまとめたブラジルのビジネス展開に必須な情報を収録しています。

体裁：A5 判　並製　404 ページ
定価：本体 3,400 円 + 税

ISBN 978-4-88338-462-4

新興国 M&A 実務の決定版！　掲載国数 No.1

クロスボーダー M&A
新興国における投資動向・法律・外資規制

公認会計士 久野康成／ GGI 国際弁護士法人 監修
久野康成公認会計士事務所 著
株式会社東京コンサルティングファーム 著
TCG 出版 発行

日本企業による海外企業の M&A は高水準での推移を見せています。

今後も中期的には、高い内部留保や超低金利政策を好機とし、また将来的な国内市場縮小を見越して、クロスボーダー M&A 件数は、継続的に増加することが予想されます。特にアジア企業への M&A は、2013 年に 202 件と過去最多を更新しました。このうち、中国企業への M&A は前年から約 50% 減少する一方で、ASEAN への投資が一段と活発化しました。ここ数年の日中関係の悪化と併せ、チャイナプラスワンの流れが顕著となっています。

クロスボーダー案件では、現地企業の既存のリソース（施設、従業員、販路等）を用いることにより、理論上は買収の翌日からでも、新たな拠点国において収益を生むことが可能となります。競合に先んじ、安い労働力を利用して価格競争における有利なポジションを取ることや、国際市場におけるシェアを広げることができます。

本書で解説する、各国の M&A に関わる法・会計・税制度は、各国におけるさまざまなリスクを回避・軽減し、M&A を成功させるために必要な情報を収録しています。それらを活用することで不慣れな土地での事業の成功というゴールに至るための道標となるはずです。

体裁：A5 判　並製　616 ページ
定価：本体 4,500 円 + 税
ISBN 978-4-88338-569-0

技術だけを植え付けたら若者は３年で辞めていく。
伸びる会社は技術より心を育て、ネクストリーダーを育てる。

できる若者は３年で辞める！

久野康成 著

急激な少子高齢化により、時代は慢性的な労働力不足に陥ろうとしています。また、かつては終身雇用制度のもと、日本人は勤勉な労働者として世界から称えられてきましたが、今や入社後３年を待たずして30％以上の人が辞めてしまう世の中となりました。つまり量的にも、質的にも労働力が不足しつつあるのです。このような時代に企業が存続し続けるには、まったく新しいマネジメント方法が必要となります。

かつて企業は技術を詰め込んで、できる社員（専門職）を育てていれば存続しえたのでしょうが、今は技術だけを教え込んだのでは、それを身につけた時点でさっさと会社を離れていく、そんな時代なのです。企業は人づくりの場と認識し、できる社員（専門職）よりもリーダー（管理職）を育てなくてはならない。技術よりも理念の共有をしなければいけない。理念を共有できなければ、社員は報酬だけで会社を選び、次々に転職していくことになる。理念を共有することこそが企業を発展させるエネルギーだ、と著者は語ります。経営者ならずとも、部下を持つ社員ならだれしも参考となる一冊です。

本書英語版『THE REAL EMPLOYEE SATISFACTION』もamazon.co.jpで絶賛発売中!

体裁：四六判　並製　272ページ
定価：本体1,500円＋税
ISBN 978-4-88338-360-3

中小企業にこそ使えるM&A&Divestitures（売却）戦略。
成長の鈍化、後継者不在、企業価値の低下、売却問題。
そんな悩みをすべて解決。

あなたの会社を永続させる方法

久野康成 著

「会社を永続させる方法」とは、存在するのでしょうか？

実際のところ、永続させる方法は存在します。

技術的な面からいえば、その方法は簡単なものです。常に、キャッシュフローをプラスに保つ経営を行えばいいだけです。

ですが、もう１つの方法――「事業を誰に継がせるか」という問題は、なかなか解決が難しいようです。経営者は事業承継について早い時期から考え、後継者の育成に努めることが必要でしょう。

更に今後は、中小企業を永続させる方法の１つとして、M&Aを視野に入れることも重要になってきているのです。中小企業の経営者を常に悩ませる < 業績の停滞 >< 市場参入のタイミング >< 早期成長の方法 >< 従業員の雇用の安定 >< 後継者を誰にするか >< 企業価値の高め方 > などの問題――そんな悩みを本書ですべて解決！ 中小企業にこそ有効なM&A、そして「D（Divestitures: 売却）」の方法をお教えします。

出版社：あさ出版
体裁：四六判　並製　221 ページ
定価：本体 1,500 円 + 税
ISBN 978-4-86063-236-6

全国の書店で好評発売中

＜好評発売中＞（刊行順）

バングラデシュ・パキスタン・スリランカの投資・会社法・会計税務・労務

公認会計士 久野康成 監修
久野康成公認会計士事務所 著
株式会社東京コンサルティングファーム 著
KS International 著

TCG 出版 発行
体裁：A5 判　並製　636 ページ
定価：本体 6,500 円 + 税
ISBN 978-4-88338-457-0

インドの投資・M&A・会社法・会計税務・労務

公認会計士 久野康成 監修
久野康成公認会計士事務所 著
株式会社東京コンサルティングファーム 著
KS International 著

TCG 出版 発行
体裁：A5 判　上製　820 ページ
定価：本体 7,500 円 + 税
ISBN 978-4-88338-459-4

ミャンマー・カンボジア・ラオスの投資・会社法・会計税務・労務

公認会計士 久野康成 監修
久野康成公認会計士事務所 著
株式会社東京コンサルティングファーム 著
KS International 著

TCG 出版 発行
体裁：A5 判　並製　610 ページ
定価：本体 6,500 円 + 税
ISBN 978-4-88338-460-0

フィリピンの投資・M&A・会社法・会計税務・労務

公認会計士 久野康成 監修
久野康成公認会計士事務所 著
株式会社東京コンサルティングファーム 著
KS International 著

TCG 出版 発行
体裁：A5 判　並製　392 ページ
定価：本体 3,400 円 + 税
ISBN 978-4-88338-461-7

ブラジルの投資・M&A・会社法・会計税務・労務

公認会計士 久野康成 監修
久野康成公認会計士事務所 著
株式会社東京コンサルティングファーム 著
KS International 著

TCG 出版 発行
体裁：A5 判　並製　404 ページ
定価：本体 3,400 円 + 税
ISBN 978-4-88338-462-4

執筆者一覧

久野康成公認会計士事務所
株式会社東京コンサルティングファーム

Ⅰ	基礎知識	黒岩洋一　今楓　小林祐介
Ⅱ	投資環境	黒岩洋一　高橋俊明　小林祐介
Ⅲ	設立	黒岩洋一　唐一書　大島浩平
Ⅳ	M&A	黒岩洋一　湊弦樹
Ⅴ	会社法	黒岩洋一　小林祐介　アウグスト・コラジョ
Ⅵ	会計	黒岩洋一　小林祐介　アウグスト・コラジョ
Ⅶ	税務	増田鉄矢　黒岩洋一
Ⅷ	労務	長澤直毅　斎藤清二　黒岩洋一
付	録	黒岩洋一　小林祐介

監修者一覧

久野康成
GGI 国際弁護士法人

監修者プロフィール

久野 康成（くの やすなり）

久野康成公認会計士事務所　所長
株式会社東京コンサルティングファーム　代表取締役会長
東京税理士法人　統括代表社員
公認会計士　税理士　社団法人日本証券アナリスト協会検定会員

1965年生まれ。愛知県出身。1989年滋賀大学経済学部卒業。1990年青山監査法人（プライス ウオーターハウス）入所。監査部門、中堅企業経営支援部門にて、主に株式公開コンサルティング業務に係わる。

クライアントの真のニーズは、「成長をサポートすること」であるという思いから監査法人での業務の限界を感じ、1998年久野康成公認会計士事務所を設立。営業コンサルティング、IPOコンサルティングを主に行う。

現在、東京、横浜、名古屋、大阪、インド、中国、香港、モンゴル、タイ、インドネシア、ベトナム、シンガポール、フィリピン、カンボジア、ラオス、スリランカ、バングラデシュ等、世界27カ国にて、「第2の会計事務所」として経営コンサルティング、海外子会社支援、内部監査支援、連結決算早期化支援、M&Aコンサルティング、研修コンサルティング、経理スタッフ派遣・紹介等幅広い業務を展開。国際会計事務所グループGGI（世界第6位）の日本におけるグローバルアライアンスメンバーファームに加盟。グループ総社員数312名。

著書に『できる若者は3年で辞める！伸びる会社はできる人よりネクストリーダーを育てる』『母性の経営』『もし、かけだしカウンセラーが経営コンサルタントになったら』『東京海上ホールディングス』（以上、出版文化社）、『あなたの会社を永続させる方法 成長戦略～事業承継のすべて』（あさ出版）、『バングラデシュ・パキスタン・スリランカの投資・会社法・会計税務・労務』『インドの投資・M&A・会社法・会計税務・労務』『ミャンマー・カンボジア・ラオスの投資・会社法・会計税務・労務』『フィリピンの投資・M&A・会社法・会計税務・労務』『ブラジルの投資・M&A・会社法・会計税務・労務』『タイの投資・M&A・会社法・会計税務・労務』『ロシア・モンゴルの投資・M&A・会社法・会計税務・労務』『ベトナムの投資・M&A・会社法・会計税務・労務』『シンガポール・香港 地域統括会社の設立と活用』『インドネシアの投資・M&A・会社法・会計税務・労務』『トルコ・ドバイ・アブダビの投資・M&A・会社法・会計税務・労務』『クロスボーダーM&A 新興国における投資動向・法律・外資規制』『新卒から海外で働こう！グローバル・リーダーを目指して』（以上、TCG出版）ほか多数。

監修者プロフィール

GGI 国際弁護士法人

代表社員　弁護士　古川直（第二東京弁護士会）

世界第6位の弁護士・会計士事務所のグローバル・アライアンスGGI*の日本のメンバーファームであるGGI東京コンサルティンググループと提携関係にあり、日本の弁護士により設立された弁護士法人。日本企業の新興国ビジネスの成功を手助けするため、グループ内の連携により、世界100カ国超の渉外法務に対応。また国内においては、GGI東京コンサルティンググループに属する、久野康成公認会計士事務所、東京税理士法人、東京社会労務士法人と共同して、ワンストップで法務、会計、税務、労務をトータルに支援。

監修書籍として『クロスボーダーM＆A　新興国における投資動向・法律・外資規制』（TCG出版）。

＊GGI（Geneva Group International）

会計分野において世界第6位の売り上げ規模を誇る会計士・弁護士事務所のグローバル・アライアンスGGIは本部をスイスのチューリッヒに置き、世界115カ国に展開し、450のメンバーファームによって構成、22,000名の専門家を有する（2015年3月時点）。

メキシコの
投資・M&A・会社法・会計税務・労務

2015年4月21日　初版第1刷発行

著　　者　久野康成公認会計士事務所
　　　　　株式会社東京コンサルティングファーム
監　　修　久野康成
　　　　　GGI国際弁護士法人
発 行 所　TCG出版
発 行 人　久野康成
発 売 所　株式会社出版文化社
　　　　　〈東京本部〉
　　　　　〒101-0051 東京都千代田区神田神保町2-20-2 ワカヤギビル2F
　　　　　TEL：03-3264-8811（代） FAX：03-3264-8832
　　　　　〈大阪本部〉
　　　　　〒541-0056 大阪市中央区久太郎町3-4-30　船場グランドビル8F
　　　　　TEL：06-4704-4700（代） FAX：06-4704-4707
受注センター　TEL：03-3264-8811　FAX：03-3264-8832
　　　　　E-mail　book@shuppanbunka.com
印刷・製本　株式会社倉田印刷

出版文化社の会社概要および出版目録はウェブサイトで公開しております。
また書籍の注文も承っております。→ http://www.shuppanbunka.com/
郵便振替番号 00150-7-353651

Directed by Eiko Onda　　Co-edited by Studio Spark　Ayako Ono　Aki Nakagawa

ISBN978-4-88338-568-3　C0034